面向"中国制造"汽车类专业培养计划

职业教育规划教材

汽车保险与理赔

主　编　胡文娟

副主编　龚文资　王凤军　袁红军　陈帮陆

参　编　苏　忆　徐　东　陆志农　冯　霞

　　　　韩　媛　王　斌　宗小明　杨海军

主　审　李玉柱

西安电子科技大学出版社

内 容 简 介

本书依据最新的《中华人民共和国保险法》《机动车交通事故责任强制保险条例》《中华人民共和国道路交通安全法》等法律法规，从汽车保险的基础知识入手，由浅入深地介绍了机动车辆保险与理赔的基本理论和实务操作。全书分为汽车保险的销售、汽车保险的承保、汽车保险理赔实务、汽车消费贷款保证保险四个学习情境，主要内容包括汽车保险的基础知识、汽车保险的主要险种、汽车保险的市场营销、汽车保险的基本原则、汽车保险合同、汽车保险的承保、汽车保险理赔概述、汽车保险理赔流程、汽车保险的赔款计算、汽车消费贷款保证保险等。

本书立足实际、适应新形式，配备了大量的案例，语言通俗易懂，内容求新、求全，既可供高职高专院校汽车类相关专业的学生使用，也可作为机动车辆保险从业人员的培训用书，还可作为广大保户了解机动车辆保险和理赔知识的参考书。

图书在版编目(CIP)数据

汽车保险与理赔 / 胡文娟主编. —西安：西安电子科技大学出版社，2020.5
ISBN 978–7–5606–5606–9

Ⅰ. ① 汽… Ⅱ. ① 胡… Ⅲ. ① 汽车保险—理赔—中国—高等职业教育—教材 Ⅳ. ① F842.634

中国版本图书馆 CIP 数据核字(2020)第 023784 号

策划编辑 陆 滨
责任编辑 王 妍 阎 彬
出版发行 西安电子科技大学出版社(西安市太白南路 2 号)
电 话 (029)88242885 88201467 邮 编 710071
网 址 www.xduph.com 电子邮箱 xdupfxb001@163.com
经 销 新华书店
印刷单位 西安天成印务有限公司
版 次 2020 年 5 月第 1 版 2020 年 5 月第 1 次印刷
开 本 787 毫米×1092 毫米 1/16 印张 14.5
字 数 341 千字
印 数 1～3000 册
定 价 38.00 元
ISBN 978–7–5606–5606–9 / F
XDUP 5908001–1
如有印装问题可调换

前　言

目前汽车保险、巨灾保险等财产保障领域越来越受到社会的关注，汽车保险与理赔正日益成为涉及百姓切身利益的焦点问题。针对目前严峻的安全运输形势，如何掌握并运用保险知识，以汽车保险与理赔来转嫁汽车使用风险，进而解决汽车使用过程中出现的问题，已经成为业内人士、驾驶人以及百姓所要了解的十分必要的工作、生活常识。因此，本书对汽车保险与理赔方面的知识进行了全面细致的阐述。

本书引用最新的机动车辆保险条款，从教学与应用的角度出发，帮助读者了解机动车辆保险与理赔的基本知识和实际业务操作。在内容上，针对各知识点配备了大量的案例，突出基础理论知识的应用和实践能力的培养，有较强的针对性和实用性，强化了教学效果。

本书由无锡商业职业技术学院的胡文娟担任主编，无锡商业职业技术学院的龚文资、王凤军、陈帮陆以及江苏信息职业技术学院的袁红军担任副主编，无锡商业职业技术学院的李玉柱担任主审。其中，胡文娟编写了绪论、学习情境1、学习情境2、学习情境3；龚文资、王凤军、袁红军、陈帮陆编写了学习情境4。在编写过程中，无锡商业职业技术学院的苏忆、徐东、陆志农、冯霞、韩媛、王斌等老师以及保险企业专家宗小明、杨海军给予了大力支持和无私帮助，在此谨致谢意。

由于编者水平有限，书中难免会有疏漏和不足之处，恳请广大读者批评指正。本书未尽之处，请发送电子邮件至 huwenjuan@wxic.edu.cn，也欢迎读者添加QQ(47557867)讨论。

编　者

2019 年 12 月

前　言

目　　录

绪　论

近年来，中国汽车保有量逐年增加。有数据显示，2018 年全国新注册登记机动车 3172 万辆，机动车保有量已达 3.27 亿辆，其中汽车 2.4 亿辆，小型载客汽车首次突破 2 亿辆；机动车驾驶人突破 4 亿人，达 4.09 亿人，其中汽车驾驶人 3.69 亿人。

截至 2018 年底，全国汽车保有量达 2.4 亿辆，比 2017 年增加 2285 万辆，增长 10.51%。从车辆类型看，小型载客汽车保有量达 2.01 亿辆，首次突破 2 亿辆，比 2017 年增加 2085 万辆，增长 11.56%，是汽车保有量增长的主要组成部分；私家车(私人小微型载客汽车)持续快速增长，保有量达 1.89 亿辆，近五年年均增长 1952 万辆；载货汽车保有量达 2570 万辆，新注册登记 326 万辆，再创历史新高。从分布情况看，全国有 61 个城市的汽车保有量超过百万辆，27 个城市超过 200 万辆，其中，北京、成都、重庆、上海、苏州、郑州、深圳、西安等 8 个城市超过 300 万辆，天津、武汉、东莞 3 个城市接近 300 万辆。

在我国财产保险保费收入中，车险所占比重最大，且由于汽车消费量的增加以及相关政策的出台，投保率不断提高。自 2011 年开始，我国机动车辆保险保费收入逐年增加，2016 年实现原保险保费收入 6834.55 亿元，同比增长 10.3%；2017 年实现原保险保费收入 7521.07 亿元，同比增长 10.0%；车险作为我国第一财产险，2018 年上半年在我国财产保险中占比为 70%，保费收入增速为 6.0%。

汽车保险业务从诞生、发展到今天，只有百年的历史。虽然在整个财产保险中，它比不上水险业务那么历史悠久，也比不上卫星发射保险业务那么扣人心弦，但却以其植根于社会经济之中、服务于广大人民群众生活的独特魅力而被社会所关注，并通过近几十年的蓬勃发展而当之无愧地成为我国财产保险业务的龙头险种。中国加入 WTO 后，需要开放保险市场，从长远看有利于推动中国保险业建立科学的管理体制，确立市场化的经营机制和实行国际化的经营战略。但是从短期来看，在如此短的时间内全面开放国内的保险市场，对我国保险业是一种前所未有的挑战。市场主体的增加，会使本就激烈且不规范的保险市场竞争雪上加霜。面对如此激烈的市场竞争，服务水平将会成为影响保险公司发展的一个重要因素。机动车辆业务的竞争，归根到底是服务的竞争，也就是车险理赔的竞争。理赔工作是一个保险公司对外展示的窗口，它的好坏关系到整个公司在社会上的声誉和发展。可见，重视并改进理赔服务是一项艰巨的工作。

随着车辆保险市场主体的逐步增加，今后车险市场的竞争将更趋激烈。要想在未来的竞争中立于不败之地，各财险公司应未雨绸缪。从总体来讲，要及时地调整经营策略，不断地改革创新。一是要提高计算机运用水平，加快硬件基础设施建设。据了解，国外保险公司每年将 3%～5%以上的收入投入到与 IT(Internet Technology)服务供应商的合作中。IT 服务不仅是营运工具，而且是战略性的武器。车险费率市场化已在全国推行，今后车险费率除了因车型和使用年限不同以外，还因人而异，年龄、性别、职业、每天驾驶时间、驾车记录等因素都是确定费率的重要因素，这就需要保险公司必须配备包含了精算和风险管理功能的计算机软件系统。另外，保险公司中新的险种开发、风险费率体系的建立、销售及服务方式的改变、客户资源管理功能的强化也将涉及保险公司原有计算机系统的改造，数据集中处理、各相关系统的整合、与外部不同系统的对接将是技术难点。要建立一套高效、科学的保险信息系统，就必须加大对 IT 服务的资金投入，成立由业务需求编写人员、IT 开发人员(必要时请外包公司)、系统维护人员等组成的项目小组负责系统开发，并进一步加快计算机联网的步伐，扩大计算机运用的覆盖面，用先进的科学技术促进全系统整体管理水平的提高。二是切实提高从业人员的业务素质，改善服务水平，适应快速发展的保险市场的要求。现代车险经营需要具有国际化视野并掌握新的管理方法、新的技术(精算技术、风险管理、汽车新技术、计算机知识、法律知识等)的专业人才。财险公司应强化以提高岗位技能为目标的培训，培养一支能打硬仗的车险干部和职工队伍。可通过从外部引进或内部加强培训、激励、考核来满足新的经营方式对人才的需要。同时，车险经营管理者、专业技术人员也必须加强自身学习，更新知识结构，尽早、尽快地适应现代车险经营的需要，迎接未来的挑战。

在汽车保险市场的竞争中，最核心的竞争是人才的竞争，所以各大保险公司已经开始大量招聘和培育人才梯队。其实，不光是保险公司在争抢汽车保险人才，公估公司、事故车修理企业也在加大力度网罗人才。他们纷纷开出很好的薪资待遇，涉及保险、理赔业务的岗位工资远远高于维修岗位的工资，甚至是维修岗位工资的双倍。尽管如此，要想找到合适的人才依然不易。因为我国以前没有专门针对汽车保险人才的培养体系，如大纲、教材、师资等，所以没有办法源源不断地向保险行业输送人力资源。而在欧美等发达国家，却有着一套成熟的汽车保险估损人才培训和认证体系，获得认证的学员不但能在保险和估损行业获得相当高的报酬，而且拥有非常好的职业发展前景，在社会上也普遍受到尊重，具有很高的社会地位。

目前汽车保险与理赔行业相关的工作岗位有接报案人员、调度员、查勘员、定损员、核损员、立案员、理算员、核赔员、结案员、保险销售员等。从事汽车保险与理赔工作的相关人员必须具备以下知识和能力。

1. 知识目标

(1) 了解和掌握风险的含义、特征和风险管理的方法；

(2) 了解和掌握汽车保险的含义、汽车保险的四大基本原则和汽车保险合同的相关知识；

(3) 掌握交强险、商业汽车保险的基本险种和附加险种；

(4) 掌握汽车保险投保单的填写、汽车保险核保及签单等承保知识；

(5) 掌握汽车保险的理赔原则、理赔流程及各理赔流程的具体工作内容等有关理赔知识。

2. 能力目标

(1) 具备对车险业务发展和车险市场进行研究和分析的能力；

(2) 具备对车辆所面临的风险进行管理的能力；

(3) 能够正确分析和引导顾客的投保行为；

(4) 具备针对车辆用途和客户特点制定相应保险方案的能力；

(5) 具备独立签单能力；

(6) 具备汽车保险核保业务的处理能力；

(7) 具备汽车保险理赔稽核工作能力；

(8) 具备对汽车保险案件进行独立调查取证的能力；

(9) 能够独立处理汽车保险理赔业务。

3. 素质目标

(1) 培养收集保险相关资料的能力，并在此基础上培养独立学习的能力；

(2) 培养制订计划并研讨计划的能力，以及决策能力和计划执行能力；

(3) 培养工作组织能力及分析和解决问题的能力；

(4) 培养团队合作能力；

(5) 培养与人沟通能力及接待礼仪；

(6) 培养语言表达能力。

通过学习汽车保险与理赔课程，学生可以了解风险和风险管理方面的知识，掌握汽车保险企业、汽车保险险种、汽车保险合同、汽车保险承保和汽车保险理赔方面的基本理论知识；精通汽车保险法律法规及民法方面的相关知识；熟知汽车保险与理赔业务环节，能针对客户的特点和保险标的的具体情况制定相应的保险方案；能够掌握分析客户需求、客户异议处理、保险谈判及促成交易的技巧与方法，这对于汽车的所有者、使用者、管理者和车险从业人员都有十分重要的意义。

学习情境 1　汽车保险的销售

【学习目标】

通过本学习情境的学习与任务实施，要达到以下目标：

学生从保险企业的销售业务入手，学习汽车保险的相关知识，了解保险能给人们带来的益处及为什么要参加保险，掌握汽车保险的险种及保险费率的确定和计算方法。通过完成本学习情境中的各项任务，学生能够掌握汽车保险的销售知识，同时提高自己的职业素质。

【情境描述】

有一位客户为自己的私家车投保，销售人员需要帮助客户分析其所面临的风险，针对客户的风险选择最合理的风险管理方法，为客户设计最适合的汽车投保方案，并且向客户提供有关汽车保险方面的咨询服务。本学习情境将从风险分析、风险管理、保险方案设计等方面进行学习和训练，最终完成汽车保险销售服务任务。

1.1　汽车保险的基础知识

【导入案例：无处不在、无时不有的风险】

2019 年 5 月 19 日早上 7 点 25 分左右，江苏省无锡市高浪路与立信大道交叉路口发生一起交通事故，一辆中重型自卸渣土车为避让转弯的白色 SUV 发生侧翻，将 SUV 压在车底，致小车内一名乘坐人员送医抢救无效死亡、驾驶员受轻微伤。事故现场如图 1-1 所示。

图 1-1　江苏无锡市一起交通事故现场

🎓 **【理论知识】**

1.1.1　风险与风险管理

常言道：天有不测风云，人有旦夕祸福。在日常生活和生产活动中，任何个人、企业都有可能因遭受意外而蒙受各种损失，而这种意外是与客观存在的风险密切相关的。可以说，风险是保险产生和发展的基础，没有风险就不可能产生保险学。因此，研究保险必须从认识风险开始。

一、风险

1. 风险的概念

风险即损失的不确定性。它有两层含义，一是可能存在损失；二是这种损失是不确定的。所谓不确定性是指是否发生的不确定，发生时间的不确定，发生空间的不确定，以及发生过程和结果的不确定，即损失程度不确定。

总之，风险是与损失和不确定性相关联的。只要某一事件的发展结果与预想不同，就存在着风险。风险的不确定性体现为预期事件的发展可能导致三种结果：损害、无损害和收益。如果结果低于预期价值就称为损害或伤害；如果结果高于预期价值就称为收益。在未来不确定的三种结果中，损害是我们所关注的。因为如果事件发展的结果不会有损害，就没必要谈论风险。换言之，正是因为损害发生的不确定性可能在将来引起不利结果，才需要对风险进行管理，作为风险管理方式之一的保险才会诞生与发展。因此，保险理论中的风险，通常是指损害发生的不确定性。

【例 1-1】 一家仓储式大卖场遭受火灾。

财产损失——被烧毁的卖场及商品。

收入损失——由于大卖场被烧毁而无法对外营业，收益减少。

责任损失——由于无法对外营业，不能按时为顾客送货而造成违约，为此所支付的违约赔偿金。

额外费用损失——为修复被烧毁的营业场所而支付的费用。

2. 风险的特征

根据风险的本质及其发展规律的外在表现，可以概括风险的有关特征。正确认识风险的特征，对于建立和完善风险机制、加强风险管理、减少风险损失，具有重要意义。

1) 风险的客观性

风险是一种不以人的主观意志为转移的客观存在，无论人们是否意识到，它都存在。自然界的地震、台风、洪水，人类社会的瘟疫、战争、意外事故等都不以人的意志为转移，人们只能通过对大量风险事件进行长期观察，找到其独特的存在方式、独特的存在环境和存在时间(例如干旱多发生在西北少雨地带，地震多发生在地壳断裂带，失业多发生在经济萧条时期，肺癌多发生在烟民中等)，从而在一定的时间和空间内改变风险存在和发生的条件，降低风险发生的频率和损失程度。总之，风险的存在是客观的、必然的。

2) 风险的普遍性

风险是无处不在、无时不有的。人类社会自产生以来就面临着各种各样的风险。随着科学技术的发展、生产力的提高、社会的进步，新的风险不断产生，且风险事故造成的损失也越来越大。在现代社会，个人及家庭、企事业单位、机关团体乃至国家都面临着各种各样的风险，风险已渗入到社会经济生活的方方面面。由此可见，风险的发生具有普遍性。

3) 风险的偶然性

风险及其所引起的损失常以偶然的形式呈现在人们面前，对于某一具体风险，其在何时、何地发生，损失程度如何，由谁来承担损失都是不确定的。如每年各地的旱涝灾害，1976 年的唐山大地震，前苏联切尔诺贝利核电站的核泄漏事故，1986 年美国航天飞机"挑战者"号升空爆炸等，纯粹是偶然事件。因此，虽然风险是客观存在的，但就某一具体风险来说，它的发生是偶然的，是一种随机现象，具有不确定性。

4) 风险的可变性

风险并不是一成不变的，在一定条件下它是变化的，即风险具有可变性。风险的可变性是指风险性质、风险量、风险种类等在一定条件下的转变。

(1) 风险性质的变化：例如车祸，在汽车问世的初期，因遭遇车祸而造成损失的可能性很小，这种风险就是特定的风险；在汽车成为主要的代步工具后，交通风险事故的发生就成为非常普遍的事件，车祸也成为人类社会的基本风险。

(2) 风险量的变化：具体是指风险发生的概率和损失程度是可变的。随着人们识别风险、抵御风险的技术和能力不断增强，以及风险管理办法的不断完善，在一定程度上减少了风险因素，降低了损失程度，甚至使某些风险不复存在或为人们所控制。例如，随着医学水平的提高，许多曾经威胁人们生命的疾病，如天花等病症已能为医学所控制，这些风险已经弱化了，并将逐渐减少或消失。

(3) 风险种类是可变的：随着人类社会日新月异的发展进步，新的生活方式及新技术的应用，一些风险在逐渐消失，同时又会有许多新的风险产生，而且新的风险可能造成的损失会更大。例如，汽车保有量的激增带来了损失巨大的交通事故，原子能的应用产生了令人畏惧的核泄漏风险，以及早已令人关注的环境污染更是工业化进程中的消极副产品。因此，风险从总趋势上看不是一成不变的，而是此消彼长、不断变化的。

5) 风险的可测性

个别风险的发生是偶然的，但是通过对大量风险的观察可以发现，风险往往呈现出明显的规律性，表明风险是可测的。人们可以根据以往发生的一系列类似事件的统计资料，来分析某种风险发生的频率及其造成的损失程度，从而对其进行预测、衡量与评估，这对于风险的控制和防范具有举足轻重的作用。

除以上基本特征以外，风险还具有相关性、社会性及损失的不可逆性等特征。

【例 1-2】随着轿车的普及，交通事故的发生率随之增高，即交通事故的风险量发生了变化。现阶段汽车安装的轮胎为免充气轮胎，大大降低了轮胎爆胎的危险性，但由于汽车最高时速的不断提高，汽车行驶的安全性也日益受到威胁。

3. 风险的要素

风险是由多种要素构成的，这些要素相互作用，共同决定了风险的存在、发展和变化。一般认为，风险的构成要素包括风险因素、风险事故和风险损失。

1) 风险因素

风险因素又称风险条件，是指引起风险事故以及风险事故发生时，致使损失增加、扩大的条件。风险因素是事故发生的潜在原因，是造成损害的间接的、内在的原因。如，抽烟是导致肺癌的主要因素；酒后开车、汽车制动系统失灵是导致车祸的原因等。风险因素通常有实质风险因素、道德风险因素和心理风险因素三种类型，其中后两者都和人的行为密不可分，因而统称为人为风险因素。

2) 风险事故

风险事故又称风险事件，是指可能引起人身伤亡或财产损失的偶然事件。它是造成风险损失的直接的、外在的原因，也是风险因素所诱发的直接结果，即只有发生风险事故，才会导致损失或伤害。例如，火灾、车祸、飞机失事等，都是风险事故。

对某一事件来说，在一定条件下，它可能是造成损失的直接原因，此时它就成为风险事故；而在其他条件下，它又可能是造成损失的间接原因，此时它又成为风险因素。比如，冰雹导致路滑而引起车祸，造成房屋被撞毁，这时冰雹是风险因素，车祸是风险事故；若冰雹直接砸伤行人，则冰雹为风险事故。

3) 风险损失

在风险管理中，损失是指非故意的、非预期的和非计划的经济价值的减少。该定义中包含两个主要的要素：一是非故意、非计划和非预期的要素；另一个是经济价值的要素，即损失必须能以货币来衡量，两者缺一不可。如折旧、馈赠、报废，虽有经济价值的减少，但不符合第一个要素，所以不能称为风险损失；又如某人因病而智力下降，虽然符合第一个要素，但不符合第二个要素，也不属于风险损失。在保险实务中，将损失分为直接损失和间接损失，前者是指实质性的、直接引起的损害；后者是指额外费用损失、收入损失、责任损失、信誉损失、精神损害等。

风险是由风险因素、风险事故和风险损失三者构成的统一体。三者的关系可概括为：风险因素引起风险事故，风险事故导致风险损失。风险因素是发生风险事故的隐患，是事故发生的可能性，它在一定的内外部条件下转变为现实结果；风险事故是从风险因素到风险损失的一个中间环节，是导致风险损失的直接因素；风险损失则是风险事故的直接结果。

【例1-3】汽车液压制动系统漏油，致使汽车制动失控，造成交通事故而导致人员伤亡。

风险因素——汽车液压制动系统漏油。

风险事故——汽车制动失控造成交通事故。

风险损失——人员伤亡。

4. 风险的种类

风险是多种多样的，为了对风险进行测定和管理，需要对风险进行分类。按照不同的分类方式，可将风险分为不同的类别。

1) 按风险性质分类

按风险性质不同可将风险分为纯粹风险与投机风险。

(1) 纯粹风险是指可能造成损害的风险，其所导致的结果有两种：损害或无损害。也就是说，纯粹风险是指只有损害机会而无获利可能的风险。例如，房屋遭遇火灾会对房屋所有者造成经济上的损失。各种自然灾害、意外事故的发生，都可能导致社会财富的损失或人员的伤害，因而都属于纯粹风险。纯粹风险有一定的规律性，可以通过大数法则加以测算。发生纯粹风险的结果往往是社会的净损害，因而保险人通常将纯粹风险视为可保风险。

(2) 投机风险是指既有损害机会又有获利可能的风险。投机风险是相对于纯粹风险而言的。投机风险所导致的结果有三种：损害、无损害和收益。比如，赌博、买卖股票等都有可能导致赔钱、赚钱和不赔不赚三种结果。投机风险的变化往往是无规律可遵循的，难以通过大数法则加以测算，而且投机风险的结果往往是社会财富的转移，而不一定是社会的净损害。因此，保险人通常将投机风险视为不可保风险。

2) 按风险对象分类

按风险对象不同可将风险分为财产风险、责任风险、信用风险和人身风险。

(1) 财产风险是指导致一切有形财产发生损毁、灭失和贬值的风险。如火灾、爆炸、雷击、洪水等事故，可能引起财产的直接损失及相关的利益损失，因而都是财产风险。财产风险既包括财产直接损失的风险，又包括财产间接损失的风险。

(2) 责任风险是指个人或团体因疏忽、过失造成他人的财产损失或人身伤害，根据法律规定或合同约定，应负经济赔偿责任的风险。例如，驾驶汽车不慎撞伤行人，构成车主的第三者责任风险；专业技术人员的疏忽、过失造成第三者的财产损失或人身伤亡，构成职业责任风险等。责任风险较为复杂和难以控制，其产生的赔偿金额也可能是巨大的。

(3) 信用风险是指在经济交往中，权利人与义务人之间，因一方违约或违法给对方造成经济损失的风险。例如借款人不按期还款，就可能影响贷款人资金的正常周转，从而使贷款人因借款人的不守信用而遭受损失。

(4) 人身风险是指由于人的生理生长规律及各种灾害事故的发生导致的人的生老病死，部分人还会遭遇残疾。这些风险一旦发生，可能给本人、家庭或其抚养者造成难以预料的经济困难乃至精神痛苦等。

3) 按风险产生的原因分类

按风险产生的原因不同可将风险分为自然风险、社会风险、政治风险、经济风险和技术风险。

(1) 自然风险是指自然力的不规则变化引起的各种现象所造成的财产损失及人身伤害的风险。如洪灾、旱灾、火灾、地震等，都属于自然风险。自然风险虽然是客观存在的，但它的形成和发生具有一定的周期性。自然风险是人类社会必须面临的风险，它一旦发生可能波及面很大，使社会蒙受莫大的损失。

(2) 社会风险是指个人或团体的故意或过失行为、不当行为等所导致的损害风险，例如盗窃、玩忽职守等引起的财产损失或人身伤害的风险。

(3) 政治风险是指在对外投资和经济贸易过程中，因政治因素或其他订约双方所不能控制的原因所致的债权人损失的风险，例如因战争、暴动、罢工、种族冲突等原因致使货物进出口合同无法履行的风险。

(4) 经济风险指个人或团体的经营行为或者经济环境变化所导致的经济损失的风险。例如，在生产或销售过程中，由于市场预期失误、经营管理不善、消费需求变化、通货膨胀、汇率变动等导致产量增加或减少、价格涨跌等的风险。

(5) 技术风险指伴随着科学技术的发展、生产方式的改变而发生的风险，例如核辐射、空气污染、噪声等风险。

4) 按风险的影响程度分类

按风险的影响程度不同可将风险分为基本风险与特定风险。

(1) 基本风险是指非个人行为引起的风险。基本风险是一种团体风险，可能影响到整个社会及其主要生产部门，且不易防范。例如，政局变动、经济体制改革等，都属于基本风险。

(2) 特定风险是指风险的产生及其后果只会影响特定的个人或组织。特定风险一般可以通过个人或组织对其采取某种措施加以控制。特定风险事件发生的原因多属个别情形，其结果局限于较小范围，本质上较宜控制及防范。例如，火灾、盗窃等可能导致财产损失或人员伤亡，属于特定风险。

5) 按风险产生的环境分类

按风险产生的环境不同可将风险分为静态风险和动态风险。

(1) 静态风险是由于自然力变动或人的行为失常所引起的风险，前者如地震、海难、雹灾等，后者如人的死亡、残疾、盗窃、欺诈等。此类风险大多是在社会经济结构未发生变化的条件下发生的，因而称为静态风险。

(2) 动态风险是由于人类社会活动而产生的各种风险。政府经济政策的改变、新技术的应用、产业结构的调整、人们消费观念的改变等所导致的风险，如战争、通货膨胀等都属于动态风险。此类风险多与经济及社会波动密切相关。

上述两种风险都具有不确定性，但两者又存在一定区别。静态风险的变化比较规则，能较好地进行预测，而动态风险的变动极不规则，难以进行综合预测；静态风险的涉及面都较窄，只涉及少数人，而动态风险的涉及面较为广泛；静态风险总是纯粹风险，动态风险可能是纯粹风险，也可能是投机风险。

二、风险管理

风险管理作为企业的一项管理活动，起源于 20 世纪 50 年代的美国。当时美国一些大公司发生了重大损失，使公司高层决策者开始认识到风险管理的重要性。其中一次是 1953 年 8 月 12 日通用汽车公司在密歇根州的一个汽车变速箱厂因火灾损失了 5000 万美元，成为美国历史上损失最为严重的 15 起重大火灾之一。这场大火与 50 年代其他一些偶发事件一起，推动了美国风险管理活动的兴起。

后来，随着经济、社会和技术的迅速发展，人类开始面临越来越多、越来越严重的风险。科学技术的进步在给人类带来巨大利益的同时，也给社会带来了前所未有的风险。1979 年 3 月美国三里岛核电站的爆炸事故，1984 年 12 月 3 日美国联合碳化物公司在印度的一家农药厂发生的毒气泄漏事故，1986 年苏联乌克兰切尔诺贝利核电站发生的核事故等一系列事件，大大推动了风险管理在世界范围内的发展。同时，在美国的商学院里首先出现了一门涉及如何对企业的人员、财产、责任、财务资源等进行保护的新型管理学科，这就是风险管理。目前，风险管理已经发展成为企业管理中一个具有相对独立职能的领域，对于企业的经营和发展目标而言，风险管理和企业的经营管理、战略管理同样具有十分重要的意义。

1. 风险管理的概念

所谓风险管理，是指经济单位当事人通过对风险进行识别和度量，采用合理的经济和技术手段，主动地、有目的地、有计划地对风险加以处理，以最小成本去争取最大的安全保障和经济利益的行为。

这个定义包括了四个要点：其一，风险管理的主体是经济单位，即个人、家庭、企业以及其他法人团体；其二，指明风险管理是通过对风险的认识、衡量和分析，从而选择最有效的方式，即以最佳的风险管理技术为中心；其三，指明对风险管理技术的选择及对风险的处理，是经济单位处在主动地位有目的、有计划地进行的；其四，指明风险管理的目标是以最小的成本获取最大的安全保障。

2. 风险管理的目标

风险管理的目标是选择最经济和最有效的方法使风险成本降到最小，获得最大的安全保障，即风险管理就是要以最少的费用支出达到最大限度地分散、转移风险，以实现保障人们经济利益和社会稳定的基本目的。

风险管理的总目标可以分为损失前管理目标和损失后管理目标。

(1) 损失前管理目标是指选择最经济有效的方法减少和避免损失发生，使损失发生的可能性降到最低，从而减少人们的思想负担，提高工作效率，具体包括：

① 降低损失成本，预防潜在损失。这要求对安全计划、保险以及防损技术的费用进行财务分析。

② 减轻和消除企业人员对潜在损失的精神压力。

③ 遵守和履行外界赋予企业的责任。

(2) 损失后管理目标是指一旦损失发生尽可能地减少直接损失和由直接损失引起的间接损失，尽快恢复到损失前的状态，具体包括：

① 维持企业的生存，在损失发生后，企业至少要在一段合理的时间内能够部分恢复生产和经营。

② 生产能力的保持与利润计划的实现，使企业保持生产持续增长。

③ 保持企业的服务能力。这对公用事业企业尤为重要，这些企业有义务提供不间断的服务。

④ 履行社会责任。尽可能地减轻企业受损对其他人和整个社会造成的不利影响。

为了实现上述管理目标，风险管理人员必须鉴别风险、估算风险、分析风险并选择适当的方法对付风险损失。

3. 风险管理的程序

风险管理的基本程序是风险的识别、风险的估算、风险的评价、风险管理方式的选择、风险管理效果评价。

1) 风险的识别

风险的识别是整个风险管理的基础，是指在风险事故发生之前，运用各种方法系统地、全面地、连续地认识所面临的各种风险，以及分析风险事故发生的潜在原因。因此，风险的识别实际是一个对风险进行判断、归类及对其性质加以分析的过程。

风险的识别主要包括感知风险和分析风险两方面内容。感知风险就是通过对风险的调查、了解，对风险进行判断；分析风险就是通过对风险的类别进行归纳、区分，认识风险产生的原因和条件，掌握风险所具有的性质。

风险识别的方法主要有风险列举法、财务报表分析法、生产流程分析法、保险调查法以及外部环境分析法等，每种方法有其自身的特点，风险管理者可根据企业的性质、规模采用适合的方法或多种方法的组合。

2) 风险的估算

风险的估算即风险的衡量，是指对特定风险的损失概率和损失程度进行估算，用以评价风险对预定目标的不利影响及其程度。风险估算包括估计潜在的损失频数和损失程度。损失频数是指一定时期内损失可能发生的次数；损失程度指每次损失可能的规模，即经济损失大小。

在这一阶段，风险管理者通过对所收集的大量资料进行分析，估计和预测风险发生的可能性、危害程度及其对经济单位的影响。风险的估算使风险分析量化，为风险管理者进行风险决策，选择最佳的风险管理方式提供了可靠的科学依据。

3) 风险的评价

在风险识别和风险估算的基础上，对风险发生的概率和损失程度应结合其他因素进行全面考虑。风险评价的主要目的是通过将处理风险所需投入的费用与可能出现的风险损失相比较，以确定风险是否需要处理、在经济上是否合算，以及如何处理效果最佳。

4) 风险管理方式的选择

在风险识别和估算的基础上，根据风险管理目标选择最佳的风险管理方式，即选择对付风险的各种方法，这是风险管理中重要的程序。风险管理方式分为控制型和财务型两类。

控制型风险管理方式主要包括回避、预防、分散和抑制等方法，其目的是降低损失频率和减少损失程度，重点在于改变引起意外事故和扩大损失的各种条件。财务型风险管理方式的目的是以提供基金的方式，降低发生损失的成本。财务型风险管理方式主要有自留风险和转移风险两种。风险管理方式的选择既要针对风险的实际情况，又要根据经济单位的资源状况，综合考虑可行性和效益。通常情况下，只有将多种风险管理方式进行合理组合，才能取得最佳的风险管理效果。

5) 风险管理效果评价

风险管理效果评价是指对风险管理技术适用性及收益性情况的分析、检查、修正和评估。风险处理对策是否最佳，可通过评估风险管理的效益来判断。

风险管理效益 = 安全保障 / 成本 = 对策减少的损失 / 所需费用 + 机会成本

4. 风险的度量

1) 风险单位及其划分

(1) 风险单位的定义。风险单位是指一次风险事故发生可能造成的最大损害范围。在保险实务中，风险单位是指保险标的发生一次保险事故可能造成的最大损失范围，是保险人确定其可以承担最高保险责任的计算基础。

(2) 风险单位的划分。风险单位可以按地段划分，可以按投保单位划分，也可以按标的划分。

2) 度量风险的几个指标

(1) 损失机会。损失机会又叫损失频率，是指在一定时间范围内实际损失或预期损失的数量与所有可能发生损失的数量的比值。具体可以指一定时期内，一定数目的风险单位可能(或实际)发生损失的数量次数，通常以分数或百分率来表示，用于度量事件是否经常发生。

(2) 损失程度。损失程度是指一次风险事故发生造成的损失规模大小或金额多少。它是发生损失金额的算术平均数，用来度量每一事故造成的损害。

通常情况下，发生损失的频率和损失程度成反比关系。

从保险的角度看，损失机会越高，并不意味着风险越大；同样，损失程度越严重，也并不意味着风险越大。

5. 风险管理的方法

1) 控制型风险管理技术

控制型风险管理技术的实质是在风险分析的基础上，针对企业所存在的风险因素采取控制技术，以降低损失频率和减轻损失程度，重点在于改变引起意外事故和扩大损失的各种条件。控制型风险管理技术主要表现为：在事故发生前，降低事故发生的频率；在事故发生后，将损失减少到最低限度。

控制型风险管理技术的具体方法主要有避免、预防、分散和抑制。

(1) 避免。避免是指设法回避损失发生的可能性，即从根本上消除特定的风险单位和中途放弃某些既存的风险单位，采取主动放弃或改变该项活动的方式。

一般当某特定风险所致损失频率和损失程度相当高或处理风险的成本大于其产生的效益时，采用避免风险的方法。避免风险的方法是一种最彻底、最简单的方法，但也是消极的方法，采用时通常会受到限制。

(2) 预防。损失预防是指在风险事故发生前为了消除或减少可能引起损失的各种因素而采取的处理风险的具体措施，如定期对车辆进行检查，目的在于通过消除或减少风险因素而降低损失发生频率。

(3) 分散。分散风险是通过兼并、扩张、联营，集合许多原来各自独立的风险单位，增加风险单位数目，通过提高预期损失预测的精确性达到降低风险的目的。

(4) 抑制。损失抑制是指在损失发生时或损失发生之后为减小损失程度而采取的各项措施，这是处理风险的有效技术。汽车设置的被动安全装置(安全气囊、防抱死制动系统等)就属于损失抑制的方法。

2) 财务型风险管理技术

财务型风险管理技术是以提供基金的方式，降低发生损失的成本。财务型风险管理技术主要包括自留和转移。

(1) 自留。自留风险是指对风险的自我承担，即企业或单位自我承受风险损害的后果。自留风险有主动自留和被动自留之分，通常在风险所致损失频率和程度低、损失在短期内可以预测以及最大损失不影响企业或单位财务稳定时采用自留风险的方法。采用自留风险的方法会因风险单位数量的限制或自我承受能力的限制，而无法实现处理风险的功效。

(2) 转移。转移是指通过合理措施，将风险及其财务后果从一个主体转移给另一个主体。转移有非保险转移和保险转移。财务型非保险转移，是通过外部资金来支付可能发生的损失，转移财务负担。财务型保险转移，是指通过购买保险将可能发生的损失转移给保险人承担，以确定的支出换取不确定的损失。

【例 1-4】汽车生产中的损失回避。

工程法——精选耐火材料、加强油路密封，预防各种物质性风险因素。

教育法——做好汽车设计、维修人员及驾驶人员的培训。

程序法——汽车维修工作程序制度化、规范化。

【例 1-5】非保险转移与保险转移

非保险转移：借助合同转移法律责任给非保险业个人或群体(企业要求员工购买劳动保险)。

保险转移：缴纳保险费、转嫁风险给保险机构。

三、可保风险

可保风险或称可保危险，是指保险人可以接受承保的风险。风险有很多种，但并不是所有的风险都是可以通过保险进行转嫁并取得保障的。从保险就是保障危险这一点来说，保险实际上只是对纯粹风险进行保险，即对由自然、社会等各种原因引起的财产、人身、责任、信用等方面属于纯粹风险性质的风险所导致的损失给予补偿。在通常情况下，保险人接受承保的风险还必须具有一定的条件，主要有：

(1) 不是投机性的。保险人承保的风险，只能是仅有损失可能而无获利机会的风险，即属纯粹风险性质的风险。对于类似股票买卖的投机风险，投资者既有因股票价格下跌而亏损的可能，又有因股票价格上涨而盈利的机会，保险人是不承保的。

(2) 损失必须是可以用货币计量的。保险是一种经济补偿制度，其转嫁风险和保险人承担的赔偿责任都是以一定的货币量计算的。因此，凡是不能以货币计量的风险损失，就不能成为可保风险。但是在保险中，人身伤残或死亡的风险则是一个例外。虽然一个人的伤残程度或死亡所蒙受的损失是难以用金钱来计算的，但在保险业务中却都可以通过订立保险合同约定保险金额来确定。所以从某种意义上说，人身伤残或死亡所带来的损失，也是可以由货币来计量的，人身伤亡的风险也可被视作可保风险。

(3) 必须是具有偶然性和不可预知的。保险人承保的风险必须是有可能因这种风险的发生导致损失的，如果这种风险损失肯定不会发生，没有必要就此进行保险；又如果这种风险损失一定会发生，例如某些货物在运输过程中的自然损耗，机械装备在使用过程中的折旧等，保险人一般是不接受承保的。所以，只有那些有发生可能而事先又无法知道它是否一定会发生以及发生后遭到何等程度损失的风险，才需要保险，保险人才能接受承保，即可保险风险必须是具有偶然性和不可预知性的。

这里的所谓偶然性和不可预知性是对每一个具体的保险标的的个体而言的。至于保险人，可以通过以往事实情况的大量统计资料进行分析和科学推断，找出某一风险在未来发生的规律性，从中将偶然的不可预知的风险损失转化为可预知的费用开支，为保险经营提供了可能。

(4) 必须是意外发生的。意外的风险损失是指并非必然会发生和被保险人的故意行为造成的。上面提到过的诸如货物的自然损耗和机器设备折旧等现象就是必然会发生的，还有被保险人的故意行为例如故意纵火造成的火灾损失，均不属于保险人的可保风险的责任范围。但是在实际业务中，对一些必然发生的风险损失，例如自然损耗的必然损失，经保险人同意，在收取适当保险费用后，也可特约承保。再者，保险人也承保第三人的故意行为或不法行为所引起的风险损失。例如，在保证保险、信用保险中，保险人对由于另一方不履行与被保险人约定的义务而应对被保险人承担的经济责任给予赔偿。再如，财产保险中的偷盗险，保险承担赔偿责任的也是由于盗贼的故意行为所造成的损失。

(5) 必须要有大量标的均有发生重大损失的可能性。可保风险必须是大量标的都有可能遭受重大损失的。因为，如果一种风险只会导致轻微损失，那就无需通过保险求得保障。再者，保险需要以大数法则作为保险人建立保险基金的数理基础，假如一种风险只是个别或者少量标的所具有，那就缺乏这种基础，保险人无法利用大数法则计算危险产生的概率和损失程度，也就难以确定保险费率和进行保险经营。

以上五个可保风险条件是相互联系，相互制约的，确认可保风险时必须五个条件综合考虑，以免发生承保失误。应当指出，可保风险的范围并不是一成不变的，随着保险市场需求的不断扩大，以及保险技术的日益进步，可保风险的范围也会随之改变，很多原来不可保的风险在先进的技术条件下也可以成为可保风险。

1.1.2 保险和汽车保险

一、保险的概念

1. 保险的定义

《中华人民共和国保险法》(以下简称《保险法》)将保险定义为："保险，是指投保人根据合同约定，向保险人支付保险费，保险人对于合同约定的可能发生的事故因其发生所造成的财产损失承担赔偿保险金责任，或者当被保险人死亡、伤残、疾病或达到合同约定的年龄、期限等条件时承担给付保险金责任的商业保险行为。"

一般来说，保险有广义和狭义之分。广义的保险是指保险人向投保人收取保险费，建立专门用途的保险基金，用于补偿因自然灾害和意外事故造成的经济损失，或为社会安定发展而建立物质准备的一种经济补偿制度。它一般包括国家政府部门经办的社会保险，由专门的保险公司按商业原则经营的商业保险以及由被保险人集资合办的合作保险等。狭义的保险特指商业保险，即按照商业化经营原则，以合同形式确立双方经济关系，采用科学的计算方法，收取保险费，建立保险基金，对遭受约定灾害事故所造成的损失进行补偿而建立的一种经济补偿制度。

2. 4 种保险活动直接人

(1) 保险人：与投保人订立保险合同，并承担赔偿或者给付保险金责任的保险公司。

(2) 投保人：与保险人订立保险合同，并按照保险合同负有支付保险费义务的人。

(3) 被保险人：其财产或者人身受保险合同保障，享有保险金请求权的人。

(4) 受益人：人身保险合同中由被保险人或者投保人指定的享有保险金请求权的人。

3. 3 种保险活动辅助人

(1) 代理人：根据保险人的委托，向保险人收取代理手续费，并在保险人授权的范围内代为办理保险业务的单位或个人。

(2) 经纪人：基于投保人的利益，为投保人与保险人订立保险合同提供中介服务，并依法收取佣金的单位。

(3) 公估人：为保险合同中的保险人或被保险人办理保险标的勘查、鉴定、估损、赔款理算，并予以证明的受委托人。

4. 保险标的

保险标的指保险保障的目标实体，是保险合同双方当事人权利和义务所指向的对象。

5. 保险费

保险费指投保人为转嫁风险支付给保险人的与保险责任相对应的价金。

6. 保险金额

保险金额指保险人承担赔偿责任或者给付保险金责任的最高限额。

【思考题】假定小王向保险公司缴纳 1916 元为其 5 座家庭自用汽车投保机动车损失险，新车购置价为 10 万元，试问：保险标的、保险费和保险金额各为多少？

7. 保险合同

保险合同是投保人与保险人约定保险权利义务关系的协议。

二、保险的特征

保险作为一种补偿意外损失的经济形式，有其自身特殊的规律性，即保险的基本特征。

(1) 保险必须有特定风险的存在。建立保险制度的目的是应付风险事故的发生。因为只有具备意外事故的风险才有必要建立损失补偿的保险制度，所以风险的存在是构成保险制度的首要条件。

(2) 保险对风险事故造成的损失给予经济补偿。保险属于善后对策，它是用经济手段来补偿损失的。所谓经济补偿是指这种补偿不是恢复已毁灭的原物，也不是赔偿实物，而是用货币来补偿。因此，意外事故所致的损失，必须在经济上能计算价值，否则无法保险。

(3) 保险必须有互助共济关系。风险事故发生后所造成的损失，如果由一个经济单位来承担，或由政府救济，均不属于保险。保险需要最大限度地集合有共同风险顾虑的企业和个人，以集体的力量分摊损失。集合的企业和个人越多，范围越大，风险就越分散，保险经营越稳定。这些企业和个人也通过保险建立了互济关系，即投保人共同交纳保险费，建立保险补偿基金，共同取得保障。

(4) 保险费的分担金额必须合理。保险的补偿基金是由参加保险的人分担的，为使个人负担公平合理，就必须科学地计算分担金额。可以通过过去发生的大量自然灾害和意外事故的统计资料，得出风险事故的发生率，再预测未来事故的发生情况的变化，厘定出保险费率，从而确定分担金额。

(5) 保险必须成为较长期性的经济制度。保险称之为一种经济制度，个别保险契约不足以表明保险的本质，因为保险不仅是风险事故发生后补偿损失的善后方法，而且也是预测未来风险事故发生及结果的一种准备制度，故应具有相当的持续性和责任性。

三、保险的职能与作用

1. 保险的职能

保险的职能是指保险固有的特性，即集合多数人共同分摊风险，补偿少数人的经济损失。

1) 保险的基本职能

(1) 分摊职能。分摊职能就是把参加保险的少数成员因自然灾害或意外事故所造成的损失，分摊给所有成员来承担。保险的主要作用就是分散风险，分摊损失，起到"一人为众，众人为一"的互助共济作用。这种分摊损失的方法只是把损失平均化了，因而从整个社会的角度来考察，保险只有分摊损失的功能，而没有减少损失的功能。

(2) 补偿职能。补偿职能就是把参加保险的全体成员建立起来的保险基金用于少数成员因遭遇自然灾害或意外事故所承受损失的经济补偿。分摊损失本身不是目的，补偿损失才是保险的目的。补偿损失可以抵抗灾害，保障经济活动的顺利进行以及给予受难者经济帮助。通过保险的补偿和给付，企业可得到足够的资金，购买劳动资料、劳动对象，支付生产停止期间所需的费用，从而保证简单再生产的顺利进行。保险对象个人可以免除或减轻不幸事故造成的经济损失，保障本人或家属的物质利益。

分摊和补偿这两个保险固有的基本职能是相互联系，互不可缺的。如果保险没有分摊的职能，就无法筹集和建立保险基金，损失就得不到及时补偿；如果保险没有补偿的职能，参加保险的成员所受的损失得不到经济补偿，保险便失去了社会对其的需要，保险也就不会产生和继续存在。因此，分摊是补偿的前提，补偿是分摊的目的。

2) 保险的派生职能

保险的派生职能是融资职能和防灾防损职能。

(1) 融资职能。融资职能是指保险人将保险资金中的暂时闲置部分，以有偿返还的方式重新投入社会再生产过程，以扩大社会再生产规模的职能。融资是保险经营的主要业务之一，也是保险公司收益的重要来源。

(2) 防灾防损职能。防灾防损是保险经营的重要手段，保险公司积极配合参加社会防灾防损工作，这是由保险经营的特点所决定的。因此，保险具有防灾防损的职能。保险公司通过分析潜在的损害风险，评价保险标的的风险管理计划，提出费用合理的替代方案，采取损害管理措施等风险管理服务来实现保险的防灾防损职能。保险的防灾防损职能，既具有社会效益，又具有经济效益。

2. 保险的作用

保险的作用是保险职能发挥的结果，可分为在微观经济中的作用和在宏观经济中的作用两方面。

1) 保险在微观经济中的作用

(1) 有利于企业及时恢复生产或经营。由于风险是客观存在的，企业面临着各种风险，自然灾害、意外事故的发生都会破坏企业的资金循环，使企业蒙受经济损失，但只要参加了保险，保险公司就会按照保险合同的约定，及时送来赔款，使企业及时恢复生产。

(2) 有利于企业加强经济核算。作为经济实体的企业，追求的最终目标是以较小的投入获得最大的经济效益，而保险作为企业风险管理的财务手段，能够转移风险。保险能够把企业不确定的巨额灾害损失化为固定的少量的保险费支出，并摊入到企业的生产成本或流通费用中，使企业以交纳保险费为代价，将风险损失转嫁给保险公司。这既符合企业经营的核算制度，又保证了企业财务的稳定。

(3) 有利于促进企业加强风险管理和防灾防损。保险公司作为社会中专门同风险打交道的经济企业，积累了丰富的处理风险、防灾防损经验。如果企业参加了保险，保险公司为了降低赔付率，获得更好的经济效益，会非常注重企业的风险管理，而且被保险企业也不可能从风险损失中获得额外的利益，所以加强风险管理和防灾防损符合企业与保险公司的共同利益。

(4) 有利于安定人民生活。灾害事故的发生对于个人及家庭而言都是不可避免的。参加保险不仅是企业风险管理的有效手段，也是个人及家庭风险管理的有效手段。保险在安定人民生活方面，起着重大作用。家庭财产保险可以使受灾的家庭恢复原有的物质生活条件；人身保险可以转嫁被保险人的生、老、病、死、残等风险，对家庭的正常生活起到保障作用；而各种责任保险，则可以有力地保障受害人的经济利益，有益于民事纠纷的解决，对于安定社会具有非常重要的作用。

2) 保险在宏观经济中的作用

(1) 有利于积累资金，支援国家经济建设。保险公司收取的保险费总额应与补偿损失的总额基本相符。保险公司经营过程是先收取保险费，再履行赔偿责任，这中间就会出现时间差和数量差，而且有的险种时间非常长，导致一部分保险基金暂时闲置。对此，保险公司可以把部分资金存入银行，通过银行信贷渠道参与经济建设，还可以利用部分资金直接进行投资，支援经济建设。此外，保险公司还向国家上缴税收，为国家建设积累资金。

(2) 有利于推动科学技术转化为现实生产力。在社会生产中采用新技术、新工艺是提高生产力和促进经济发展的重要因素，但新技术、新工艺的采用就意味着高风险，而保险的作用正是在于通过对采用新技术风险提供保障，为企业开发新技术、新产品以及使用新工艺撑腰壮胆，以促进科学技术向现实生产力转化。

(3) 有利于增加外汇收入，增强国际支付能力。在对外贸易和国际经济交往中，保险是必不可缺的重要环节。保险业务的发展，如进出口货物保险、投资保险、远洋船舶保险等险种的发展，既可以增加我国的外汇收入，平衡国际收支，又可以促进对外经济贸易，保障国际经济交往。

(4) 有利于促进社会稳定。社会是由千千万万的家庭和企业等构成的，家庭的安定和企业的稳定都是社会稳定的前提。保险通过对保险责任内的损失和伤害的补偿和给付，为社会的稳定提供了切实有效的保障。

四、保险与相似制度的比较

为了加深对保险的理解，下面把与保险有相似之处的制度作简单的比较。

1. 保险与赌博

由于保险与赌博都属于由偶然事件引起的经济行为，都有可能获得大大超出支出的收入，因而容易混淆。实际上，保险与赌博两者之间有着本质的区别：首先是目的不同，投保人参加保险是为了转嫁风险、获得保险保障；而赌博的参加者则是希望以小额的赌注博得大额的钱财，牟取暴利。其次，保险的结果是分散风险，利人利己；赌博的结果往往是制造风险，损人利己。最后，它们的法律地位也不相同，保险行为以法律为依据，有法律作保障；赌博一般属于非法行为，得不到法律的保障。

2. 保险与储蓄

保险与储蓄都可以用来补救意外事故所带来的经济负担，并且它们都是以现有的剩余资金用作将来需要的准备，而且人身保险还具有储蓄性，所以人们往往将两者进行对比。其实两者的构成方法和所起的作用不完全相同。首先，储蓄可以单独地、个别地进行，保险则必须依靠多数单位的互助共济才能实现。储蓄是自助行为，保险是互助合作行为。其次，储蓄金额可以由储蓄者任意处理，随时存取，而保险是一种合同行为，保险基金只有具备一定条件才能动用。最后，储蓄作为应付经济不稳定的一种措施，既可以补偿意外事故的损失，也可以应付教育费、购置大件费用等，而保险只是承担意外事故发生导致的损失，它可以应付难以预测的意外事故，可以用较少的支出取得经济上较大的保障。

3. 保险与救济

保险与救济都是对风险损失的补偿方式，其不同之处在于：首先，它们的权利和义务不同。保险双方的权利和义务是对等的；而救济是一种任意的、单方面的施舍行为，救济者提供的是无偿援助，救济双方没有对等的权利和义务可言。其次，它们的性质不同。保险是一种互助行为，而救济是依赖外来的援助。最后，它们的主体不同，在保险事故发生后，保险公司一般是将保险金支付给保险合同约定的被保险人或受益人；而救济中的救济者和被救济者往往事先都无法确定，救济者可以是国家、社团组织或个人等，被救济者可能是各种灾害的受灾者或贫困者等。

五、保险的发展史

人类社会在改造自然、征服自然的漫长历史进程中，为了抵御自然灾害和意外事故，早期采用的是储存后备力量和互助的方法，后来随着商品经济发展到一定阶段，才产生了保险。

1. 保险的产生

从上古社会开始，人们为了弥补灾害事故的损失，除利用已经掌握的生产机能进行积极预防外，还学会了通过建立经济后备的形式，防止风险对于社会生活造成损失。据《礼记·王制》所述：“国无九年之蓄，曰不足；无六年之蓄，曰急；无三年之蓄，曰国非其国也。”公元 1000 多年前的西周时期就建立起各级后备仓储，储藏谷物，以备将来不时之用。这种后备仓储方式，在我国大约于公元前 11 世纪就形成制度，以后就更为普遍，如汉朝的“常平仓”制度、隋唐的“义仓”制度等。

在国外，保险思想最早产生于古巴比伦、古埃及和古希腊、古罗马。例如，公元前 2500 年，古巴比伦国王命令官员、僧侣收取税款，作为救济火灾的损失。古巴比伦的第六代国王汉谟拉比建立对外贸易的商队，就有对马匹死亡给予的经济保障。又如古埃及的石匠中流行一种互助基金的组织，其宗旨是共同应付丧葬费用的支付。可以说，这是人身保险的萌芽。

2. 保险业务的产生和发展

1) 海上保险的产生和发展

海上保险是最早发展起来的一种保险。共同海损是海上保险的萌芽，它是一种自发产生的、以牺牲部分利益保全船货安全的自觉行为。在公元前 916 年的路德岛上，为了保障海上贸易的正常进行，国王规定某位货主遭遇的损失，要由包括船主和该船所有货物的货主在内的受益人来分摊。这条规定一直沿袭下来，“一人为众，众人为一”的共同海损原则成为海上保险产生的基石。

近代保险始于 14 世纪，贷款与损失保证分成两个独立的行业，正式的保险经营开始建立。1310 年，佛兰德尔商人成立了保险商会，订立了海运货物运输的保险费率。1347年 10 月 23 日热那亚商人乔治勒克维伦出具了世界上最早的保险单。15 世纪以后，西欧商人的国际贸易日益扩大，促进了海上保险的迅速发展，很多政府陆续制定了一些有关海上保险的法令。

英国海上保险的形成对近代保险制度的完善具有重要意义。1688 年在英国伦敦成立的“劳合社”，是现今世界上最大的保险垄断组织之一。它的前身是爱德华劳埃德在泰晤士河畔开设的咖啡馆，当时那里是人们交换航运信息、购买保险以及交谈商业新闻的场所。由于咖啡馆鼓励承保人在此开办保险业务，发行劳合新闻小报，它就逐渐演变为专门从事保险业务的经营场所。后来它迁至伦敦金融中心，改组成劳合社保险人协会，逐渐发展成为英国的保险中心。

2) 火灾保险的产生和发展

火灾保险是财产保险的前身，其起源可以追溯到 12 世纪初期在冰岛成立的互助社，它对火灾及家畜死亡的损失承担赔偿责任。15 世纪，德国的一些城市出现了专门承保火灾损失的相互保险组织(火灾基尔特)，到 1676 年，由 46 个协会在汉堡合并成立火灾保险局。

1666 年 9 月 2 日伦敦的一场大火，是火灾保险产生和发展起来的直接诱因。这场火连烧几天几夜，全城大半部分被毁，20 万居民无家可归，损失很大，由此促使人们重视火灾保险。次年牙科医生巴蓬个人创办火灾保险业务，他在 1680 年正式设立火灾保险公司，开始按照服务危险等级差别收取保险费。巴蓬被称为“现代保险之父”。

18 世纪末到 19 世纪中叶，欧洲主要资本主义国家相继完成了工业革命，物质财富大量集中，对火灾保险的需求也变得更为迫切，火灾保险公司相继成立和壮大，火灾保险所承保的范围日益扩大，承保的责任从单一的火灾扩大到洪水、风暴、地震等，保险标的也由房屋扩大到各种固定资产。

3) 人寿保险的产生和发展

人寿保险起源于欧洲中世纪，起初行业协会对其成员的人身伤亡和丧失劳动能力给予补偿，后来有些行业协会逐渐转化为以相互保险为目的的"友爱社"，对保险责任和缴费作了比较明确的规定。但初期做法都较简单，参加者不论年龄、职业和健康情况如何，都付相同的费用，享受相同的利益。结果那些身体健康、年轻、职业危险小的人逐渐退出，使保险赔付难以维系。1693 年英国天文学家哈雷博士发表了世界上第一张生命表，此表对科学人寿保险的形成具有重要的意义。1762 年由英国人辛普逊和道森发起的人寿及遗属公平保险社首次将生命表用于计算人寿保险的费率，这标志着现代人寿保险的开始。发展至今，人寿保险业务与金融市场的投资紧密结合，人寿保险公司已成为仅次于商业银行的投资机构。

随着海上保险、火灾保险、人寿保险等保险业务的产生和发展，责任保险和信用保险等也随着社会的发展而兴起。

3. 中国保险业的产生与发展

1) 民族保险业的产生与发展

1835 年，英国商人在香港成立了我国第一家外商保险公司——保安保险公司。鸦片战争以后，英商在上海陆续开设了多家保险公司，这些保险公司控制着旧中国的保险业。中国第一家华商保险公司是 1875 年成立的上海义和公司保险行以及稍后的保险招商局。由于当时中国没有相关的法规制度，所以只能执行英国的保险法。到 20 世纪 30 年代，我国民族资本开设的保险公司已有 30 多家，但在业务经营上仍然受外商的支配。

2) 现代保险业的发展

新中国成立后，国家整顿和改造了旧保险业。1952 年外国资本的保险业务全部撤出了中国保险市场。1949 年成立了中国人民保险公司，开创了独立自主的人民保险事业，在我国国民经济恢复时期和第一个五年计划时期发挥了重要的经济保障作用。1980 年后，随着社会主义市场经济体制的建立和国民经济的发展，中国保险业快速成长，取得了可喜成绩。

首先是市场规模不断扩大，我国的保费收入由 1980 年的亿元人民币增长到 2000 年的1595.9 亿元，年平均增长 31.8%，截至 2000 年年底保险公司总资产达 3373.9 亿元人民币。其次，我国保险市场主体格局初步形成。从 1949 年只有中国人民保险公司一家经营，发展到 2000 年我国保险市场已有 32 家保险公司，初步形成了一个以国有保险公司和股份制保险公司为主、中外保险公司并存、多家保险公司竞争的市场格局。第三，我国的保险法律体系初步形成。自 1995 年以来，随着《保险法》和一系列配套行政法规及部门规章的制定，逐步形成了我国保险法律法规体系的基本框架，标志着我国保险业进入了依法经营、依法监管的新阶段。最后，我国保险市场对外开放不断扩大。截至 2000 年年底，已有 21家外资保险经营机构获准在我国营业，我国也已和 120 多个国家和地区的 1000 余家保险、再保险公司和经纪人建立了分保关系，这些都加强了我国保险业同世界各国同行的友好往来，进一步发展了海外业务，分散了巨额风险，吸收和节约了外汇保险费。伴随着我国加入世贸组织的契机以及社会经济的发展，我国保险业必将跻身于保险市场强国之列。

六、保险的种类

保险种类繁多，在分类方面没有固定的原则和严格的标准。下面介绍几种常用的划分标准及保险种类。

1. 保险形式的种类

1) 按保险的性质分类

按保险的性质不同，保险可分为社会保险、商业保险和政策保险。

(1) 社会保险是指以法律保证的一种基本社会权利。社会保险的职能是，对全体公民或劳动者因遭遇年老、疾病、生育、伤残、失业和死亡等社会特定风险而暂时或永久失去劳动能力、失去生活来源或中断劳动收入时的基本生活需要提供经济保障，其主要项目包括养老保险、医疗保险、失业保险和工伤保险等。

(2) 商业保险是指投保人根据合同约定，向保险人支付保险费，保险人对于合同约定的风险导致的被保险人的财产损失承担赔偿责任。商业保险一般是自愿保险。

(3) 政策保险是政府为了某种政策目的，运用普通保险的技术而开办的一种保险。政策保险的具体项目有国民生活保险、农业保险、进出口信用保险等。

2) 按保险的实施方式分类

按保险的实施方式不同，保险可分为自愿保险和强制保险。

(1) 自愿保险是指保险双方采取自愿方式签订保险合同。自愿保险的保险关系，是当事人之间自由决定、彼此合意后所成立的合同关系。保险人也可以根据情况决定是否承保、怎样承保。投保人可以自行决定是否投保、向谁投保、中途退保等，也可以自由选择保障范围、保障程度和保险期限等。

(2) 强制保险也称法定保险，是保险人和投保人以法律、法规为依据而建立的保险关系。如我国对火车、轮船、飞机旅客的意外伤害保险就是采用强制保险方式实施的。强制保险具有全面性和统一性的特点，表现在：凡是法令规定范围内的保险对象，不管是否愿意，都必须依法参加保险。实施强制保险通常是为了满足政府某些社会政策、经济政策和公共安全方面的需要。

3) 按承保方式分类

按承保方式不同，保险可分为原保险、再保险、重复保险和共同保险。

(1) 原保险是投保人与保险人直接签订保险合同而建立保险关系的一种保险。

(2) 再保险是指保险人将其承担的保险业务，部分转移给其他保险人的一种保险。再保险是保险的一种派生形式。

原保险是再保险的基础和前提，再保险是原保险的后盾和支柱。

(3) 重复保险是指投保人以同一保险标的、同一保险利益、同一风险事故分别与数个保险人订立保险合同，且保险金额总和超过保险价值的一种保险。

(4) 共同保险是指几个保险人，就同一保险利益、同一风险共同缔结保险合同的一种保险。在实务中，数个保险人可能以某一家保险公司的名义签发一张保险单，然后每一家保险公司对保险事故损失按比例分担责任。

2. 保险业务的种类

现代保险业务的框架是由财产保险、人身保险、责任保险、信用保证保险四大部分构成的，即保险业务的种类。

1) 财产保险

财产保险是指以财产及其相关利益为保险标的，因保险事故发生导致财产利益损失，保险人以保险赔款进行补偿的一种保险。财产保险有广义与狭义之分。广义的财产保险包括财产损失保险、责任保险、信用保证保险等；狭义的财产保险是以有形的物质财富及其相关利益为保险标的的一种保险，其内容包括火灾保险、海上保险、汽车保险、航空保险、工程保险、利润损失保险以及农业保险等。

2) 人身保险

人身保险是以人的身体或生命为保险标的的一种保险。当被保险人在保险期内因保险事故的发生而伤残、死亡或生存到保险期满，按合同约定的条件，保险人给付保险金。由于人身保险的保险标的的价值无法用货币衡量，因而其保险金额可根据投保人的经济生活需要和缴付保险费的能力由双方协商确定。根据保障范围的不同，人身保险可以分为人寿保险、意外伤害保险和健康保险等。

3) 责任保险

责任保险是以被保险人依法应负的民事赔偿责任或经过特别约定的合同责任为保险标的的一种保险。责任保险可单独承保。责任保险的种类包括机动车辆第三者责任保险、公众责任保险、产品责任保险、职业责任保险以及雇主责任保险等。

4) 信用保证保险

信用保证保险是指以信用关系为保险标的的一种保险，它是一种担保性质的保险。按担保对象的不同，信用保证保险可分为信用保险和保证保险两种。信用保险指权利人向保险人投保债务人的信用风险的保险。保证保险是被保证人(债务人)根据权利人(债权人)的要求，请求保险人担保自己信用的保险。

七、汽车保险的起源和发展

汽车保险是财产保险的一种，在财产保险领域中，汽车保险属于一个相对年轻的险种，这是由于汽车保险是伴随着汽车的出现和普及而产生和发展的。同时，与现代机动车辆保险不同的是，在汽车保险的初期是以汽车的第三者责任险为主险的，并逐步扩展到车身的碰撞损失等风险。

1. 汽车保险的起源

国外汽车保险起源于 19 世纪中后期。当时，随着汽车在欧洲一些国家的出现与发展，因交通事故而导致的意外伤害和财产损失随之增加。尽管各国都采取了一些管制办法和措施，可汽车的使用仍对人们的生命和财产安全构成了严重威胁。由此，引起了一些精明的保险人对汽车保险的关注。

1896 年 11 月，由英国的苏格兰雇主保险公司发行的一份保险情报单中，刊载了为庆祝"1896 年公路机动车辆法令"的顺利通过，而于 11 月 14 日举办伦敦至布赖顿的大规模汽车赛的消息。在这份保险情报中，还刊登了"汽车保险费年率"。

最早开发汽车保险业务的是英国的"法律意外保险有限公司"，1898 年该公司率先推出了汽车第三者责任保险，并可附加汽车火险。到 1901 年，保险公司提供的汽车保险单已初步具备了现代综合责任险的条件，保险责任也扩大到了汽车的失窃。

2. 汽车保险在国外的发展

20 世纪初期，汽车保险业在欧美得到了迅速发展。1903 年，英国创立了"汽车通用保险公司"，并逐步发展成为一家大型的专业化汽车保险公司。1906 年，成立于 1901 年的汽车联盟也建立了自己的"汽车联盟保险公司"。到 1913 年，汽车保险已扩大到了 20 多个国家，汽车保险费率和承保办法也基本实现了标准化。

1927 年是汽车保险发展史上的一个重要里程碑。美国马萨诸塞州制定的举世闻名的强制汽车(责任)保险法的颁布与实施，表明了汽车第三者责任保险开始由自愿保险方式向法定强制保险方式转变。此后，汽车第三者责任法定保险很快波及世界各地。第三者责任法定保险的广泛实施，极大地推动了汽车保险的普及和发展，车损险、盗窃险、货运险等业务也随之发展起来。

自 20 世纪 50 年代以来，随着欧、美、日等地区和国家汽车制造业的迅速扩张，机动车辆保险也得到了广泛的发展，并成为各国财产保险中最重要的业务险种。到 20 世纪 70 年代末期，汽车保险业已占整个财产险的 50%以上。

3. 我国汽车保险的发展进程

1) 萌芽时期

我国汽车保险业务的发展经历了一个曲折的历程。汽车保险进入我国是在鸦片战争以后，但由于我国保险市场处于外国保险公司的垄断与控制之下，加之旧中国的工业不发达，我国的汽车保险业实质上处于萌芽状态，其作用与地位十分有限。

2) 试办时期

新中国成立以后的 1950 年，创建不久的中国人民保险公司就增加了汽车保险业务。但是因宣传不够和认识的偏颇，不久就出现了对此项保险的争议，有人认为汽车保险以及第三者责任保险对于肇事者予以经济补偿，会导致交通事故的增加，对社会产生负面影响。于是，中国人民保险公司于 1955 年停止了汽车保险业务，直到 70 年代中期为了满足各国驻华使领馆等外国人拥有的汽车的保险需要，开始办理以涉外业务为主的汽车保险业务。

3) 发展时期

1980 年，中国人民保险公司逐步全面发展汽车保险业务，以适应国内企业和单位对于汽车保险的需要，适应公路交通运输业迅速发展、事故日益频繁的客观需要。但当时汽车保险仅占财产保险市场份额的 2%。

随着改革开放，社会经济和人民生活也发生了巨大的变化，机动车辆迅速普及和发展，机动车辆保险业务也随之得到了迅速发展。1983 年将汽车保险改为机动车辆保险使其具有更广泛的适应性，在此后的近 20 年中，机动车辆保险在我国保险市场，尤其在财产保险市场中始终发挥着重要的作用。到 1988 年，汽车保险的保费收入超过了 20 亿元，占财产保险份额的 37.6%，第一次超过了企业财产险(35.99%)。从此以后，汽车保险一直是财产保险的第一大险种，并保持高增长率，我国的汽车保险业务进入了高速发展的时期。

与此同时，机动车辆保险条款、费率以及管理也日趋完善，尤其是中国保监会的成立，进一步完善了机动车辆保险的条款，加大了对于费率、保险单证以及保险人经营活动的监管力度，加速建设并完善了机动车辆保险中介市场，对全面规范市场，促进机动车辆保险业务的发展起到了积极的作用。

八、汽车保险的含义

汽车保险是以汽车本身及其相关利益为保险标的的一种不定值财产保险。这里的汽车是指汽车、电车、电瓶车、摩托车、拖拉机、各种专用机械车、特种车。

【例 1-6】双燃料汽车归属汽车范畴；大型联合收割机归属专用机械车范畴；两轮或三轮摩托车、轻便摩托车、残疾人三轮或四轮摩托车归属摩托车范畴；只有企业自行编号、仅在特定区域内使用的其他车辆，视其使用性质和车辆用途确定其是归属于汽车还是专用机械车、特种车范畴。

汽车保险是财产保险的一种，也称为机动车辆保险，是以汽车(机动车辆)本身及其第三者责任为保险标的的一种运输工具保险。汽车保险一般包括基本险和附加险两部分。基本险又分为车辆损失险和第三者责任险。附加险是针对车辆损失险和第三者责任险的部分责任免除而设置的，不能单独承保。

随着保险业的发展，汽车保险的保险标的已从最初的汽车扩展到各种机动车辆，但是世界上许多国家至今仍沿用汽车保险这一名称，而我国已经将其更名为机动车辆保险。

九、汽车保险的职能和作用

1. 汽车保险的职能

保险的基本职能就是组织经济补偿和实现保险金的给付，同样也是机动车辆保险的基本职能。

生产力水平的提高、科学技术的发展，使人类社会走向文明，汽车工业在给人类生活提供交通便利的同时，也给人类带来了因汽车运输中的碰撞、倾覆等意外事故造成的财产损失和人身伤亡。不仅如此，随着生产力水平的提高，科学技术的进步，风险事故所造成的损失也越来越大，对人类社会的危害也越来越严重。机动车辆在使用过程中遭受自然灾害风险和发生意外事故的概率较大，特别是在发生第三者责任的事故中，其损失是难以通过自我补偿的。

机动车辆使用过程中的各种风险及风险损失是难以通过对风险的避免、预防、分散、抑制以及风险自留解决的，必须或最好通过保险转嫁的方式将其中的风险及风险损失在全社会范围内分散和转移，以最大限度地抵御风险。汽车用户以缴纳保险费为条件，将自己可能遭受的风险成本全部或部分转嫁给保险人。机动车辆保险是一种重要的风险转嫁方式，在大量风险单位集合的基础上，将少数被保险人可能遭受的损失后果转嫁到全体被保险人身上，而保险人作为被保险人之间的中介对其实行经济补偿。通过机动车辆保险，拥有机动车辆的企业、家庭和个人所面临的种种风险及其损失后果得以在全社会范围内分散与转嫁。

机动车辆保险是现代社会处理风险的一种非常重要的手段，是风险转嫁中一种最重要、最有效的技术，是不可缺少的经济补偿制度。

2. 汽车保险的作用

我国自 1980 年国内保险业务恢复以来，汽车保险业务已经取得了长足的进步，尤其是伴随着汽车进入百姓的日常生活，汽车保险正逐步成为与人们生活密切相关的经济活动，其重要性和社会性也正逐步突现，作用愈加明显。

(1) 促进汽车工业的发展，扩大了对汽车的需求。从目前经济发展情况看，汽车工业已成为我国经济健康、稳定发展的重要动力之一，汽车产业政策在国家产业政策中的地位越来越重要。汽车产业政策要产生社会效益和经济效益，要成为中国经济发展的原动力，离不开汽车保险与之配套服务。汽车保险业务自身的发展对于汽车工业的发展起到了有力的推动作用，汽车保险的出现，解除了企业与个人对使用汽车过程中可能出现的风险的担心，在一定程度上提高了消费者购买汽车的欲望，也在一定程度扩大了社会对汽车的需求。

(2) 稳定了社会公共秩序。随着我国经济的发展和人民生活水平的提高，汽车作为重要的生产运输和代步的工具，成为社会经济及人民生活中不可缺少的一部分，其作用越来越重要。汽车作为一种保险标的，虽然单位保险金不是很高，但数量多而且分散，车辆所有者既有党政部门，也有工商企业和个人。车辆所有者为了转嫁使用汽车带来的风险，愿意支付一定的保险费投保，在汽车出险后，从保险公司获得经济补偿。由此可以看出，开展汽车保险既有利于社会稳定，又有利于保障保险合同当事人的合法权益。

(3) 促进了汽车安全性能的提高。在汽车保险业务中，经营管理与汽车维修行业及其价格水平密切相关。因为在汽车保险的经营成本中，事故车辆的维修费用是其中重要的组成部分，同时车辆的维修质量在一定程度上体现了汽车保险产品的质量。保险公司出于有效控制经营成本和风险的需要，除了加强自身的经营业务管理外，必然会加大对事故车辆修复工作的管理，在一定程度上提高了汽车维修质量管理的水平。同时，汽车保险的保险人从自身和社会效益的角度出发，联合汽车生产厂家、汽车维修企业开展汽车事故原因的统计分析，研究汽车安全设计新技术，并为此投入大量的人力和财力，从而促进了汽车安全性能方面的提高。

(4) 汽车保险业务在财产保险中占有重要的地位。目前，大多数发达国家的汽车保险业务在整个财产保险业务中占有十分重要的地位。美国汽车保险保费占财产保险总保费的 45% 左右，占全部保费的 20% 左右。亚洲地区的日本和我国台湾汽车保险的保费占整个财产保险总保费的比例更是高达 58% 左右。

从我国情况来看，随着积极的财政政策的实施，道路交通建设的投入越来越多，汽车保有量逐年递增，在过去的 20 年，汽车保险业务保费收入每年都以较快的速度增长。在国内各保险公司中，汽车保险业务保费收入占其财产保险业务总保费收入的 50% 以上，部分公司的汽车保险业务保费收入占其财产保险业务总保费收入的 60% 以上。可见，汽车保险业务已经成为财产保险公司的"吃饭险种"，其经营的盈亏直接关系到整个财产保险行业的经济效益。可以说，汽车保险业务的效益已成为财产保险公司效益的"晴雨表"。

3. 汽车保险的要素

保险的要素亦称"保险的要件"，指保险得以成立的基本条件。在这一问题上，国内外均有不同的见解。我们认为，保险的要素有三，即前提要素、基础要素和功能要素。

(1) 危险存在是保险成立的前提。保险与危险同在，无危险则无保险可言。因此，特定的危险事故是保险成立的前提，是首一要素。

人类社会可能遭遇的危险很多，但大体上可以归纳为三大类，即人身危险、财产危险和法律责任危险。所谓危险事故，是指上述人类三大危险中可能引起损失的偶然事件，它包含三层意思。第一，事件发生与否很难确定，即事件可能发生，也可能不发生，两种可能同时存在。如果约定的某一事件根本不可能发生，除非心术不正，否则不会有人愿意花钱去买这种毫无意义的保险。反之，如果能确定某一事件一定会发生，承保则意味必然赔偿，无法集合危险，分散损失，也不会有哪家保险公司愿意承担这种无法承担的责任。第二，事件何时发生很难确定，即一些偶然事件虽然可以判断，但究竟何时发生，很难预料。例如，人的生老病死，这是自然规律，但人何时生病、何时死亡，谁都无法预知。所以，人们死亡、伤残和疾病均属可保事件。发生时间不可预知的事件，当然是将来有可能发生的事件。过去或现在已发生的事件，不属偶然事件。第三，事件发生的原因与结果很难确定，即事件的发生是意外的，排除当事人的故意行为及保险标的的必然现象。事件发生若是当事人或其利害关系人的故意行为所致，如谋杀被保险人或被保险人的自杀、纵火等，或保险标的的自然灭失、消耗等，都不属偶然事件。由于偶然事件是"将来的事件"，因而仅发生与否无法预料，一旦发生将造成多大损失也很难预知。如房屋等财产都有遭受火灾等灾害的可能，但这种潜在性的灾害发生后将造成多大的损失，灾前是任何人都无法准确知道的。倘若事前能准确地知道某一事件发生时所造成的损失程度，保险人就很难维持其保险业务了。

(2) 众人协力是保险成立的基础。前已述及，保险是建立在"我为人人，人人为我"这一社会互助基础之上的，其基本原理是集合危险，分散损失。这就要求参加保险者不只是几个人、几个单位，也不只是社会中的少部分人和少部分单位，而是要动员全社会力量，众多者参加保险。只有众多的社会成员参加保险，其所缴纳的保险费才能积聚成为巨额的保险基金，从而确保少数人的意外损失能获得足额且及时的补偿。因此，保险不仅与危险同在，尤与众人协力同在。没有众人协力，就不可能有保险。众人协力即经济上的互助共济关系，其组织形式有两种，一是直接关系，二是间接关系。相互保险组织中的众人协力所体现的互助共济关系，就是一种直接的互助共济关系。因为这种保险组织的成员，都是由有同一危险的多数人所组成，他们中的每一成员，即是被保险者。

保险的众人协力，其人数虽然不可能具体地划定为几百人或几千人，但为了达到将巨大的损失尽量分散，变成微小的损失，就需要参加保险的人越多越好，无论是相互保险还是保险公司经营的保险都是如此。因为参加保险的人数越多，则损失分得越散，每个成员负担也就越轻；投保者越多，交的保险费就越多，所能积聚起来的保险基金数额就越大，因而对被保险者就越有保障。

保险需要众人协力，而且投保者越多越好。但是，在结成互助共济关系的每一成员中，特别是间接互助共济关系的成员中，他们所面临的风险是不同的。风险不同，损失的分担即应缴的保险费就应该不同。如果风险不同而损失分担无异，必然会引发如下后果：一部分风险较小的成员因感觉吃亏而退出保险，剩下那些风险较大的少数投保者也因无法负担巨额的保险费而支持不下去，原来所形成的互助共济关系就会受到破坏。此外，作为"出卖"保险的保险人，同样是有风险的，这种风险就是保险事故发生时所必须承担的赔偿责任。倘若保险人的风险大而赔付能力小，保险就难以为继。因此，保险要得以正常维持，一要使投保人有负担保险费的能力并乐于缴付保险费，以维持必要的互助关系；二要保证保险人的保险费收入与损失赔付总额大体相当，以保证保险人的赔付能力。这一目的的实现，就必须使保险的众人协力建立在科学方法基础之上，即必须根据概率论的科学方法，合理地计算出各种保险的保险费率。合理的保险费率，使每个投保者的负担相对公平合理。合理的保险费率是维系保险众人协力得以长久的关键。

(3) 损失赔付是保险成立的功能。保险的功能并非消灭危险，危险是客观存在的。从严格意义上说，保险本身也不可能消灭危险。虽然在实际生活中，人们往往习惯将投保行为称之为"买保险"，将投保人缴纳保险费，与保险人确立保险合同关系称之为"付出一笔代价买进一个安全"，但谁都明白，投保人向保险公司缴了保险费，并非真正买到了一个安全；签订了保险合同，也不意味着保险公司就能保证被保险人不出事故。"买保险""花钱买安全"一类的说法，其确切含义应该是：第一，投了保，由于双方当事人采取了切实有效的安全措施，加强了防灾能力，因而被保险人的安全会更有保障；第二，投了保，缴纳了保险费，在保险有效期间内，即使发生了意外事故，按照约定也会得到相应的损失补偿，可迅速恢复原有的经济状况。事实上，投保人支付一笔代价(保险费)后，他所买到的只是一个机会，即将来发生保险事故时可能获得补偿的机会，而不是真正意义上的安全。由此可见，保险的直接功能就是补偿被保险人因意外所受的经济损失，如果投保人在投保后仅仅买到一个观念上的安全，危险事故发生时得不到相应的补偿，是不会有人愿意花钱去买一个毫无实际意义的观念上的安全的。

当然，人们花钱买保险，并不希望危险事故在自己身上发生。对于每个投保人来说，宁可经常接受微小数目的损失，却不愿意在较长时间内遭受一次巨大的损失。所谓"经常微小数额"的损失，亦即投保人在保险期间安然无恙，他所缴纳的保险费无疑是一种代价。从这一意义也可以说，投保人这一期间的安全是花钱"买"来的。

应该注意的是，在损失赔付功能上，人身保险与财产保险并不完全一致，其原因就在于：财产保险与人身保险的保险标的不同。财产保险的标的是财产或与财产有关的利益，这是能够用货币来准确衡量价值的；当危险事故发生时，当然也能够用货币来准确衡量其损失额。保险的直接功能是经济补偿。因此，财产保险除定值保险等个别例外，其损失赔偿均应遵循补偿原则，即当保险事故发生时，保险人给予被保险人的经济赔偿恰好填补被保险人因遭受保险事故所造成的经济损失。赔偿金额不应少于或多于实际损失。少于实际损失，说明被保险人的损失没有得到完全的填补；多于实际损失，则会造成被保险人的不当得利，这是有悖于保险制度本身的。

人身保险的标的是人的身体、健康和生命。人的身体、健康和生命是无法用货币来衡量的。当发生保险事故时，究竟给被保险人造成多少损失，也难于用货币来准确衡量。因此，人身保险一般采用定额方式，一旦发生保险事故，则按合同约定的金额给付。人身保险的给付不适用保险法上的补偿原则。人身保险不适用补偿原则，并不意味着其给付不具有补偿性。人的死亡和伤残固然无法用金钱补回来，但人的死亡和伤残，其后果不仅是一个生命的结束或健康受到伤害，而且由此还必然给其亲人或本人带来直接的经济损失。换言之，危险事件在人身上可能造成的损害是两层意义上的损害，即人身损害和经济损害，人身保险的给付虽然不能填补前者，却可以填补后者。因此，人身保险仍然具有补偿的性质，否认这种补偿性进而否认人身保险的经济功能是不对的。

4．汽车保险的特征

汽车保险的基本特征可以概括为以下几点：

(1) 保险标的出险率较高。汽车是陆地的主要交通工具，由于其经常处于运动状态，总是载着人或货物不断地从一个地方开往另一个地方，很容易发生碰撞及意外事故，造成人身伤亡或财产损失。由于车辆数量的迅速增加，一些国家交通设施及管理水平跟不上车辆的发展速度，再加上驾驶人的疏忽、过失等人为原因，交通事故发生频繁，汽车出险率较高。

(2) 业务量大，投保率高。由于汽车出险率较高，汽车的所有者需要以保险方式转嫁风险。各国政府在不断改善交通设施，严格制定交通规章的同时，为了保障受害人的利益，对第三者责任保险实施强制保险。

保险人为适应投保人转嫁风险的不同需要，对被保险人提供了更全面的保障，在开展车辆损失险和第三者责任险的基础上，推出了一系列附加险，使汽车保险成为财产保险中业务量较大、投保率较高的一个险种。

(3) 扩大保险利益。汽车保险中，针对汽车的所有者与使用者不同的特点，汽车保险条款一般规定：不仅被保险人本人使用车辆时发生保险事故保险人要承担赔偿责任，而且凡是被保险人允许的驾驶人使用车辆时，也视为其对保险标的具有保险利益，如果发生保险单上约定的事故，保险人同样要承担事故造成的损失，保险人须说明汽车保险的规定以"从车"为主，凡经被保险人允许的驾驶人驾驶被保险人的汽车造成保险事故的损失，保险人须对被保险人负赔偿责任。

此规定是为了对被保险人提供更充分的保障，并非违背保险利益原则。但如果在保险合同有效期内，被保险人将保险车辆转卖、转让、赠送他人，被保险人应当书面通知保险人并申请办理批改。否则，保险事故发生时，保险人对被保险人不承担赔偿责任。

(4) 被保险人自负责任与无赔款优待。为了促使被保险人注意维护、养护车辆，使其保持安全行驶技术状态，并督促驾驶人注意安全行车，以减少交通事故，保险合同上一般规定：驾驶人在交通事故中所负责任，车辆损失险和第三者责任险在符合赔偿规定的金额内实行绝对免赔率；保险车辆在保险期限内无赔款，续保时可以按保险费的一定比例享受无赔款优待。以上两项规定，虽然分别是对被保险人的惩罚和优待，但要达到的目的是一致的。

十、我国汽车保险业现状

1．现行汽车保险业务市场

目前，我国经营汽车保险业务的保险公司主要有中国人民财产保险股份有限公司、中国太平洋财产保险股份有限公司、中国平安财产保险股份有限公司、华泰财产保险股份有限公司、天安保险股份有限公司、华安财产保险股份有限公司、大众保险股份有限公司、中华联合财产保险公司、太平保险有限公司、永安财产保险股份有限公司、中国香港民安保险有限公司海口分公司以及美亚保险公司上海分公司。

1) 汽车保险市场的地位

汽车保险在保险市场特别是在财产保险市场中占有重要地位，这是因为：

(1) 汽车保险不再是以企业和单位为主要对象的业务，而是逐步发展成为以个人为主要对象的业务，汽车保险正在成为与人们生活息息相关的一种保险。

(2) 汽车保险，尤其是第三者责任保险在稳定社会关系和维护社会秩序方面的特殊作用，使其从合同双方的单一经济活动，逐渐上升成为社会法制体系的一个重要组成部分。

(3) 与其他保险不同，汽车保险的出险率高，保险人的理赔技术和服务将成为一个十分突出的问题，并将直接影响保险业的健康发展。

(4) 从汽车保险业务在财产保险市场所占的比例来看，汽车保险已经在整个保险市场占据了较大比重，无论是从保险公司经营管理的角度，还是从监管部门对于市场的监督与管理的角度，汽车保险均具有突出的地位。

综上所述，现在已经不能简单地把汽车保险视为一种普通的经济合同关系。这是因为，汽车保险对于人们生产和生活的影响已经超出了合同双方的范围，成为一种具有一定社会意义的经济制度，这也对汽车保险业务的经营与管理提出了更高的要求。

2) 保险市场的主体

保险市场的主体是指保险市场交易活动的参与者，包括保险商品的供给方、需求方和中介方。

(1) 保险商品的供给方，就是在保险市场上提供各类保险商品、承担分散和转移他人风险的各类保险人，如保险公司、再保险公司。

(2) 保险商品的需求方，就是保险市场中所有现实的和潜在的保险商品的购买者，如自然人、企业法人、其他经济组织、农村承包经营户、个体经营户等。

(3) 保险商品的中介方，就是活动于保险人与投保人之间充当保险供需双方媒介，把保险人和投保人联系起来并建立保险关系的人，如保险代理人、保险经纪人和保险公估人。

2. 现行汽车保险简介

汽车保险一般由汽车保险险种和费率两部分组成。

1) 汽车保险险种

汽车保险险种的设计因各国国情与社会需要的不同而有所差异，我国现行汽车保险一般包括车辆损失险、第三者责任险和附加险三部分。

对于车辆损失险，不同国家的保险公司的承保范围有所不同。对于第三者责任险，保险业发达的国家在承保内容上均力求扩张，以便所有事故受害人都能得到合理的赔偿，这也是现代保险业发展的必然趋势。附加险是针对车辆损失险和第三者责任险的部分责任免除而设置的，不能单独承保。

(1) 车辆损失险。车辆损失险是指保险车辆遭受保险责任范围内的自然灾害或意外事故，造成保险车辆本身损失，保险人依照保险合同的规定给予赔偿。

各保险公司的车辆损失险条款基本上都包括保险责任、责任免除、保险金额、保险期限、保险费、赔偿处理、保险人义务，投保人和被保险人义务、无赔款奖励、其他事项等章节。

虽然各保险公司的具体条款内容在一定程度上有所不同，但某些内容较为相似。例如：在保险责任方面，保险公司负责赔偿由碰撞、倾覆、火灾、爆炸、暴风、龙卷风引起的保险车辆的损失以及发生保险事故时被保险人或其允许的合格驾驶员对保险车辆采取施救、保护措施所支出的合理费用。

在责任免除方面,保险公司对由下列原因造成的保险车辆损失不负责赔偿:战争、军事冲突、恐怖活动、暴乱、扣押、罚没、政府征用;竞赛、测试;在营业性维修场所修理、维护期间;利用保险车辆从事违法活动;驾驶人员饮酒、吸食或注射毒品、被药物麻醉后使用保险车辆;保险车辆肇事逃逸。

(2) 第三者责任险。第三者责任险是指保险车辆因意外事故致使第三者遭受人身伤亡或财产的直接损失,保险人依照保险合同的规定给予赔偿。

各保险公司的第三者责任险条款包括的章节与车辆损失险基本相同,只是车辆损失险中的保险金额在第三者责任险中为赔偿限额。

虽然各保险公司的具体条款内容在一定程度上有所不同,但某些内容上较为相似。例如:

在保险责任方面,保险人负责赔偿:被保险人或其允许的驾驶人员在使用保险车辆过程中发生意外事故,致使第三者遭受人身伤亡或财产直接损毁,依法应当由被保险人承担的经济赔偿责任。

在责任免除方面,保险车辆造成下列人身伤亡或财产损失,不论在法律上是否应当由被保险人承担赔偿责任,保险人均不负责赔偿:被保险人及其家庭成员的人身伤亡、所有或代管的财产的损失;本车驾驶人员及其家庭成员的人身伤亡、所有或代管的财产的损失;本车上其他人员的人身伤亡或财产损失。

保险人不负责赔偿下列损失和费用:保险车辆发生意外事故致使第三者停业、停驶、停电、停水、停气、停产、通信中断的损失以及其他各种间接损失;精神损害赔偿;第三者财产因市场价格变动造成的贬值、修理后因价位降低引起的损失;因污染(含放射性污染)造成的损失等。

(3) 附加险。附加险是针对车辆损失险和第三者责任险的部分责任免除而设置的,不能单独承保。只有在投保车辆损失险和第三者责任险的基础上,保险公司才进行附加险的承保。

目前,各保险公司一般在保险业务中规定:在投保车辆损失险的基础上,可以投保全车盗抢险、玻璃单独破碎险、自燃损失险、车辆停驶损失险等车辆损失险的附加险;在投保第三者责任险的基础上,可以投保无过失责任险、车上人员责任险、车上货物责任险等第三者责任险的附加险;在同时投保车辆损失险和第三者责任险的基础上,可以投保不计免赔险(特约条款)。

为适应客户的实际需要和自身的发展要求,各保险公司还开发了许多新的附加险险种。例如,中国人民财产保险股份有限公司的火灾、爆炸、自燃损失险,车身划痕损失险;中国太平洋财产保险股份有限公司的沿海气象灾害险、地陷险、地质灾害险、冰雪灾害险、过渡险、里程变额特约条款、价值损失特约条款、换件特约条款、指定部位赔偿特约条款、救援费用特约条款、法律服务特约条款等;中国平安财产保险股份有限公司的代步车费用险、交通事故精神损害赔偿险、他人恶意行为损失险、全车盗抢附加高尔夫球具盗窃险;华泰财产保险股份有限公司的保险事故善后处理费用险;天安保险股份有限公司的额外费用补偿险、驾驶人责任补充险;华安财产保险股份有限公司的非常损失险、教练车附加险、特种车辆从事行业操作险、免税车辆关税责任险;太平保险有限公司的发动机特别损失险、油污清理费用险、车上运动器具失窃险;中华联合财产保险公司的租车人失踪险、杂支费用险、车辆意外事故污染责任险、车辆出境责任险。

2) 汽车保险费率

目前，我国的汽车保险费率模式综合考虑了从车费率与从人费率两种模式，即一般都在从车费率原则的基础上，增加了从人费率原则的考虑，根据驾驶员的年龄、性别、驾龄、婚姻状况，保险车辆的防盗措施、行驶里程、车龄、车型以及投保方式、行驶区域等因素，在费率上给予优惠或提高费率。

保险费率是指按照保险金额计算保险费的比例，通常以千分率(‰)来表示。保险金额，简称保额，是保险合同双方当事人约定的保险人于保险事故发生后应赔偿保险金的限额，也是保险人据以计算保险费的基础。保险费，简称保费，是投保人参加保险时所交付给保险人的费用。

一般费率包括费率表和费率表使用说明两部分，各汽车保险险种都有自己对应的费率表。保险公司的各分公司分别使用适用于自己所属区域的费率表。

1.2　汽车保险的主要险种

 【导入案例】

1. 不久前，吴先生在市郊开车时，为躲避对面一辆疾驰而来的车辆，慌忙之中将车开进了路边由于前几天暴雨形成的水坑里。车子熄火了，吴先生觉得无大碍就再次启动车辆，但走了没多远，就因发动机进水导致车辆再次熄火。

思考：这起事故涉及汽车保险的什么险？围绕这个险种还有哪些附加险？

2. 2018 年 1 月 17 日 21 时 55 分，陈某驾驶的小轿车与孔某驾驶的小型越野车相撞，造成两车不同程度受到损坏。事故发生后，市公安局交通警察支队作出了交通事故认定，认为孔某驾驶机动车辆通过有交通信号的路口转弯时，未按规定让直行的车辆先行，单方过错造成事故，应负此事故的全部责任。该小型越野车的车主是某港口单位，于 2019 年 6 月 28 日在第三人某保险公司处投保了第三者责任险。事故发生后，陈某遂以孔某、某港口单位为被告、某保险公司为第三人诉至法院，要求两被告承担赔偿责任。

思考：这起事故涉及汽车保险的什么险？围绕这个险种还有哪些附加险？

3. 2019 年 5 月 3 日 1 时 25 分左右，上海运输有限公司驾驶员彭某驾驶中型厢式货车由南向北行驶至江苏省江都市城区龙城路农贸水产批发市场门外路段时，遇江都市民周某在机动车道内推自行车由西向东斜过公路，彭某措手不及，发生碰撞事故，造成周某受伤，后周某经抢救无效死亡。2019 年 5 月 21 日，江都市公安局交通巡逻警察大队作出交通事故认定书，认定彭某、周某各负此事故的同等责任。运输公司为中型厢式货车，在保险公司投保了 100 万元第三者责任险，保险期限自 2018 年 10 月 15 日零时至 2019 年 10 月 15 日零时。该保险合同还约定有基本险不计免赔特约条款。

思考：这起事故涉及汽车保险的什么险？解释这个险并说明其用途。

【理论知识】

汽车保险与其他财产保险一样，是经济发展的产物，是伴随机动车辆的出现和普及而产生和发展起来的一种综合保险，其产生晚于海上保险和火灾保险。在欧美等保险发达国家，因为对汽车的保险早于对其他机动车辆的保险，所以直至今日仍然习惯性地把机动车辆保险称为汽车保险。

机动车辆保险是以汽车、电车、电瓶车、摩托车、拖拉机等机动车辆作为保险标的的一种保险。机动车辆保险产生于 19 世纪末，世界上最早签发的机动车辆保险单是 1895 年由英国"法律意外保险公司"签发的、保险费为 10 英镑到 100 英镑的汽车第三者责任保险单，但汽车火险可以在增加保险费的条件下加保。

机动车辆保险一般包括交强险和商业险，商业险包括基本险(也称主险)和附加险两部分。基本险分为车辆损失险和第三者责任保险。附加险包括全车盗抢险(盗抢险)、车上人员责任险(司机责任险和乘客责任险)、玻璃单独破碎险、划痕险、自燃损失险、涉水行驶险、无过失责任险、车载货物掉落责任险、车辆停驶损失险、新增设备损失险、不计免赔特约险等。玻璃单独破碎险、自燃损失险、新增加设备损失险，是车身损失险的附加险，必须先投保车辆损失险后才能投保这几个附加险。车上人员责任险、无过先责任险、车载货物掉落责任险等，是第三者责任险的附加险，必须先投保第三者责任险后才能投保这几个附加险；每个险别不计免赔是可以独立投保的。

1.2.1　机动车交通事故责任强制保险

交强险的全称是"机动车交通事故责任强制保险"，是由保险公司对被保险机动车发生道路交通事故造成受害人(不包括本车人员和被保险人)的人身伤亡、财产损失，在责任限额内予以赔偿的强制性责任保险。

交强险是中国首个由国家法律规定实行的强制保险制度，其保费实行全国统一收费标准，由国家统一规定，但是不同的汽车型号的交强险价格也不同，主要影响因素是"汽车座位数"。

一、机动车交通事故责任强制保险条款的基本内容

1. 相关概念

(1) 被保险人：投保人及其允许的合法驾驶人。

(2) 投保人：与保险人订立交强险合同，并按照合同负有支付保险费义务的机动车的所有人、管理人。

(3) 受害人：因被保险机动车发生交通事故遭受人身伤亡或者财产损失的人，但不包括被保险机动车本车车上人员、被保险人。

(4) 责任限额：被保险机动车发生交通事故，保险人对每次保险事故所有受害人的人身伤亡和财产损失所承担的最高赔偿金额。

(5) 抢救费：被保险机动车发生交通事故导致受害人受伤时，医疗机构对生命体征不平稳和虽然生命体征平稳但如果不采取处理措施会产生生命危险，或者导致残疾、器官功能障碍，或者导致病程明显延长的受害人，参照国务院卫生主管部门组织制定的交通事故人员创伤临床诊疗指南和国家基本医疗保险标准采取必要的处理措施所发生的医疗费用。

2. 保险责任

在中华人民共和国境内(不含港、澳、台地区)，被保险人在使用被保险机动车过程中发生交通事故，致使受害人遭受人身伤亡或者财产损失，依法应当由被保险人承担的损害赔偿责任，保险人按照交强险合同的约定对每次事故在下列赔偿限额内负责赔偿。

(1) 死亡伤残赔偿限额为 110 000 元；

(2) 医疗费用赔偿限额为 10 000 元；

(3) 财产损失赔偿限额为 2000 元；

(4) 被保险人无责任时，无责任死亡伤残赔偿限额为 11 000 元；无责任医疗费用赔偿限额为 1000 元；无责任财产损失赔偿限额为 100 元。

3. 垫付与追偿

被保险机动车在以下情形下发生交通事故：

(1) 驾驶人未取得驾驶资格的；

(2) 驾驶人醉酒的；

(3) 被保险机动车被盗抢期间肇事的；

(4) 被保险人故意制造交通事故的。

由此造成受害人受伤需要抢救的，保险人在接到公安机关交通管理部门的书面通知和医疗机构出具的抢救费用清单后，按照国务院卫生主管部门组织制定的交通事故人员创伤临床诊疗指南和国家基本医疗保险标准进行核实。对于符合规定的抢救费用，保险人在医疗费用赔偿限额内垫付。被保险人在交通事故中无责任的，保险人在无责任医疗费用赔偿限额内垫付。对于其他损失和费用，保险人不负责垫付和赔偿。

(5) 对于垫付的抢救费用，保险人有权向致害人追偿。

4. 责任免除

下列损失和费用，交强险不负责赔偿和垫付：

(1) 因受害人故意造成的交通事故的损失；

(2) 被保险人所有的财产及被保险机动车上的财产遭受的损失；

(3) 被保险机动车发生交通事故，致使受害人停业、停驶、停电、停水、停气、停产、通信或者网络中断、数据丢失、电压变化等造成的损失以及受害人财产因市场价格变动造成的贬值、修理后因价值降低造成的损失等其他各种间接损失；

(4) 因交通事故产生的仲裁或者诉讼费用以及其他相关费用。

5. 赔偿处理

被保险机动车发生交通事故的，由被保险人向保险人申请赔偿保险金。被保险人索赔时，应当向保险人提供以下材料：

(1) 交强险的保险单；

(2) 被保险人出具的索赔申请书；

(3) 被保险人和受害人的有效身份证明、被保险机动车行驶证和驾驶人的驾驶证；

(4) 公安机关交通管理部门出具的事故证明，或者人民法院等机构出具的有关法律文书及其他证明；

(5) 被保险人根据有关法律法规规定选择自行协商方式处理交通事故的，应当提供依照《交通事故处理程序规定》规定的记录交通事故情况的协议书；

(6) 受害人财产损失程度证明、人身伤残程度证明、相关医疗证明以及有关损失清单和费用单据；

(7) 其他与确认保险事故的性质、原因、损失程度等有关的证明和资料。

保险事故发生后，保险人按照国家有关法律法规规定的赔偿范围、项目和标准以及交强险合同的约定，并根据国务院卫生主管部门组织制定的交通事故人员创伤临床诊疗指南和国家基本医疗保险标准，在交强险的责任限额内核定人身伤亡的赔偿金额。

6. 合同变更与终止

在交强险合同有效期内，被保险机动车所有权发生转移的，投保人应当及时通知保险人，并办理交强险合同变更手续。

在下列三种情况下，投保人可以要求解除交强险合同：

(1) 被保险机动车被依法注销登记的；

(2) 被保险机动车办理停驶的；

(3) 被保险机动车经公安机关证实丢失的。

交强险合同解除后，投保人应当及时将保险单、保险标志交还保险人，无法交回保险标志的，应当向保险人说明情况，征得保险人同意。

二、机动车交通事故责任强制保险条款解析

1. 交强险实行无责赔偿

在事故发生后，将实行交强险先行、商业三者险补充的原则。

【例 1-7】甲乙两车追尾，未发生人员伤亡，仅发生财产损失，甲车无责，而乙车有责，那么乙车将对甲车进行赔偿，最高赔偿额是 2000 元。甲车虽然无责，也需给乙车赔偿，限额最高为 100 元。还有一种情况，如果甲乙两车相撞，互相都有责任的情况下，则两车都将赔偿有责财产限额，最高为 2000 元。

2. 交强险赔偿额需要考虑修车成本

【例 1-8】在例 1-7 中第一种情况里，如果乙车的修车费只要 200 元，那么甲车只赔偿 200 元即可。在第二种情况中，如果乙车的修车成本要 1000 元，而甲车的修车成本要 3000 元，那么甲车给乙车 1000 元，乙车只需要赔给甲车 2000 元。对于甲车剩余的修车费用，甲车可通过购买商业险来弥补。

【例 1-9】在上述例 1-7 中，如果甲车的修车费为 3000 元，乙车需要赔偿甲车多少金额？考虑修车成本和财产损失赔偿限额，乙车只需要赔给甲车 2000 元。对于甲车剩余的修车费用，甲车可通过购买商业险来弥补。

3. 其他具体情况

1) 两辆机动车互碰，两车均有责

双方机动车交强险均在分项赔偿限额内，按实际损失承担对方机动车(车辆、车上人员、车上财产)的损害赔偿责任。

【例 1-10】A、B 两车互碰造成双方车损，A 车主责(损失 3000 元)，B 车次责(损失 1500

元),则两车交强险赔付结果为:A车交强险赔付B车1500元,B车交强险赔付A车2000元。

2) 两辆机动车互碰,一方全责、一方无责

无责方机动车交强险在无责任分项赔偿限额内承担全责方机动车(车辆、车上人员、车上财产)的损害赔偿责任,全责方机动车交强险在分项赔偿限额内承担无责方机动车(车辆、车上人员、车上财产)的损害赔偿责任。

【例1-11】A、B两车互碰造成双方车损,A车全责(损失1000元),B车无责(损失1500元),则两车交强险赔付结果为:

A车交强险赔付B车1500元,B车交强险赔付A车100元。

3) 多辆机动车互碰,部分有责(含全责)、部分无责

(1) 一方全责,多方无责,且所有无责方的总损失小于全责方交强险分项赔偿限额时,可简化计算如下:所有无责方视为一个整体,在各自交强险无责任分项赔偿限额内,对全责方损失按平均分摊的方式承担损害赔偿责任;全责方对各无责方在交强险各分项赔偿限额内承担损害赔偿责任,无责方之间不再互相赔偿。

【例1-12】A、B、C三车互碰造成三方车损,A车全责(损失3000元),B车无责(损失600元),C车无责(损失800元),则赔付结果为:A车交强险赔付B车600元,赔付C车800元,B车、C车交强险分别赔付A车100元。

(2) 多辆机动车互碰,不满足"一方全责、多方无责,且所有无责方的总损失小于全责方交强险分项赔偿限额"的条件时:

① 各方机动车在其适用的交强险各分项赔偿限额内,对受害人的某分项损失,按其适用的交强险该分项赔偿限额占总分项赔偿限额的比例进行分摊。

【例1-13】A、B、C三车互碰造成三方车损,A车主责(损失600元),B车无责(损失600元),C车次责(损失300元),则A车、B车交强险对C车的赔付计算结果为:A车交强险赔付C车 $300 \times 2000 / (2000 + 100)$;B车交强险赔付C车 $300 \times 100 / (2000 + 100)$。

② 各受害人分项核定损失承担金额之和超过被保险机动车交强险相应分项赔偿限额的,按各受害人分项核定损失承担金额占总分项核定损失承担金额的比例进行分摊。

【例1-14】A、B、C三车互碰造成三方车损,A车全责(损失3000元),B车无责(损失1000元),C车无责(损失1500元),则B车交强险对A车、C车的初次赔付计算结果为:B车交强险分摊A车损失金额 $3000 \times 100 / (100 + 100) = 1500$ 元;B车交强险分摊C车损失金额 $1500 \times 100 / (2000 + 100) = a$;B车分摊损失金额大于100元,则B车交强险赔付A车 $100 \times [1500 / (1500 + a)]$,B车交强险赔付C车 $100 \times [a / (1500 + a)]$。

4) 交警调解结果为各方机动车承担本方车辆损失

能够找到事故对方机动车并勘验损失的,对事故对方车辆损失在本方交强险赔偿限额内计算赔偿,超过限额部分在商业车险项下按过错责任比例计算赔偿。

【例1-15】A、B两车互碰,各负同等责任,A车损失3500元,B车损失3200元,交警调解结果为各自修理本方车辆。在能够勘验双方车辆损失的情况下,A车保险公司在交强险项下赔偿B车损失2000元;B车保险公司在交强险项下赔偿A车损失2000元。对于A车剩余的1500元损失,如A车投保了车损险、B车投保了商业三责险,则可以在B车的商业三责险项下赔偿750元,在A车的车损险项下赔偿750元。

1.2.2　商业第三者责任保险

由于机动车商业第三者责任保险是按照自愿原则由投保人选择购买，所以在现实中商业三者险投保比率比较低，实行交强险制度就是通过国家法律强制机动车所有人或管理人购买相应的责任保险，以提高三者险的投保面，最大限度地为交通事故受害人提供及时和基本的保障。

一、商业第三者责任保险条款的基本内容

1. 保险责任

在保险期间内，被保险人或其允许的合法驾驶人在使用保险车辆过程中发生意外事故，致使第三者遭受人身伤亡和财产的直接损毁，依法应由被保险人承担的经济赔偿责任，保险人对于超过机动车交通事故责任强制保险(以下简称交强险)各分项赔偿限额以上的部分，按照本保险合同的规定负责赔偿。

2. 责任免除

(1) 下列原因导致的意外事故，保险人不负责赔偿：

① 地震及其次生灾害；

② 战争、军事冲突、恐怖活动、暴乱、扣押、罚没、查封、政府征用；

③ 核反应、核污染、核辐射；

④ 受害人与被保险人或驾驶人恶意串通；

⑤ 被保险人、驾驶人或受害人故意导致事故发生的。

(2) 发生意外事故时，保险车辆有以下情形之一的，保险人不负赔偿责任：

① 除非另有约定，发生保险事故时无公安机关交通管理部门核发的合法有效的行驶证、号牌，或临时号牌或临时移动证；

② 未在规定检验期限内进行机动车安全技术检验或检验未通过；

③ 保险车辆在竞赛、检测、修理、养护，被扣押、征用、没收，全车被盗窃、抢劫、抢夺期间；

④ 牵引其他未投保交强险的车辆或被该类车辆牵引；

⑤ 保险车辆转让他人，被保险人、受让人未履行通知义务的，因转让导致保险车辆危险程度显著增加而发生保险事故。

(3) 发生意外事故时，驾驶人有以下情形之一的，保险人不负赔偿责任：

① 未依法取得驾驶证、持未按规定审验的驾驶证、驾驶与驾驶证载明的准驾车型不符的机动车的；

② 驾驶人在驾驶证丢失、损毁、超过有效期或被依法扣留、暂扣期间或记分达到 12 分，仍驾驶机动车的；

③ 学习驾驶时无教练员随车指导的；

④ 实习期内驾驶载有爆炸物品、易燃易爆化学物品、剧毒或者放射性等危险物品的机动车的，或驾驶机动车牵引挂车的；

⑤ 饮酒或服用国家管制的精神药品或麻醉药品的；

⑥ 未经被保险人同意或允许而驾车的；

⑦ 利用保险车辆从事犯罪活动；

⑧ 事故发生后，被保险人或驾驶人在未依法采取措施的情况下驾驶保险车辆或者遗弃保险车辆逃离事故现场，或故意破坏、伪造现场、毁灭证据的；

⑨ 依照法律法规或公安机关交通管理部门有关规定不允许驾驶保险车辆的其他情况下驾车。

(4) 下列损失和费用，保险人不负责赔偿：

① 被保险人或驾驶人以及他们的家庭成员的人身伤亡，及其所有或保管的财产的损失；

② 车上人员的人身伤亡或本车上的财产损失；

③ 保险车辆发生事故致使第三者停业、停驶、停电、停水、停气、停产、通信或网络中断、数据丢失、电压变化造成的损失以及其他各种间接损失；

④ 车载货物掉落、泄漏、腐蚀造成的任何损失和费用；

⑤ 因污染引起的损失和费用；

⑥ 第三者财产因市场价格变动造成的贬值、修理后因价值降低造成的损失；

⑦ 停车费、保管费、扣车费及各种罚款；

⑧ 保险事故引起的任何有关精神损害赔偿；

⑨ 根据保险单约定的免赔率计算的被保险人应当自行承担的部分。

(5) 应当由交强险赔偿的损失和费用，保险人不负责赔偿。

保险车辆未投保交强险或交强险合同已经失效的，对于交强险责任限额以内的损失和费用，保险人不负责赔偿。

(6) 其他不属于保险责任范围内的损失和费用，保险人不负责赔偿。

3. 赔偿限额

本条款规定的每次事故赔偿限额分以下 8 档，由投保人与保险人在签订保险合同时协商确定，并在保险单上载明：5 万元、10 万元、15 万元、20 万元、30 万元、50 万元、100 万元和 100 万元以上，且最高不超过 1000 万元。

4. 赔偿处理

(1) 被保险人索赔时，应当向保险人提供：

① 保险单；

② 被保险人和第三者的有效身份证明、保险车辆行驶证、驾驶人驾驶证；

③ 公安机关交通管理部门出具的交通事故责任认定书或法院等机构出具的有关法律文书及其他证明；

④ 第三者财产损失程度证明或人身伤残程度证明以及有关损失清单和费用单据；

⑤ 被保险人根据有关法律法规规定选择自行协商方式处理交通事故的，应当提供依照《交通事故处理程序规定》规定的记录交通事故情况的协议书；

⑥ 其他能够确认保险事故的性质、原因、损失程度等有关的证明和资料。

(2) 保险人对被保险人给第三者造成的损害，可以依照法律的规定或者合同的约定，直接向该第三者赔偿保险金。

(3) 保险车辆发生道路交通事故，保险人根据驾驶人在交通事故中所负事故责任比例相应承担赔偿责任。常见比例如下：

① 保险车辆方负全部事故责任的，事故责任比例不超过 100 %；

② 保险车辆方负主要事故责任的，事故责任比例不超过 70 %；

③ 保险车辆方负同等事故责任的，事故责任比例不超过 50 %；

④ 保险车辆方负次要事故责任的，事故责任比例不超过 30 %；

⑤ 保险车辆方无事故责任的，保险人不承担赔偿责任。

(4) 根据驾驶人在事故中所负事故责任比例，本保险实行相应的事故责任免赔率。

① 在交通事故中，保险车辆驾驶人负全部责任的，事故责任免赔率为 20 %；负主要责任的，事故责任免赔率为 15 %；负同等责任的，事故责任免赔率为 10 %；负次要责任的，事故责任免赔率为 5 %。

② 发生保险事故时，违反法律法规中有关机动车辆装载规定的，实行 10 %的绝对免赔率。

③ 发生保险事故时，保险车辆实际行驶区域超出保险单约定范围的，增加 10%的绝对免赔率。

(5) 投保人在投保时可指定驾驶人或不指定驾驶人，并执行相应的费率。

① 指定驾驶人的，投保人应如实告知指定驾驶人的相关信息，包括驾驶人姓名、性别、年龄、准驾车型、初次领取驾驶证时间、身份证或其他有效证件号码等；

② 指定驾驶人的保险车辆，由非指定驾驶人驾驶保险车辆发生保险事故，或投保人提供的指定驾驶人的信息不真实的，赔偿时增加 10 %的绝对免赔率。

(6) 未经保险人书面同意，被保险人自行承诺或支付的赔偿金额，保险人有权重新核定。不属于保险人赔偿范围或超出保险人应赔偿金额的，保险人不承担赔偿责任。

(7) 发生保险事故时，如果被保险人的损失在有相同保障的其他保险项下也能够获得赔偿，则本保险人按照本保险合同的每次事故赔偿限额与其他保险合同及本合同的每次事故赔偿限额总和的比例承担赔偿责任。其他保险人应承担的赔偿金额，本保险人不负责赔偿和垫付。

二、商业第三者责任保险条款解析

交强险和商业三者险的不同：

(1) 赔偿原则不同。就交强险而言，对机动车发生交通事故造成人身伤亡、财产损失的，由保险公司在交强险责任限额范围内予以赔偿；而商业三者险，保险公司是根据投保人或被保险人在交通事故中应负的责任来确定赔偿责任。

(2) 保障范围不同。交强险的赔偿范围几乎涵盖了所有道路交通责任风险，对购买交强险的车主，无论什么情况下，保险公司都得赔偿；而商业三者险中，保险公司不同程度地规定有免赔额、免赔率或责任免除事项，保险公司只在保险责任内赔偿。

(3) 强制性不同。根据有关法规，机动车的所有人或管理人都应当投保交强险，同时，保险公司不能拒绝承保，不得拖延承保和不得随意解除合同；而商业险则属于自愿性购买的险种，赔偿额较大，从 5 万元到 100 万元不等，因而可作为交强险的补充险种去自愿购买，以解除后顾之忧。

【思考题】试分析购买 10 万元商业第三者责任险的投保人和购买交强险的投保人在投保车辆发生交通事故后(两投保人均为事故责任方),各自的最高赔偿限额是多少?

10 万元的商业第三者责任险,只要是被保险人准许的合格驾驶员,在驾驶被保险车辆的过程中,给第三者造成的人身伤害和财产损失都在保险公司核定的范围以内给予赔偿,其最高赔偿限额就是 10 万元。而交强险最高赔偿限额为 12.2 万元,如果被保险机动车发生交通事故后被判承担主要责任的话,死亡伤残最高赔偿 11 万元,医疗费赔偿 1 万元,财产损失费赔偿 2000 元人民币。另外,如果被保险车辆在交通事故中被判无责的话,死亡伤残最高赔偿 1.1 万元,医疗费最高赔偿 1000 元,财产损失最高赔偿 100 元。

【例 1-16】2019 年 5 月,邹某驾驶旅游公司的豪华大巴车送一批游客到某旅游景点。旅游公司为该车投保了第三者责任险。到达旅游景点后,游客下车,邹某倒车停放时,将下车的游客江某撞倒,致使其肋骨多处骨折,轻微脑震荡。事后,公安机关作出了交通事故责任认定书,邹某承担全部责任。江某向旅游公司索赔,旅游公司因已给车辆投保了第三者责任险,遂找到保险公司,要求保险公司赔偿江某的损失。保险公司认为江某是搭乘车的人,不属于第三者的范围,拒绝承担保险责任。为此,旅游公司提起诉讼,请求法院判令保险公司依合同对江某的损失予以理赔。

分析:在本案中,游客江某在搭乘该车前往旅游景点的途中,是车辆上的乘客,但当其到达目的地之后,一旦下了车,就不再是车辆上的乘客。虽然江某在参观结束后,仍然要搭乘该车,但江某下车后,其乘客身份就暂时性地消失,并被第三者的身份所取代。因此,江某应当在第三者的理赔范围之内,在此次意外事故中,江某的损失应当由保险公司承担赔偿。

1.2.3　机动车损失保险

车辆损失险是被保险人或其允许的合格驾驶员因碰撞、倾覆、火灾、爆炸等非免赔事项造成保险车辆的损失,保险人负责赔偿的一种商业保险。

保险公司根据相关单证确定被保险人的损失和保险公司的赔付额,如果车辆能够修理的,在保险公司指定并经投保人认可的修车点进行修理,保险公司支付其在赔付限额内的修理费用,如果无法修理,保险公司才予以赔付。

一、机动车损失保险条款的基本内容

1. 保险责任

在保险期间内,被保险人或其允许的合法驾驶人在使用保险车辆过程中,因下列原因造成保险车辆的损失,保险人按照本保险合同的规定负责赔偿:

(1) 碰撞、倾覆;

(2) 火灾、爆炸;

(3) 外界物体倒塌或坠落,保险车辆行驶中平行坠落;

(4) 雷击、暴风、龙卷风、暴雨、洪水、海啸、地陷、冰陷、崖崩、雪崩、雹灾、泥

石流、滑坡；

(5) 载运保险车辆的渡船遭受上述所列自然灾害(只限于有驾驶人随船照料者)。

发生本条款规定的保险事故后，被保险人为减少保险车辆的损失所支付的必要的、合理的施救费用，保险人按照本合同规定负责赔偿，最高赔偿金额以保险金额为限。

2. 责任免除

(1) 下列原因造成的损失，保险人不负责赔偿：

① 地震及其次生灾害；

② 战争、军事冲突、恐怖活动、暴乱、扣押、罚没、查封、政府征用；

③ 核反应、核污染、核辐射；

④ 本车所载货物的撞击、腐蚀；

⑤ 自燃及不明原因火灾；

⑥ 人工直接供油、高温烘烤；

⑦ 违反法律法规中有关机动车辆装载的规定；

⑧ 被保险人或驾驶人故意导致事故发生的行为。

(2) 发生意外事故时，保险车辆有以下情形之一的，保险人不负赔偿责任：

① 除非另有约定，发生保险事故时无公安机关交通管理部门核发的合法有效的行驶证、号牌，或临时号牌或临时移动证；

② 未在规定检验期限内进行机动车安全技术检验或检验未通过；

③ 保险车辆在竞赛、检测、修理、养护，被扣押、征用、没收期间；

④ 保险车辆转让他人，被保险人、受让人未履行通知义务的，因转让导致保险车辆危险程度显著增加而发生保险事故。

(3) 发生意外事故时，驾驶人有以下情形之一的，保险人不负赔偿责任：

① 未依法取得驾驶证、持未按规定审验的驾驶证、驾驶与驾驶证载明的准驾车型不符的机动车的；

② 驾驶人在驾驶证丢失、损毁、超过有效期或被依法扣留、暂扣期间或记分达到 12分，仍驾驶机动车的；

③ 学习驾驶时无教练员随车指导的；

④ 实习期内驾驶载有爆炸物品、易燃易爆化学物品、剧毒或者放射性等危险物品的机动车的，或驾驶机动车牵引挂车的；

⑤ 饮酒或服用国家管制的精神药品或麻醉药品的；

⑥ 未经被保险人同意或允许而驾车的；

⑦ 利用保险车辆从事犯罪活动；

⑧ 事故发生后，被保险人或驾驶人在未依法采取措施的情况下驾驶保险车辆或者遗弃保险车辆逃离事故现场，或故意破坏、伪造现场、毁灭证据的；

⑨ 依照法律法规或公安机关交通管理部门有关规定不允许驾驶保险车辆的其他情况下驾车。

(4) 下列损失和费用，保险人不负责赔偿：

① 保险车辆的自然磨损、朽蚀、电气机械故障；

② 倒车镜单独损坏、车灯单独损坏、玻璃(不包括天窗玻璃)单独破碎、车身表面油漆单独划伤、车轮(包括轮胎及轮毂)单独损坏；

③ 保险车辆因遭水淹或因涉水行驶致使发动机损坏；

④ 保险车辆全车被盗窃、抢劫、抢夺，以及在全车被盗窃、抢劫、抢夺期间或由于被盗窃、抢劫、抢夺未遂受到损坏或车上零部件、附属设备丢失；

⑤ 遭受保险责任范围内的损失后，未经必要修理继续使用，致使损失扩大的部分；

⑥ 新车车辆出厂时的原厂配置以外新增设备的损失；

⑦ 市场价格变动造成的贬值、修理后因价值降低引起的损失；

⑧ 被保险人因保险车辆不能使用所遭受的损失以及发生的费用；

⑨ 因污染引起的损失或费用；

⑩ 停车费、保管费、扣车费及各种罚款；

⑪ 保险车辆的损失中应当由交强险赔偿的部分。

⑫ 保险单约定的免赔额以及根据保险单约定的免赔率计算的被保险人应当自行承担的损失部分。

3. 保险金额

保险车辆的保险金额可以按以下方式确定：

(1) 按投保时与保险车辆同种车型的新车购置价；

(2) 按投保时与保险车辆同种车型的新车购置价扣减折旧部分；

(3) 投保人与保险人协商确定；

(4) 保险金额不得超过投保时同类车辆新车购置价，超过部分无效。

4. 赔偿处理

(1) 被保险人向保险人申请赔付时，应当向保险人提供以下凭据：

① 保险单；

② 被保险人的有效身份证明、保险车辆行驶证、驾驶人驾驶证；

③ 公安机关交通管理部门出具的交通事故责任认定书或法院等机构出具的有关法律文书及其他证明、通过交强险获得赔偿金额的证明材料；

④ 被保险人根据有关法律法规规定选择自行协商方式处理交通事故的，应当提供依照《交通事故处理程序规定》规定的记录交通事故情况的协议书；

⑤ 应当由第三者负责赔偿但确实无法找到第三者的，在道路上发生的事故，应提供公安机关交通管理部门认定并出具的证明；在其他场所发生的事故，应提供当地公安机关出具的证明；

⑥ 其他能够确认保险事故的性质、原因、损失程度等有关的证明和资料。

(2) 保险车辆发生道路交通事故，保险人根据驾驶人在交通事故中所负事故责任比例相应承担赔偿责任。比例规定与商业第三者责任险相同。

(3) 根据驾驶人在交通事故中所负事故责任比例，车辆损失及施救费用实行相应的事故责任免赔率：

① 在交通事故中，保险车辆驾驶人负全部责任的，事故责任免赔率为 15 %；负主要责任的，事故责任免赔率为 10 %；负同等责任的，事故责任免赔率为 8 %；负次要责任的，

事故责任免赔率为 5%；单方肇事事故的事故责任免赔率为 15%。

② 发生保险事故时，应当由第三者负责赔偿且确实无法找到第三者的，实行 30% 的绝对免赔率。

③ 发生保险事故时，保险车辆违反法律法规中有关机动车辆装载规定，但违规装载并非保险事故发生原因的，增加 10% 的绝对免赔率。

④ 发生保险事故时，保险车辆实际行驶区域超出保险单约定范围的，增加 10% 的绝对免赔率。

二、机动车损失保险条款解析

(1) 车损险和第三者责任强制保险是独立的两个险种。

车损险保险公司负责的是你自己车辆发生事故后的损失，第三者责任强制保险是负责除你本身以外的损失。

【例 1-17】你的车如果不小心撞上一棵树，车被撞坏了，那么车的修理费保险公司就要按照车损险条款给予理赔，如果树被撞断了，要用第三者责任强制保险条款理赔给树的所有人。

(2) "绝对免赔额××元"是指损失在××元以下车辆损失险理赔的一律不赔，在××元以上至保险额度的才赔。

(3) 足额保险和不足额保险。

【例 1-18】车价为 15 万元的车第二次投保，按理说第 2 年的车辆损失险理赔的投保金额应按 13 万多元计算，保险员将车辆损失险的投保金额按 10 万元算，这样整个保险金额就降低了。不按车辆实际价值投保属于不足额投保，在车损理赔的时候是按照比例赔付的，比如车现在值 13 万元，而按照 10 万元投保，如果车辆发生损坏，修理花费了 1000 元，那么到保险公司理赔的时候就只能赔到 10 万/13 万×1000＝769 元。

(4) 许多附加险是在申请车辆损失险后才能申请有效的。例如，玻璃单独破碎险属于附加险，保险不负责赔偿，投保人可先投车辆损失险，再投玻璃单独破碎险。

【例 1-19】2018 年 8 月 10 日，李某的重型卡车在某海湾填海施工，卸土石方时，不慎车滑进海里，车厢里下滑的石块将车后厢板砸掉，落入海中。后来，李某购件修车花费 1800 元。李某起诉至法院，称出事后，保险公司业务员到现场拍照勘察，并给车定损 1500 元，但至今钱也没到位，所以要求保险公司尽快赔付 1500 元。保险公司以"受本车所载货物撞击的损失"拒绝赔偿。

讨论：保险公司是否应该给予赔偿？

在法庭上，保险公司以车损是由车上的石块把后厢板砸掉造成的，属责任免除的情况为由，不同意赔偿。法院认为，李某的私有车辆投保后，保险公司就应承担合理的保险责任。施工时，由于滑坡，李某车上装载的石块下滑，将车后厢板砸落，车辆滑坡是造成车辆损坏的直接原因，符合保险合同中规定的倾覆范围，保险公司根据合同责任免除第三条"受本车所载货物撞击的损失"拒绝赔付不合理。

1.2.4　机动车盗抢保险

一、机动车盗抢保险条款的基本内容

1. 保险责任

在保险期间内，因下列原因造成保险车辆的损失或发生的合理费用，保险人按照本保险合同的规定在保险金额内负责赔偿：

(1) 保险车辆全车被盗窃、抢劫、抢夺，经县级以上公安部门立案侦查，自立案之日起满两个月未查明下落的；

(2) 保险车辆在全车被盗窃、抢劫、抢夺后受到损坏或因此造成车上零部件、附属设备丢失需要修复的合理费用；

(3) 保险车辆在全车被抢劫、抢夺过程中，受到损坏需要修复的合理费用。

2. 责任免除

(1) 下列原因造成的损失，保险人不负责赔偿：

① 战争、军事冲突、恐怖活动、暴乱；

② 自然灾害造成保险车辆的灭失；

③ 被保险人及其家庭成员或驾驶人的故意行为或违法行为；

④ 驾驶人饮酒或服用国家管制的精神药品或麻醉药品的；

⑤ 保险车辆被诈骗、扣押、罚没、查封或政府征用；

⑥ 因民事、经济纠纷导致保险车辆被盗窃、抢劫、抢夺；

⑦ 承租人或经承租人许可使用保险车辆的驾驶人与保险车辆同时失踪。

(2) 保险车辆全车被盗窃、抢劫、抢夺时，有以下情形之一的，保险人不负赔偿责任：

① 除非另有约定，发生保险事故时无公安机关交通管理部门核发的合法有效的行驶证、号牌；

② 被保险人索赔时，未能提供机动车停驶手续或出险当地县级以上公安刑侦部门出具的盗抢立案证明；

③ 保险车辆在竞赛、检测、修理、养护，被扣押、征用、没收期间；

④ 保险车辆转让他人，被保险人、受让人未履行通知义务的，因转让导致保险车辆危险程度显著增加而发生保险事故。

(3) 下列损失，保险人不负责赔偿：

① 非全车遭盗窃、抢劫、抢夺，仅车上零部件或附属设备被盗窃、抢劫、抢夺、损坏；

② 新车车辆出厂时的原厂配置以外新增设备的损失；

③ 保险车辆全车被盗窃、抢劫、抢夺期间造成人身伤亡或本车以外的财产损失；

④ 遭受保险责任范围内的损失后，未经必要修理继续使用，致使损失扩大的部分；

⑤ 市场价格变动造成的贬值、修理后因价值降低引起的损失。

3. 保险金额

由保险人与投保人在保险车辆的实际价值内协商确定。当保险车辆的实际价值高于购

车发票金额时，以购车发票金额确定保险金额。

4．赔偿处理

被保险人向保险人索赔时，须提供完整的材料。

(1) 保险车辆全车被盗窃、抢劫、抢夺，被保险人如不能提供机动车登记证书、机动车行驶证、购车发票等机动车来历证明、车辆购置税完税证明或者免税凭证的，每缺少一项，另增加 0.5%的绝对免赔率；

(2) 保险车辆全车被盗窃，原配的全套车钥匙缺失的，另增加 5%的绝对免赔率；

(3) 发生保险事故时，保险车辆实际行驶区域超出保险单约定范围的，增加 10%的绝对免赔率。

二、机动车盗抢保险条款解析

盗抢险的保险责任通常包括三项：

(1) 保险车辆被盗窃、抢劫、抢夺，经出险当地县级以上公安刑侦部门立案证明，满 60 天未查明下落的全车损失；

(2) 保险车辆全车被盗窃、抢劫、抢夺后受到损坏，或车上零部件、附属设备丢失需要修复的合理费用；

(3) 保险车辆在被抢劫、抢夺过程中受到损坏需要修复的合理费用，诸如"非全车遭盗抢，仅车上零部件或附属设备被盗窃"等都属于盗抢险的责任免除事项，是不予赔偿的。

由此可见，盗抢险承保的范围其实仅是车辆本身，对车内物品保险公司多数都不予承保。

【**例 1-20**】清远市某农村的渔农董先生(车主)驾自己的"金杯"牌面包车来广州办事，在加油站加完油正准备走，两个身材高大的男人凑上前说："我们有些货，想麻烦师傅顺道拉去天平架，我们给你付运费"，没等厚道的董先生反应过来，这两个人就上了车。当车行到市郊，其中一个男子从腰间拔出尖刀一把，顶在董的腰间，说"我们是抢车的"。另外一个男子三下五除二就将董先生打出车外。幸运的是，董先生被巡警救起。随后，董先生赶紧报案、报险。保险公司负责理赔的人听完董先生的"案情陈述"后，答复"按照《保险条款》的规定，我们不赔"。

【**例 1-21**】一位荣先生前不久开车去福建旅行，晚上将自己的丰田小车停于一无人值守的旅馆停车场，第二天起程时发现车子居然被小偷撬开了车门，一台价值 8000 余元的相机和旅行袋被偷走了。荣先生经过一番折腾后，他的索赔要求被保险公司拒绝。

1.2.5　车上人员责任保险

一、车上人员责任保险条款的基本内容

1．保险责任

在保险期间内，被保险人及其允许的合法驾驶人在使用保险车辆过程中发生意外事故，致使保险车辆车上人员遭受人身伤亡，对依法应由被保险人承担的经济赔偿责任，保

险人按照本保险合同的规定负责赔偿。

2. 责任免除

(1) 下列原因导致的意外事故，保险人不负责赔偿：

① 地震及其次生灾害；

② 战争、军事冲突、恐怖活动、暴乱、扣押、罚没、查封、政府征用；

③ 核反应、核污染、核辐射；

④ 受害人与被保险人或驾驶人恶意串通。

(2) 发生意外事故时，保险车辆有以下情形之一的，保险人不负赔偿责任：

① 除非另有约定，发生保险事故时无公安机关交通管理部门核发的合法有效的行驶证、号牌，或临时号牌或临时移动证；

② 未在规定检验期限内进行机动车安全技术检验或检验未通过；

③ 保险车辆在竞赛、检测、修理、养护，被扣押、征用、没收，全车被盗窃、抢劫、抢夺期间；

④ 牵引其他未投保交强险的车辆或被该类车辆牵引；

⑤ 保险车辆转让他人，被保险人、受让人未履行本通知义务的，因转让导致保险车辆危险程度显著增加而发生保险事故。

(3) 发生意外事故时，驾驶人有以下情形之一的，保险人不负赔偿责任：

① 未依法取得驾驶证、持未按规定审验的驾驶证、驾驶与驾驶证载明的准驾车型不符的机动车的；

② 驾驶人在驾驶证丢失、损毁、超过有效期或被依法扣留、暂扣期间或记分达到 12 分，仍驾驶机动车的；

③ 学习驾驶时无教练员随车指导的；

④ 实习期内驾驶载有爆炸物品、易燃易爆化学物品、剧毒或者放射性等危险物品的机动车的，或驾驶机动车牵引挂车的；

⑤ 饮酒或服用国家管制的精神药品或麻醉药品的；

⑥ 未经被保险人同意或允许而驾车的；

⑦ 利用保险车辆从事犯罪活动；

⑧ 事故发生后，被保险人或驾驶人在未依法采取措施的情况下驾驶保险车辆或者遗弃保险车辆逃离事故现场，或故意破坏、伪造现场、毁灭证据的；

⑨ 依照法律法规或公安机关交通管理部门有关规定不允许驾驶保险车辆的其他情况下驾车。

(4) 下列损失，保险人不负责赔偿：

① 因违章搭乘造成的人身伤亡；

② 被保险人或驾驶人的故意行为造成的人身伤亡；

③ 被保险人及驾驶人以外的其他车上人员的故意行为造成的自身伤亡；

④ 本车上的人员因疾病、分娩、自残、殴斗、自杀、犯罪行为所致的自身伤亡；

⑤ 车上人员在车下时所受的人身伤亡；

⑥ 保险车辆被抢夺、抢劫过程中造成的人身伤亡；

⑦ 保险事故引起的任何有关精神损害赔偿；

⑧ 应当由交强险赔偿的损失和费用；

⑨ 根据保险单约定的免赔率计算的被保险人应当自行承担的部分。

3. 赔偿限额

(1) 本保险根据不同座位，分为司机座位和乘客座位。

(2) 投保乘客座位数按照保险车辆的核定载客数(司机座位除外)确定。司机座位最高赔偿限额和乘客座位每座最高赔偿限额由投保人和保险人在投保时协商确定。

4. 赔偿处理

(1) 被保险人索赔时，应当向保险人提供完整资料。

(2) 保险车辆发生道路交通事故，保险人根据驾驶人在交通事故中所负事故责任比例相应承担赔偿责任，比例规定与商业第三者责任险相同。

(3) 根据驾驶人在交通事故中所负事故责任比例，本保险实行相应的事故责任免赔率。

① 负全部责任的免赔 15%，负主要责任的免赔 10%，负同等责任的免赔 8%，负次要责任的免赔 5%，单方肇事事故的事故责任免赔率为 15%；

② 发生保险事故时，保险车辆实际行驶区域超出保险单约定范围的，实行 10%的绝对免赔率。

二、车上人员责任险条款解析

车上人员责任险是指在保险期间内被保险人或其允许的合法驾驶人在使用保险车辆过程中发生意外事故，致使车上人员伤亡，依法应由被保险人承担的经济赔偿责任，保险公司按照本合同的规定负责赔偿。

车上人员责任险发生在如下情况时，保险人免赔：

(1) 无驾驶证或驾驶证有效期已满；

(2) 驾驶的机动车与驾驶证载明的准驾车型不符；

(3) 持未按规定审验的驾驶证以及在暂扣、扣留、吊销、注销驾驶证期间驾驶车辆；

(4) 依照法律法规或公安交通管理部门有关规定在不允许驾驶机动车的其他情况下驾车；

(5) 非被保险人允许的驾驶人使用保险车辆；

(6) 除另有约定外，发生保险事故时保险车辆无公安交通管理部门核发的行驶证和号牌，或未按规定检验或检验不合格等。

1.2.6　附加险

一、附加险条款的基本内容

1. 玻璃单独破碎险条款

该险种是车辆损失险的附加险，已投保车辆损失险的车辆方可投保本附加险。

在保险期间内，保险车辆在使用过程中，发生本车风挡玻璃或车窗玻璃的单独破碎，保险人按实际损失赔偿。投保人在与保险人协商的基础上，自愿按进口或国产玻璃选择投保，保险人根据其选择承担相应保险责任。

当保险车辆出现下列损失，保险人不负责赔偿：

(1) 灯具、车镜玻璃破碎；

(2) 安装、维修车辆过程中造成玻璃的破碎。

2. 车身划痕损失险条款

该险种是车辆损失险的附加险，已投保车辆损失险的车辆方可投保本附加险。

在保险期间内，保险车辆发生无明显碰撞痕迹的车身表面油漆单独划伤，保险人根据本合同的规定按实际损失负责赔偿。

当保险车辆出现下列损失，保险人不负责赔偿：

(1) 被保险人或驾驶人的故意行为造成保险车辆的损失；

(2) 他人因与被保险人或驾驶人及其家庭成员发生民事、经济纠纷造成保险车辆的损失；

(3) 车身表面自然老化、损坏；

(4) 其他不属于保险责任范围内损失和费用。

本保险每次赔偿均实行 15 % 的绝对免赔率。

在保险期间内，保险人赔偿金额累计达到赔偿限额时，本附加险保险责任终止。

3. 自燃损失险条款

该险种是车辆损失险的附加险，已投保车辆损失险的车辆方可投保本附加险。

在保险期间内，保险车辆在使用过程中，因本车电器、线路、油路、供油系统、供气系统、货物自身发生问题、机动车运转摩擦起火引起火灾，造成保险车辆的损失，以及被保险人在发生本保险事故时，为减少保险车辆损失所支出的必要合理的施救费用，保险人负责赔偿。

在保险单载明的保险金额内，按保险车辆的实际损失计算赔偿。

本保险每次赔偿均实行 20 % 的绝对免赔率。

4. 车辆停驶损失险条款

该险种是车辆损失险的附加险，已投保车辆损失险的车辆方可投保本附加险。

在保险期间内，保险车辆在使用过程中，因发生车辆损失险第一条所列的保险事故，造成车身损毁，致使保险车辆需进厂修理，造成保险车辆停驶的损失，保险人按保险合同规定在赔偿限额内负责赔偿。

本保险约定的最高赔偿天数为 90 天。

5. 代步车费用险条款

该险种是车辆损失险的附加险，已投保车辆损失险的车辆方可投保本附加险。

在保险期间内，保险车辆在使用过程中，因发生车辆损失险第一条所列的保险事故，造成车身损毁，致使保险车辆需进厂修理，对于被保险人需要租用代步车发生的费用，保险人按保险合同规定在赔偿限额内负责赔偿。

本保险约定的最高赔偿天数为 30 天。

6. 新增加设备损失险条款

该险种是车辆损失险的附加险，已投保车辆损失险的车辆方可投保本附加险。

在保险期间内，保险车辆在使用过程中，发生车辆损失险第一条所列的保险事故，造成车上新增加设备的直接损毁，保险人依据保险车辆驾驶人在事故中所负事故责任比例，在保险单该项目所载明的保险金额内负责赔偿。保险金额按照投保时新增加设备的新设备购置价确定。

本保险所指的新增加设备，是指除保险车辆出厂时原有各项设备以外的，被保险人另外加装的设备及设施。办理本保险时，应列明车上新增加设备明细表及价格。

7. 车上货物责任险条款

该险种是商业第三者责任保险的附加险，已投保商业第三者责任保险的车辆方可投保本附加险。

在保险期间内，保险车辆在使用过程中发生意外事故，致使保险车辆上所载货物遭受直接损毁，依法应由被保险人承担的经济赔偿责任，保险人依据保险车辆驾驶人在事故中所负事故责任比例，在保险单载明的赔偿限额内负责赔偿。

8. 车载货物掉落责任险条款

该险种是商业第三者责任保险的附加险，已投保商业第三者责任保险的车辆方可投保本附加险。

在保险期间内，保险车辆在使用过程中，所载货物从车上掉落致使第三者遭受人身伤亡或财产的直接损毁，依法应由被保险人承担的经济赔偿责任，保险人在扣除交强险应赔偿部分后，按照本合同的规定在保险单载明的赔偿限额内计算赔偿。

本保险每次赔偿均实行 20% 的绝对免赔率。

9. 基本险不计免赔率特约条款

经特别约定，保险事故发生后，按照投保人选择投保的商业第三者责任保险、车辆损失险或车上人员责任险的事故责任免赔率计算的，或按照全车盗抢险的绝对免赔率计算的，应当由被保险人自行承担的免赔金额部分，保险人负责赔偿。

基本险各险种的不计免赔率特约责任彼此独立存在，投保人可选择分别投保，并适用不同的费率。

10. 附加险不计免赔率特约条款

经特别约定，保险事故发生后，按照投保人选择投保的附加险的事故责任免赔率和绝对免赔率计算的，应当由被保险人自行承担的免赔金额部分，保险人负责赔偿。

附加险各险种的不计免赔率特约责任作为整体存在，投保人不可选择分别投保。

二、附加险条款解析

附加险是相对于主险而言的，指附加在主险合同下的附加合同，不可以单独投保，要购买附加险必须先购买主险。附加险的效力在时间上从属于主险。如果主险的效力中止了，大部分附加险的效力也就中止了。

目前由于各保险公司条款相近，费率相差不大，因而附加险成为"后交强险时代"

各公司比拼的重要阵地。划痕险、玻璃险等附加险由各保险公司自主设计，进行差异化经营。可以预计，各保险公司会推出更加多元化的附加险，增加车主的选择余地，满足车主的多方面需求。

【例 1-22】某年夏天，某市普降暴雨，市区多处路段出现积水，一些车辆在冲过积水时因为熄火而不幸被困水中。孙某驾驶的尼桑车困在水中，他多次启动马达，导致电路短路和发动机气门挺杆被顶弯。于是，他马上给保险公司打电话报案，可保险公司随后却答复他，这种情况不在赔付的范围之内。

问题：这种情况是否该赔？

关键问题：遭遇水淹是车主常见的问题，不少车主喜欢强行发动汽车试图冲出积水，那么这种情况是否属于车损险的赔偿范围呢？

保险专业律师意见：水淹车辆损坏最多的是汽车的电脑板和发动机里面的连杆。现在一般的车都有四五块电脑板，多的有十几块。电脑板是车辆的"中枢神经"，如果不及时清理烘干，很容易腐蚀损坏，造成更大的损失。发动机连杆被顶弯，主要是车子在涉水时气缸进水，强行点火发动造成的。汽车专家对车辆进水情况进行过专门的探讨，其实车辆在水中熄火不会造成太大伤害，因为发动机内还保持着正常的气压，但一旦强行启动将造成严重损伤。所以，发动机进水后千万不要擅自发动汽车，而要让汽修厂的人来处理。一旦强行启动发动机，会造成气门挺杆发生弯曲变形，除此之外，活塞曲柄也会发生少量变形，维修费用大概需要 1 万元左右。水的可压缩性很差，水进入气缸后，活塞压缩不了水，导致气门、活塞连杆、曲柄运转时受力过大。如果转速偏高，很容易造成损伤，严重的还会损害缸体。这里涉及一个保险赔偿问题，假如是因为车主擅自发动汽车造成发动机损坏，则不在赔偿范围内，保险公司不予赔偿。

本案结论：很多车主发现路面积水后往往选择快速冲过，其实这样驾驶最容易使车辆进水。据汽修师傅介绍，最好的过水方式是在进入水坑前挂入低挡位，过水时深踩油门，保持恒定速度驶过水区，中途切忌换挡。如果在车子涉水过程中司机感觉动力不足，可以快速地踩下离合器，猛轰几脚油门，再立即抬起离合器。这样做可以提高发动机的转速，以保持排气管中始终有压力气体，防止水倒灌入排气管，造成熄火。在过水时，手动挡车尽量不要换挡。因为换挡时，司机会抬起油门踏板，发动机会产生一个从大功率到小功率的间歇，这会造成排气管的压力下降，水被压入排气管而导致熄火。另外还需注意，涉水的深度不能超过轮胎的一半。

【例 1-23】刘女士的高尔夫轿车放在小区，取车时发现前保险杠被大面积剐蹭，肇事者已逃逸，如何向保险公司理赔？

正确做法：要求小区物业开具车辆剐蹭证明，详细描述剐蹭部位、车辆受损程度，发生剐蹭的时间和当时第三者逃逸情形属实，并在 48 小时内向保险公司报案。

特别提醒：这种情况属于第三者逃逸，车主需小区物业出具车辆被剐蹭证明，携带驾驶本、行驶证、保险卡向保险公司理赔；对责任明确并且手续齐全的事故，可由维修一方为被保险人垫付维修费用，进行直赔。

概念解析：直赔是指车辆的维修费用由保险公司直接与维修方结付，被保险人无需支付维修费用，只需交齐相关材料后即可将车辆取走。

【例 1-24】程先生开车正常行驶，一个年轻人骑自行车闯入机动车道，并与程先生的车发生碰撞造成车辆前大灯破碎、保险杠剐蹭，年轻人腿部受轻伤，如何报险索赔？

正确做法：首先，车主不要惊慌，看看骑车人的伤势和自己车的损失情况；然后，确认事故责任，如果是骑车或行人全责，应该责任方负责赔偿，保险公司没有赔偿义务。

特别提醒：由于事故中所负责任不同，保险公司的赔偿责任也是不一样的，如果是车主全责，保险公司负责赔偿；如果是行人责任，保险公司是不负责赔偿的。

如果是车辆与车辆之间的交通事故，索赔金额巨大，保险公司有时要求当事双方到保险公司，重现事故现场。

【例 1-25】车辆行驶过程中，前挡风玻璃被飞石击碎，造成玻璃单独破损，如何向保险公司索赔？

正确做法：首先出险车主需弄清楚是否是车辆损伤，同时玻璃也破碎，如果是则属于车损险，保险公司有赔偿义务，车主向保险公司报案即可。如果仅仅是玻璃单独破碎，有的保险公司是不能予以赔偿的，除非车主单独投保玻璃单独破碎险。

特别提醒：车主在投保的时候一定要注意看清条款和保险项目，有些险种是投保固定款项而附赠的，有些是需要单独投保的，不要等到出险的时候才发现没有投保，毕竟一块挡风玻璃也值一笔不小的钱。

【例 1-26】车辆行驶中爆胎，保险公司赔不赔？

正确做法：首先车主要检查爆胎是否引发车辆其他部件损伤，如果有损伤，损伤部件按车损将得到保险公司理赔；如果是爆胎引起的轮胎、钢圈的单独损坏，保险公司是不予理赔的。

特别提醒：如果轮胎爆胎引起的交通事故，碰撞到其他车辆造成其他车辆的损失，保险公司会按照车祸的事故责任认定，根据车损险与第三者责任险等相关涉及该车祸理赔的险种给予理赔。

【例 1-27】车子停在小区，被高空坠落物砸凹一块，如何向保险公司理赔？

正确做法：这种情况属于可赔可不赔的"擦边球"，车主或者到气象部门开具当天气象情况的证明或以当天报纸天气预报为凭证，说明当天气象条件导致高空物坠落，或者证明物体坠落是由自己造成的，事故责任人是被保险人，这样保险公司才有可能对车损进行赔偿。

【例 1-28】车辆被盗抢，而被保险人也有过失，比如被保险人丢失行驶证、备用钥匙等，如何向保险公司索赔？

正确方法：丢车事故发生后，要在 24 小时之内向出险地公安刑侦部门报案，并且通知保险公司。

特别提示：车辆盗抢险中规定，被保险人丢失行驶证、购车原始发票、车辆购置税附加费凭证，每一项增加 0.5%的绝对免赔；丢失车钥匙增加 5%的绝对免赔率，这些规定在保单中都有体现，被保险人应该仔细阅读条款。

【例 1-29】郭女士新买的车停在院子里，车窗玻璃被一群孩子的足球砸碎，郭女士感到不解的是，自己的车投保了车损险为什么保险公司对此种情况不予理赔？

专家提醒：一些保险用户会习惯性地认为玻璃单独破碎属于车辆损失险范围，在没有投保玻璃单独破碎附加险时向保险公司提出索赔，而这种情况下保险公司是不赔偿的。

消费者应注意飞石击碎玻璃的风险，在投保车损险的同时请不要忘了加保玻璃单独破碎附加险。

【例 1-30】清明时节，李先生和家人驾车前往老家上坟，一路上小路蜿蜒曲折，路面坑坑洼洼，到达目的地后李先生找到了一块空地停车。就在倒车时，只听"砰"的一声，汽车左前方的后视镜被一旁堆砌的瓦砾挂破了。但想到投保时买了车损险，李先生心里感到特别踏实，认为保险公司一定能赔付。于是他立即拨打了保险公司的电话报案，可是保险公司给予的答复是"拒赔"，李先生感到十分郁闷：为什么后视镜单独破碎会遭到拒赔？难道不属于车损险赔偿范围吗？

专家点评：上述李先生遇到的后视镜单独破碎的情况，属于保险免赔范畴，如果是车身碰撞事故导致后视镜破碎，就可以获得理赔。李先生即使保了"车损险""不计免赔险"，在车险条款中像车灯、后视镜单独破碎以及爆胎、轮胎丢失、自己加装设备损坏等问题，保险公司都是免赔的。

【例 1-31】许先生给自己新买的富康车投保了车辆损失险和第三者责任险。购车时，许先生另外花费 1500 元给自己的爱车加装了尾翼。几天后，许先生倒车时不慎撞到后墙将尾翼撞坏。当许先生到保险公司索赔时，理赔人员告诉他车辆损失险不包括新增设备的损失，因许先生没有投保新增设备损失险，所以损失不属于保险责任。

新增设备是指除车辆原有设备以外，被保险人另外加装的设备及设施，如制冷设备、CD 及电视录像设备、真皮或电动座椅等。许先生加装的尾翼在富康新车下线时是没有的，车辆的使用说明书中有详细的记录。只有投保了新增设备损失险，保险公司才会对新增设备的损失予以赔偿。

如果您的音响是因为交通事故而被撞坏，或者因全车失窃而丢失，保险公司应承担赔偿责任。但如果是新增设备单独被盗窃、丢失、被破坏的情况，保险公司不负责赔偿。如果您除了音响之外，还在车内加装了其他设施，请您在投保新增设备损失险时，注意在双方确认后填写每项新增设备的明细表，因为没有在明细表中列明的新增设备保险公司是不能予以赔偿的。

【例 1-32】2009 年 9 月 9 日，很多新人选择在这一天举行婚礼。然而，南京一对新人却遇到了烦心事，他们的悍马婚车自燃了！一辆价值不菲的车被烧成空壳。悍马车主未给自己的爱车投保自燃险，只能自己承担这笔不小的损失。悍马婚车自燃的图片如图 1-2 所示。

图 1-2　南京悍马婚车自燃图片

【例 1-33】 江苏一私家车主好心接受邻居的搭乘要求，谁料想途中发生交通事故，致搭乘者重度残疾，后搭乘者起诉至法院，请求私家车主民事经济赔偿，诉求额高达 240 万元人民币。这种情况，保险公司是否予以赔偿？

专家建议：车主在购买保险时最好买一个车上人员责任险，这个险种的最高限额是一万元人民币。其实，但凡买过车险的都知道，这个险种的赔偿限额最低是一万元，最高是五十万。只是这个限额的选择是由客户自行选择，保额越高保费也就越高，每一万元保额的保费打折优惠之后也就不过 40 元左右。

时下，汽车消费正逐渐成为一种新时尚，私家车正快速进入千家万户，由私家车带来的问题也就随之多了起来，前文提到的好心搭载而引发的天价赔偿就是最好的例子。你有了可以自行支配的车子，朋友也好，亲戚也罢，或是邻居，你都无法拒绝他们"顺路"搭乘的要求。但是这个搭乘是有责任的，只要他们上了你的车子，他就对你有了权利，而你也就对他有了义务。权利和义务一旦形成，法律关系也就形成了。

【例 1-34】 王先生是个热心肠，平时就爱帮助人。邻居小张的车启动不了了，王先生二话不说，将自己的爱车掉了个头，拿来拖车绳，拴好，拖着小张的车向修理厂进发了。两辆车马上就到修理厂了，在拐弯的时候，不幸的事情发生了。一名骑车人没有看到两车之间的拖车绳，一下撞在拖车绳上，摔倒在地。王先生和小张立即停车，拦车将骑车人送到医院。还好人伤得不严重，经过一个月的住院治疗就痊愈出院了。

交管部门经过现场查勘，认定王先生负事故的主要责任，承担骑车人的医疗费、误工费等项费用。王先生支付了这笔费用，然后拿着所有的单证材料到保险公司索赔。没想到，理赔人员询问完相关情况后说，小张投保的第三者责任险过期了，保险公司无法承担赔偿责任。王先生糊涂了……

疑问：保险车辆拖带没有保险的车辆，造成第三方人员伤亡，保险公司赔吗？

解答：根据机动车辆第三者责任保险条款责任免除条款中的规定，"保险车辆拖带未投保第三者责任保险的车辆(含挂车)或被未投保第三者责任保险的其他车辆拖带"造成的损失，保险公司不负责赔偿。在此次事故中，由于小张车辆的第三者责任险已经过期了，没有继续投保，在这种情况下，王先生拖带小张的车发生事故，造成第三方人员的人身损害，保险公司是无法赔偿的。

在此提醒司机朋友们，今后在拖带车辆时，一方面要严格遵守《道路交通安全法》的有关规定，依法拖车；一方面要了解清楚双方车辆是否都投保了第三者责任险。避免一旦发生意外，造成自己的损失。最好是在发生类似问题的时候，找专业救援公司进行拖车。

【例 1-35】 张先生最近比较郁闷，但是比张先生更郁闷的还有马师傅。事情还要从头说起，一天张先生驾驶自己的爱车行驶在四环路上，与前面马师傅驾驶的富康出租车发生追尾。张先生爱车的引擎盖撅起来了，马先生的三厢富康后备厢盖瘪进去一大块。追尾，后车全责，赶紧查勘定损修车吧。

报案、查勘、定损都比较顺利，很快车辆开进了修理厂，但是修理厂的师傅说富康车要 3 天后才可以提车。马师傅一听急了，3 天，每天一百多的"份儿钱"，三天就得小五百呀，还不包括自己的生活费，这怎么受得了呢？马师傅找到张先生，要求张先生承担车辆进厂修理期间的"份儿钱"。张先生找保险公司咨询，保险公司的答复是对这种损失无法赔付。保险公司为什么不赔？如果保险公司不赔，张先生应该赔偿马师傅吗？张先生非常困惑。

问题：发生交通事故，造成第三方出租车的损坏，出租车司机在车辆修理期间的"份儿钱"保险公司是否赔偿？

分析：机动车辆第三者责任保险条款责任免除条款中规定，"保险车辆发生意外事故，致使被保险人或第三者停业、停驶、停电、停水、停气、停产、通信中断的损失以及其他各种间接损失"，保险公司不负责赔偿。案例中，马师傅的"份儿钱"损失，是由于车辆停驶造成的损失，因而对于"份儿钱"保险公司是不负责赔偿的。

保险公司不负责赔偿，张先生是否也对此损失不负责赔偿呢？《最高人民法院关于交通事故中的财产损失是否包括被损车辆停运损失问题的批复》(法释[1999]5号)规定："在交通事故损害赔偿案件中，如果受害人以被损车辆正用于货物运输或者旅客运输经营活动，要求赔偿被损车辆修复期间的停运损失的，交通事故责任者应当予以赔偿。"根据这一《批复》，张先生应该向马师傅赔偿相应的"份儿钱"损失。

张先生该赔，但是这种损失保险公司又不负责赔偿，看来这是保险保障的一个"盲区"。在今后的产品设计时，保险公司应该设计开发相应的保险条款，以满足客户的需求。

【例1-36】平时谨小慎微的周先生因为一起交通事故被推上了法庭，成为了被告。事情是这样的，一天周先生开车不小心将横过马路的一位老人撞倒，周先生立即将老人送到医院抢救，经过几个月的治疗，老人出院了，但是经过有关部门的伤残评定，老人被定为三级伤残。

在交管部门进行调解时，老人家属提出要求周先生在赔偿医疗费、误工费、护理费、残疾赔偿金等费用之外，还要赔偿精神损害费。周先生认为其他费用都可以赔偿，但是精神损害费不应该赔偿。

老人家属在索赔未果的情况下，一纸诉状将周先生告上法庭，经过法院审理，判决周先生除赔偿老者医疗费、误工费、护理费、残疾赔偿金等费用之外，还要向老者赔偿2000元精神损害费。周先生拿着判决书，心里的滋味就别提了。还好，有保险，周先生拿着所有的证明材料来到保险公司，但结果却令人大失所望：保险公司只赔偿除了精神损害赔偿费以外的费用。

疑问：法院判定车主向受害人支付的精神损害赔偿费用，保险公司是否赔付？

解答：根据《最高人民法院关于审理人身损害赔偿案件适用法律若干问题的解释》第十八条规定："受害人或者死者近亲属遭受精神损害，赔偿权利人向人民法院请求赔偿精神损害抚慰金的"。依据相关规定，法院裁定周先生向老人支付一定金额的精神损害赔偿费用，也是符合法律规定的。但是，根据机动车辆第三者责任保险条款规定："精神损害赔偿"属于责任免除条款的一条，根据这一责任免除条款，保险公司对于精神损害赔偿的费用是不负责赔偿的。

不过，如果周先生在机动车辆第三者责任险的基础上投保了"附加交通事故精神损害赔偿责任险"，那么这笔2000元的精神损害抚慰金就可以得到保险公司的赔偿了。

【例1-37】赵先生最近碰上了一件棘手的事情，这不，前两天开车将孙先生新买的车撞坏了。车辆修好以后，孙先生认为自己的新车被撞后市场价值降低了，因而找到有关部门进行了鉴定。鉴定结果显示，车辆修复以后，价值减少10000元。孙先生以此向赵先生索赔，未果，孙先生向法院起诉。法院经过审理，支持孙先生的诉讼请求，判定赵先生赔偿孙先生车辆减值损失 10000 元。赵先生无奈，只好赔付。但当赵先生拿着有关材料向保险公司进行索赔时，保险公司的理赔人员告诉赵先生，这种减值的损失，保险公司是无法赔偿的。

疑问：车辆发生事故，修理后造成车辆价值降低的损失，保险公司是否赔偿？

解答：发生交通事故，受损的第三方车辆在修复以后，因市场价值降低造成的损失，依据机动车辆第三者责任保险条款责任免除条款的规定，"第三者财产因市场价格变动造成的贬值、修理后因价值降低引起的损失"，保险公司是不负责赔偿的。

同样，在机动车辆损失保险条款中也有类似的规定，对于保险车辆的"因市场价格变动造成的贬值、修理后因价值降低引起的损失"，保险公司也是不负责赔偿的。

【例 1-38】小李在某运输公司工作，平时表现不错，驾驶技术很好，从没有发生过事故。但是，在一次跑长途的过程中，由于疲劳驾驶，小李驾驶的车辆将正常行驶的行人撞伤。随后，小李做了一件令他终生后悔的决定，驾车逃离了现场。跑回北京的小李，整日不安，经过激烈的思想斗争，终于鼓足勇气向公安交通管理部门投案自首了。等待小李的不仅是法律的处罚，而且还要承担受害人的医疗费等费用。小李所在单位投保了机动车辆第三者责任险，单位向保险公司申请索赔，保险公司的回答却是无法赔偿。

疑问：保险车辆造成第三方损失后肇事逃逸，保险公司负责赔偿吗？

解答：小李发生交通事故，造成行人的伤害，应该立即停车抢救，可以减轻伤者的伤害程度，也可以减少自己的责任。但是，小李没有选择这条正路，反而驾车逃逸，做了一个极为不明智的选择。虽然小李主动向公安机关投案自首，但是肇事逃逸的事实已经成立。因此，根据机动车辆第三者责任保险条款责任免除条款的规定，"保险车辆肇事逃逸"造成的对第三者的经济赔偿责任，保险公司无法给予赔偿。

同样，在机动车辆损失保险条款中也有类似的规定，"保险车辆肇事逃逸"造成保险车辆的自身损失，保险公司也是不负责赔偿的。

总之，为了他人、为了自己，一旦发生交通事故，千万不要选择逃逸，应该采取积极的措施，救治伤者、协助公安部门认定事故责任。

1.3　汽车保险的市场营销

 【导入案例：售后服务招来"回头客"】

小张在第一年购买车险的时候听从了"4S"店商的建议，投保了某保险公司的车损险。在这一年中，小张发生了一起轻微的碰撞事故，到保险公司报险后顺利获得理赔，小张并没有特别的感觉。第二年投保的时候，朋友介绍给小张一家新的保险公司，公司还赠送了小礼物，小张毫不犹豫地就更换了保险公司。这年 7 月，小张到无锡出差时在国道上发生碰撞，在拨打 110 的同时，小张也致电了保险公司，获得的答复是到维修网点才能享受快捷理赔。但小张的车身严重变形，已经无法行驶，好不容易找到维修点后，厂家又表示必须付现金领车，而且起码要等三个星期。小张马上要回上海，下回还要再去无锡领车，实在是叫苦不迭。

到了第三年投保时，小张再次回到原保险公司，还把自己的故事告诉了工作人员。

分析：买保险要找规模大、服务到位的保险公司。

结论：保险公司注重售后服务的营销方式赢得了回头客。

🎓【理论知识】

1.3.1　我国汽车保险市场概述

一、汽车保险市场地位

汽车保险不再是以企业和单位为主要对象的业务，而是逐步发展成为以个人为主要对象的业务。汽车保险正在成为与人们生活息息相关的一种保险。

汽车保险，尤其是第三者责任保险在稳定社会关系和维护社会秩序方面的特殊作用，使其从合同双方的单一经济活动，逐渐上升成为社会法制体系的一个重要组成部分。

与其他保险不同，汽车保险的出险率高，保险人的理赔技术和服务将成为一个十分突出的问题，并将直接影响保险业的健康发展。

汽车保险业务在财产保险市场所占的比例已经越来越大，无论是从保险公司经营管理的角度，还是从监管部门对于市场的监督与管理的角度，汽车保险均具有突出的地位。

二、汽车保险人、保险中介与保险消费者

保险市场作为一个完整体系，主要由保险人、投保人和保险中介三方构成。保险中介作为保险市场的一个子系统，在保险业务开展的过程中发挥着积极作用。

1. 汽车保险人

汽车保险人即汽车保险的供给方，指汽车保险市场上提供各类保险产品，承担、分散和转移风险的各类保险人，包括国有保险公司、保险股份有限公司和个人保险公司。

2. 汽车保险中介

保险中介是指专门从事保险销售或保险理赔、业务咨询、风险管理活动安排、价值评估、损失鉴定等经营活动，并依法收取佣金或手续费的个人。保险中介的主要形式多种多样，主要包括保险代理人、保险经纪人和保险公估人三种，他们在保险业发展中发挥着巨大的作用。保险代理人受保险公司的委托，代表保险公司的利益，在保险人的授权范围内从事保险经营活动；保险经纪人基于投保人的利益，以自己的名义开展保险经营活动；保险公估人既不代表保险人的利益，也不代表被保险人的利益，而是站在中立的立场上，对委托事件做出客观、公正的评价，为保险关系当事人提供服务。三者间具有不同的作用，在保险市场中占有不同的地位。

3. 汽车保险消费者

汽车保险消费者即汽车保险产品的需求方，指汽车保险市场上所有现实和潜在的汽车保险商品购买者，包括个人投保人和团体投保人、企业投保人和独立投保人、私营企业投保人和国营企业投保人等。

三、保险展业

1. 定义

保险展业是保险公司进行市场营销的过程，即向客户提供保险商品的服务。保险服务包括两方面的内容：

(1) 保险业务自身服务，即承保、防灾防损、查勘理赔等；

(2) 拓展性服务，如汽车修理服务、代驾服务、风险服务，这是一种延伸意义上的服务。

展业人员可以是保险公司员工，也可以是中介机构的代理人或经纪人。展业直接影响保险人的业务经营量。近年来，保险合同纠纷不断，主要原因就是展业人员没有认真解释合同，有的甚至不具备相关知识和技能，即不具备业务素质。

2. 做好展业准备

业务人员进行展业活动前，必须作好下列各项准备：

1) 理论知识

(1) 了解《保险法》《合同法》《机动车交通事故责任强制保险条例》《道路交通安全法》和本公司的相关规定等；

(2) 掌握保险尤其是车险的知识；

(3) 掌握车辆知识，如结构、常见风险、预防方法等。

2) 市场情况

(1) 调查辖区的汽车保有量、承保情况、事故频率、出险赔付等，同时掌握市场动态和竞争对手的展业方向；

(2) 了解客户车型、目前的承保公司、保险期限，做好公关工作，对一些大客户如大型企业，须对其做好调查。

3) 制定展业计划和目标

(1) 制定月、季、年度展业计划，确定展业目标；

(2) 做好续保工作。

3. 开展保险宣传

保险宣传对于保险业务的顺利展开和增强国民的保险意识具有重要作用。在我国，保险意识淡薄，不少人对保险比较陌生，有些企事业单位的领导对保险的职能和作用也认识不够。

保险宣传的方式多种多样，如广告宣传、召开座谈会、电台和报刊播放或登载保险知识系列讲座、印发宣传材料等。

4. 提升展业绩效

提升展业绩效的渠道如下：

(1) 努力提高业务人员素质；

(2) 广设代理机构，建立广阔的服务网络；

(3) 充分发挥经纪人的作用，积极开展大型客户业务、跨地区业务。

5. 制定保险方案

由于投保人所面临的风险概率、风险程度不同，因而对保险的需求也各不相同，这就需要展业人员为投保人设计最佳的投保方案。提供完善的保险方案也是保险人加大保险产品内涵，提高保险公司服务水平的重要标志。保险方案是展业人员为投保人设计的保险建议书。

1) 保险方案制定原则

(1) 充分保障原则。在风险评估基础上制定保险方案，一定要把容易发生的、相对可能性较大的风险包括进去，最大限度地分散风险，用最小的成本实现最大的保障，同时防止不必要的保障。

(2) 充分披露原则。根据最大诚信原则，如实告知，特别是可能产生对投保人不利的规定要详细告知。

(3) 经济实用原则。保险方案所提供的风险保障是适用的和必需的，防止不必要的保障，但同时注意与价格对应的赔偿标准和免赔额的确定。

2) 保险方案的主要内容

(1) 保险人情况介绍；

(2) 投保标的风险评估；

(3) 保险方案的总体建议；

(4) 保险条款以及解释；

(5) 保险金额和赔偿限额的确定；

(6) 免赔额以及适用情况；

(7) 赔偿处理的程序以及要求；

(8) 服务体系以及承诺；

(9) 相关附件。

【例 1-39】机动车保险组合方案：

(1) 最低保障方案 A：交强险；

(2) 最低保障方案 B：交强险+第三者责任险(5 万元)；

(3) 基本保障方案：交强险+第三者责任险(10～20 万元) + 车辆损失险；

(4) 经济保障方案：交强险+第三者责任险(20 万元) + 车辆损失险+全车盗抢险 + 不计免赔特约险；

(5) 最佳保障方案：交强险 + 第三者责任险(30 万元) + 车辆损失险 + 全车盗抢险 + 不计免赔特约险 + 挡风玻璃险 + 车上人员责任险(5 座/每座 5 万元)；

(6) 完全保障方案：交强险 + 第三者责任险(50 万元) + 车辆损失险 + 全车盗抢险 + 不计免赔特约险 + 挡风玻璃险 + 车上人员责任险(5 座/每座 10 万元)+ 新增设备损失保险 + 自燃损失保险。

1.3.2　保险市场营销

近几年，我国车险市场保费一直保持两位数增长，已成为全球最大车险市场，也是最具发展潜力的市场。随着网络技术的不断进步，保险经营主体增多，车险市场竞争日益白热化。各公司在车险营销渠道上推陈出新，从最初的客户找保险公司投保，到代理投保，再到通过电话、网络投保，极大地方便了投保人，也基本形成多渠道并存发展的营销模式。为此，各产险公司如何趋利避害？通过加强内部管理，运用良好的商业模式改变渠道环境，加强合作推动改善中介营销渠道的协同作用，是车险业务发展需要深入探索的重要问题。

一、保险市场营销模式

参照著名评级机构 A.M.Best 的分类标准，将我国车险的营销模式分为专业中介营销、直销和兼业营销三种模式。其中，专业中介营销模式包括专属代理人(营销员)、专业中介机构等渠道；直销模式包括营业网点直销、电话和互联网直销等渠道；兼业营销模式包括车商、第三方网销等渠道。结合我国车险业务的市场特点，为了分析便利，本书将专业中介营销模式和兼业营销模式统称为"代销"模式。

1. 代销模式

代销模式又称间接营销模式，是产险公司通过各中间渠道或平台向顾客提供保险信息，完成咨询、投保、理赔、给付等服务环节的营销模式。

专属代理人数量稳定增长，"寿代产"交叉销售成亮点。"寿代产"是指寿险代理产险，即保险业务交叉代理。1992 年友邦进入内地引进营销员制，国内保险代理人数量一直保持持续增长。2015 年取消保险代理人资格考试后，营销员队伍更是呈现井喷式增长，截至 2017 年底，全国保险代理人达 806.94 万人。伴随着营销员队伍的不断壮大，其保费贡献也一直占据半壁江山。虽然营销员对产险的贡献率落后于寿险，但自 2011 年人保、平安等保险金融集团深入推进"寿代产"交叉销售，为最近几年增长乏力的车险市场注入了新的动力。同时，专属代理人可以通过移动互联网给客户提供更好的售后服务，也使得个人代理渠道随着互联网的发展得以改善。

专业中介机构数量稳定，保费贡献相对乏力。专业中介机构包括保险代理公司、经纪公司和公估公司。我国的保险专业中介机构尚处于发展初期，在严控制机构资格审批与业务运作，市场准入门槛不断提高的背景下，总体数量相对稳定。然而营销能力有限、规模化经营不足等问题导致我国保险专业中介机构保费贡献占比不高，从 2009 年的 5.2% 到 2015 年的 8.0%，近两年维持在 7% 左右，始终难以突破 8%，与欧美成熟保险市场 50% 保费占比差距不小。相比之下，代理公司对产险的保费贡献规模要大于寿险，但仍处低位，与其专业地位不尽匹配。实际运作中，专业代理公司往往通过向营销员收单实现其渠道作用，发挥平台职能。

车商等兼业代理地位凸显，发展相对粗放。车商渠道是产险企业以汽车销售商为市场开拓目标而建立的面向单位或个人客户的专业车险渠道。一般采用 4S 店、修理厂等兼业代理模式，是我国车险的主要业务渠道，保费贡献率保持在 30% 左右。2017 年平安车险保费总额 1705.08 亿元，其中车商渠道贡献 504.88 亿元，占比 29.61%。北京、上海等经济发达地区这一比例可高达 70%~80%。对于新车车主，该模式可以提供一站式服务，但随着网络技术的进步和公众保险意识的增强，渠道续保率在逐渐下降。作为兼业代理业务，车商重视不够，职业道德和专业知识的缺乏导致违规操作严重；

局限于车险销售、理赔和车辆修理方面的合作，分公司层面的集约化无法形成长期的战略合作关系；制度建设滞后和资源欠缺也造成监管部门和产险公司均无法实现对车商的有效风险防控和监管。

第三方网销平台多样化，业务占比呈上升趋势。第三方网销是代销模式中不可或缺的部分。2005 年车盟的出现，使国内有了经营车险的专业第三方保险网站。随后惠择网、搜保网、中民保险网等的建立不断深化和创新网销车险服务，从最初仅提供资讯信息到简单的产品种类展示、搜索对比；从单一的投保订单服务到在线支付服务、电子保单再到协助理赔的后续服务。近几年，除网销平台、综合性保险比价平台(中民保险网)和车险专营平台(车盟等)外，各专业中介机构先后成立了各自的网络平台，自此第三方车险网销平台步入多元化发展阶段。车险产品标准化程度高、客户黏性低，非常适合于网销。地位独立的第三方网销平台在提供丰富产品、减少信息不对称的同时，打破了时间和地域的限制，通过第三方支付降低了交易风险。在互联网保险相关法律法规不断健全、电子商务环境良好的促进下，第三方网销平台迅速崛起并不断发展壮大，车险业务占比在经历相当长一段时期的低迷期后开始攀升。

总体来说，中介渠道是目前车险业务的主要来源。无论是传统的个人代理、专业机构代理、兼业代理还是新型的第三方网销，客户关系松散、可控性不强，对产险企业而言经常是"有保单无客户"。业务内容以产品推介、销售为主，渠道拓展注重结果而忽视了过程，往往会给险企带来劣质资源，提高经营成本。

2. 直销模式

直销模式关注的重点不是顾客通过何种媒介获取信息，而是保险公司无需通过第三方直接和客户沟通。由于省去中间环节，在降低了渠道依赖性的基础上，产险公司的盈利能力和风险防控改善明显。现有的车险直销渠道包括分支机构网点、电话营销和公司自营网络平台。

1) 分支机构网点

传统店面地位弱化，职能转变。店面直销一直是各险企最基本也是最不可或缺的营销渠道。从分支机构的设立到保险门店网点的建立，店面是有形展示，是客户了解、接触保险这一无形产品最原始的界面，也是后续理赔服务的必需通道。

由员工提供专业的指导服务，在非互联网时代曾发挥重要作用。随着新技术的运用、投保意识的增强及电网销模式的日益规范，传统直销地位逐渐弱化，只是作为公司界面的职能不断强化。

2) 电话营销

电销客户互动黏性较高，但优势缩小。电话营销是结合客户数据库信息，通过电话媒介与潜在客户进行针对性接触，以期促进车险业务的直复式营销。2002 年友邦开始在中国尝试电话营销，2006 年平安取得电销牌照，接下来多家保险公司开始"触电"，开始保险营销手段从关系型到技术型的巨大转变。

各保险公司一般设立区域性或全国性电销中心，集约化、规模化地经营同质性产品，具有面广、快捷、方便等特点。由于保险公司与客户直接交易，兼具价格和服务双重优势，打破了长期以来车商等中介机构销售车险的垄断局面。

近年来，电销渠道不断发展成熟，在车险业务中占据重要地位，最高时占据直销渠道的 80%，车险保费的 16%。相对而言，一般顾客呼入型业务的成功率较高，公司呼出型业务则属概率销售。但随着网销的兴起和商车费改的推进，电销成本优势已不复存在，呼出业务占比增加，呼入业务减少，业务规模和渠道贡献也呈下降趋势。

3) 自营网络平台

网络直销价格优势减弱，亟待转型升级。网络直销是互联网保险营销的核心组成部分，从最早的全国性官网到移动互联网时代的移动 APP、移动官网手机 WAP、微信公众号，无一不体现了网络科技对保险营销模式的影响。2013 年众安保险的创建，互联网保险营销模式正式步入正轨。

网络直销让保险公司通过各类社交媒体和移动应用具备与海量客户直通直达的沟通能力，客户体验得到明显改善。业务开展对地域、时间基本无限制，可以最大限度地提供方便、快捷、实时的"全流程"服务。2012 年～2015 年互联网车险发展如火如荼，保费收入和业务占比持续提高。"触网"公司从 2015 年的 49 家增加到 2016 年的 80 家，另包括 4 家互联网财险公司。但 2016 年始互联网车险保费收入大幅度下滑，从 2015 年 716.08 亿元到 2016 年 398.94 亿元，下降 44.29%；保费占比也由 11.5% 降至 5.8%，2017 年进一步下降至 4%。其中，PC 端官网贡献率 68.32%，移动端 15.47%，第三方网络平台 7.15%，保险专业中介机构平台等 9.07%。总之，公司官网比例下降，第三方平台的比重上升，但网络直销仍是互联网车险的主体，"官网卖车险，第三方平台专营非车险"现象并未改变。互联网车险在商车费改全面推行的背景下价格优势不再，业务也在价格因素驱动下从线上化的传统业务回归本源。

电销和网销合称为"电商"渠道，具有低成本直达客户、客户强互动黏性高、资源集约高效运营、业务可控等优势，但近年来电商车险的保费收入和占比持续下降。车险是刚需性产品，电商渠道如果只是以打折吸引顾客，则无法形成持续的核心竞争力。只有不断深挖符合顾客需求的保险核心服务，运用良好的商业模式，借助保险科技力量，才能形成差异化的竞争力。

目前，我国车险营销模式仍处于多元化竞争的初级阶段，渠道之间的"挤出效应"尤为突出。传统渠道与新型渠道之间、代销与直销之间、电网销之间、第三方网络平台与公司官网之间的竞争普遍，并且是恶性的价格竞争。电商渠道地域归属不明确，甚至会造成公司内部的业务竞争和资源争夺。这样的格局下，各模式渠道的缺点逐渐凸显：代销模式下客户资源的垄断、风险防控的相对缺失，专代渠道的平台职能定位、营销员产能提升乏力，车商的集约化、专业化层次不高；直销模式下各渠道无法实现信息资源共享，造成客户流失和资源浪费，电销边际产出下降，电商客户资源缺乏品牌忠诚度，稳定性较差。

商车费改的进一步推进，直销模式尤其是电商渠道的价格优势将逐渐丧失。车险费率统一后，各渠道之间的恶性价格竞争将告一段落，车险营销将进入良性的协同竞合状态。各营销模式应发挥各自专长，通过客户资源共享的方式来建立利益共享机制，实现渠道的整合，促进车险市场的长远发展。

各产险公司需要通过组织结构的优化，建立利益共同体，实现客户资源的共享。电销中心与客服中心的业务整合、复合型营销人才的培养也是经营的重点所在。随着民众保险意识的不断提高，车险产品的物流其实是理赔，理赔对于保险当事人来说是重资产，且线下必须有，互联网是很难做到的。车险的焦点还在线下，线上只是加速了信息流动，但要解决大问题还得回归线下。在保险业产销分离的发展趋势下，作为更贴近市场、对市场变化反应更加灵敏的保险中介，其作用显得尤为重要。打破专业中介机构现有的单一平台职能，不断深挖符合客户需求的保险核心服务，发挥营销员保险规划师的角色功能，积极探索总公司层面与车商渠道建立专业化战略合作关系，协助保险公司提升服务，走多渠道、广代理、信息化的发展道路。

二、投保渠道

国内财产保险投保方式五花八门，为汽车投保的方式包括保险公司直接投保、保险公司电话投保、保险公司网络投保、保险代理公司投保、保险经纪人/保险经纪公司投保、4S店代理保险公司投保、汽车修理厂和4S店保险直赔。

1. 保险公司直接投保

特点：自己有自己公司的产品，并出售保险产品。

优点：车主亲自到保险公司投保，有保险公司的业务人员对每个保险险种、保险条款进行详细的介绍和讲解，并根据投保人的实际情况提出保险建议供参考，能选择更适合自己的保险产品，使自己的利益得到更充分的保障。投保人直接到保险公司投保，由于降低了营业成本，商业车险费率折扣会相对高一些。最重要的一点是，可以避免被一些非法中介误导和欺骗。

缺点：客户必须事事自己动手操办，尤其是出险后索赔时，对于很多不了解理赔程序的客户来说，办理手续会相对比较麻烦。

2. 保险公司电话/网络投保

特点：这是近几年来比较流行的投保渠道，免去了保险中介的参与，在保费方面的优势很强。消费者直接与保险公司沟通，但是在出险后的一切流程需要投保人自主执行。

优点：随着近年来电话车险模式的成熟和火热，直接通过电话到保险公司投保已经成为一种新兴的投保方式。首先，电话营销因为免去了保险中介代理的参与，能拿到低于其他任何渠道的折扣。其次，直接面对保险公司，可以避免被不良中介误导和欺骗。电话车险运营商均是保监会审核通过的优质企业，投保方式公正、透明，服务承诺有保障。以起步最早的平安电话车险的运营模式为例：在报价透明方面，直接按照保监会规定的折扣比例统一报价；同时，平安电话车险的投保电话均有录音，车主可随时要求复查自己投保时的录音。

缺点：当然，电话、网络营销保险在车辆出险后没有中介帮助投保人进行对车辆的定损、维修和理赔，整个过程需要消费者自己解决，对于不了解理赔流程的消费者来说会是一件非常头疼的事情。而且，看到保险公司电话/网络营销商机的不只有正规的保险公司，中介公司和代理经纪人的电话轰炸、不合理竞争也给电话/网络保险营销带来了诸多麻烦。因此，消费者要尽量选择正规公司的电话/网络营销渠道。

3. 保险代理公司投保

特点：自己公司无产品，主要是代理各个保险公司的产品，帮助保险公司销售产品。

优点：由于目前各保险中介竞争比较激烈，为争抢客户，他们给予的保险折扣也比较大，相对而言价格会比较低廉。同时，保险中介可以上门服务或代客户办理各种投保、理赔所需的手续，对于客户而言会比较便捷。

缺点：保险代理人为促成车主购买保险，对车主进行的口头承诺很多，但之后在出险理赔时却无法兑现。曾在保险中介公司工作过的胡先生向记者透露，由于客户很容易相信个人承诺，尤其是所谓的朋友、熟人介绍的，会直接向个人递交保费，一些非法保险中介则会私自拖欠和挪用客户的保费，使保费无法及时、顺畅、安全地到达保险公司，造成客户在后期难以正常享受保险公司的理赔。此外，保险中介的"低价"背后也有很多"猫腻"，切勿只贪便宜而忽视车险后期服务。

4. 保险经纪公司/保险经纪人投保

特点：自己公司无产品，主要是代理各个保险公司的产品，向投保人提供保险方案，帮助投保人选择产品。

优点：保险代理公司的代理人受雇于保险公司，为其所受雇的保险公司推销保险产品，而保险经纪人和保险经纪公司受雇于投保人，不仅可以横向比较各公司条款优劣，还可以根据投保人的情况，为其量身定做投保方案。

缺点：保险经纪人是为客户采购保险产品的，最终还要保险公司进行承保。保险经纪人或经纪公司业务的增加会使保险公司保费收入大幅增加，国内保险行业规范仍有欠缺，无法避免会有一些不法商家与保险公司串通起来欺骗消费者。

5. 4S 店代理保险公司投保

特点：4S 店是新车主投保之前的第一联系人，为了提高自身盈利和竞争力，4S 店与各大保险公司合作，增加了保险代理业务，性质与保险代理公司相同。

优点：现在各品牌 4S 店都推出了一条龙的购车服务，车主在店内购车之后，即可在店里购买车辆保险。据记者了解，车主通过 4S 店购买车辆商业保险，日后如果出现意外需要保险公司出险、赔偿时，不仅可以通过拨打保险公司的出险电话，还可以通过 4S 店的保险顾问进行报险。除此之外，通过 4S 店的保险顾问报险，车主可以享受"一对一"的直线服务。

缺点：保险和汽车打包一起卖，最开心的是 4S 店。各家 4S 经销商的促销方式不同，很多商家选用购车送保险的方式吸引消费者，高额的保费赠送乍一看与现金降价并无二致，但是消费者购车时的购置价是跟随汽车一生的，而保费是一年一交的，您现在节省了部分保费，第二年续保的时候是以新车购置价格来计算保费，哪个合适呢？

6. 汽车修理厂和 4S 店保险直赔

特点：如果消费者在购车的同时选择店内直赔业务，则车辆出险后的赔偿、修理等全部由 4S 店和汽车修理厂代办。

优点：这里要和 4S 店代理保险公司有所区别，保险直赔业务的意思是 4S 店内具有保险定损和维修的职能，车辆出险后，只需要与 4S 店联系，到店内定损和维修即可，省去了定损、跑维修站维修、等待保险公司理赔的过程。

缺点：相对而言，直赔业务的保费与保险公司的保费相比要高一些。

在以上投保渠道的选择中，大多数消费者会选择在 4S 店投保，不管是选择代理还是直赔，在店内上保险省去了我们与保险公司沟通的麻烦。而对于平时出险较少的老车主来说，选择其他渠道购买车险的也不少，毕竟可以节省很大一笔保费。只是在中介的选择上，消费者需小心，防止落入陷阱。

车主在为车辆投保时尽量去正规的保险公司办理，如果选择保险中介投保，最好亲自对保单进行确认，如果确实没有时间亲自去办理保险，需要委托相关的中介或保险代理人，也一定要通过查询保险公司等方式核实他们的《保险代理人资格证》和《展业证书》等相关证件，并在其开具正规的盖有保险公司的印章的收据后，再交付保费。同时，及时要求中介或保险代理人在一定期限内给你置换正规发票和投保相关的合同及其他需要的票据，需要自己签名的地方，切不可为省时间而让他人代劳。另外，投保人拿到保单后要及时查询保单是否生效，除了保单编号外，还要逐一核对投保人、受益人、投保险种等细节。

三、电话营销

在正式电话营销启动前，必须对电话销售人员进行专业化、系统化的培训。

第一，训练有素的电话销售人员具备较强的沟通能力，在电话销售过程中通过语言的魅力，达到理想的沟通效果。要想有一个高品质的电话营销部门，企业必须对业务员进行专业的电话销售技能训练。专业电话营销人员具备自我形象的设计和自我推销的能力。电话营销方式是通过电话来达到与客户交流的目的，尽管客户看不到电话销售人员，但电话销售人员应注意自己的形象，这是对客户最起码的尊重，也是良好职业水准的体现。如果你处在一种懒散的状态中，你的声音就会传递给客户怠慢和非专业的感觉。在日常的电话销售工作中，电话营销人员时刻都应保持专业的姿态。

第二，娴熟的电话销售技巧。

(1) 设计独特且有吸引力的开场白是电话销售不被拒绝，让客户继续听下去的重要方法。

(2) 三十秒原理(客户愿意听你说话的理由)。

(3) 以问题对问题吸引客户的注意力，这个问题应是具有影响力且为客户所关注的。

(4) 塑造产品的价值，让客户产生强烈需求的理由。

塑造产品的价值是电话营销过程中客户为什么要听你讲的关键(一是产品的介绍、价格、作用、功能、细节等，二是强调约访的重要性，并塑造约访的价值最大化)。

四、客户关系的维护

(1) 分类对客户关系进行维护。

① 已服务的客户：实行客户档案分类细化管理，分期定时进行电话跟踪。

② 正在服务的客户：从销售开始进行电话跟踪，直到客户资料进入客户档案分类细化管理区。

③ 准客户：对现行客户进行分析并根据分析后的需求进入电话培养服务期，增强客户对企业的信赖感，从而促成交易。

④ 转介绍的客户：让其感受优质的服务和科学的管理。

(2) 运用电话行销的方式对客户进行跟踪服务。

(3) 做客户后续服务工作，通常有两个主要目的：对客户的购买行为表示感谢，加强陈述过程中已建立起来的关系；售后的多种跟踪服务及对客户的软服务。

【例 1-40】4 种开展客户后续服务工作的方法

1. 亲自拜访

虽是成本高，却可以产生最好的效果，是能够与客户面对面进行双向沟通的唯一方法。

联系客户的关心电话：如果你打算寄致谢卡或感谢信，在此之后可以打一个表示谢意的电话。

2. 电子邮件

很多时候，发一封电子邮件比打一个电话迅速得多。许多销售人员说他们费了很多时间制作电话标签，但有些客户更喜欢使用电子邮件，而且如果不按他们喜欢的方式与其沟通的话，他们可能会很不高兴。如果你知道哪个客户不习惯总是查收电子邮件的话，最好还是打个电话以防万一。如果不能确定，可以两种方法一起使用。

3. 感谢函及致谢卡

给你的客户寄感谢函是一种既方便又便宜的客户服务方法。信函和卡片可以用于感谢客户签下订单并承诺继续为其服务。致谢卡应先印好，在销售结束后的一段时间内由销售人员寄出。不过，这种致谢卡有一个很大的缺陷：它们都是成批制作的，因而缺少使客户满意的且非常重要的个性化色彩。一点点服务上的差异所带来的效果真的格外不同。

4. 访问报告

访问报告是一种有助于客户服务人员之间交流的报告形式。很大一部分的销售人员都没有什么访问报告，这说明他们缺乏制作销售计划，缺乏计划就等于计划失败。

你可以或独立或综合地使用上述这 4 种方法，但最终选择的方法必须能够：

① 告诉客户你很感谢他的购买；

② 明确他们对购买是否满意。

(4) 提供让顾客感动的服务。被你感动的顾客，才是最忠诚的顾客。因此，要注重创造服务附加值。服务的附加价值是指向顾客提供本服务之外，不需要顾客花钱的那部分服务。

现在顾客在意的是：

① 服务人员提供的服务是否有品质，服务人员的行为是否得体，是否能让顾客感到舒服。

② 你的产品或服务是否符合顾客的需求，同时是否超越了顾客的期望。

③ 是否有一流的服务流程，是否能够充分照顾到顾客的感受。

总之，在激烈的市场竞争中，在电话与营销相结合的快节奏时代，通过电话、传真等现代通信技术进行销售，能够扩大顾客群、提高顾客满意度、维护顾客关系，实现利润最大化。

五、做合格的保险营销员

做合格的保险营销员，既要具备优秀品格，也要注意一些禁忌。

1. 三大优秀品格

一个优秀的保险营销员应该具有的品格大致包括三方面：

(1) 敬业爱业，主动热情。保险产品不是看得见、摸得着的有形商品，业务员推销的就是一种观念，是对近期或者远期可能发生的某些事件的风险转移。正因为如此，主动购买保险的人是少数。营销员要以"凭着爱心与信任,主动热情去接近,能量付出一百分"的姿态和面貌,积极主动地寻找客户,激发保险需求,帮助建立保障。有人说得好,在每个家庭门口转悠的只有死神和保险营销员,营销员的工作加快一步,死神的脚步就会放慢一步。从事保险推销,难免会在客户那里受到委屈,有挫折也有煎熬。只要心中有爱,委屈一时的自尊,完成对客户一生的大爱吧。

(2) 态度诚恳,形象专业。靓丽英俊的外表与销售成功并没有必然联系,而诚恳的态度却能在客户心中树立起良好的形象。在营销员的眼中,所有的客户在需要建立保障这一点上是相同的,而没有金钱、地位、权势上的区别。对待地位低下的人不藐视、不冷落;对待有钱、有权、有势的人,不低三下四,降低自己的身份,对任何人都应该平等而热情,诚恳而坦率。说话时的口气不必咄咄逼人,但态度一定要诚恳而坚决。

(3) 知识广博,专业精深。保险业对从业人员的素质要求越来越高,不见得学历高就一定能够成功。一个优秀的营销员应储备专业的保险知识,以及由保险衍生出来的金融、法律、财税、医学等多方面的知识。除此之外,寿险业务员还要不断地学习顾客心理学、行为科学、社会学、人际关系等多学科内容,并在实践中不断感悟和总结。

保险营销员有四个境界,第一个境界是卖关系,很多营销员从家人、亲戚、朋友开始"下手",但当关系资源萎缩时,营销业绩也就昙花一现了;第二个境界是卖产品,赶上保险公司新推出一个险种,有竞争优势,营销员用产品去打动客户;第三个境界是卖需求,营销员激发客户的保险需求,然后根据客户的财务状况帮助客户分析投保需求,选择产品;第四个境界是卖规划,营销员从帮客户理财的角度,为客户提供相应的金融咨询服务,甚至为客户投资提供财务顾问。一个好的营销员要从较低的境界向较高的境界迈进。

2. 十大良好心态

心态对于一个人的影响非常大,心态好,生理健康,能力增强,潜力能够得到最大发挥;心态不好,可能会影响生理健康,能力差,潜力无从发挥。

对于保险营销员来说,保持以下十种心态能达到最好的展业状态:

(1) 自信的心态。做营销,有信心不见得会赢,但没有信心却一定输到底。

(2) 学习的心态。营销是一门学问,需要营销员活到老,学到老。一个优秀的营销员,一定是一个会学习的营销员。营销员成长最快的捷径就是坚持学习。

(3) 乐观的心态。面对同一件事情,不同的心态就会得出不同的结论。同是半杯水,乐观的人说是半满的,悲观的人说是半空的。

(4) 付出的心态。成功前的"推销之神"原一平曾经穿破了 10000 只鞋子,行程相当于绕地球 89 圈。他说:"我的座右铭是比别人的工作时间多出 2~3 倍,工作时间若短,即使推销能力强也会输给工作时间长的人,所以我相信若比别人多花 2~3 倍的时间,一定能够获胜。我要靠自己的双脚和时间来赚钱,也就是当别人在玩乐时,我要多利用时间来工作,别人若一天工作 8 小时,我就工作 14 小时。"营销人员就需要这种付出的心态,才有可能走向成功。

(5) 积极的心态。营销是一件充满坎坷与挫折的工作,营销人员要想出人头地,要想比别人做得更好,就必须拥有积极的心态。

(6) 耐心。一个推销新手工作了一段时间后,因找不到客户向经理提出辞呈,经理问:

"你为什么要辞职呢？"他坦白地回答："我找不到顾客，业绩很差，只好辞职。"经理拉他到面对大街的窗口，指着大街问他："你看到了什么？"推销员回答："人啊！""除此之外呢，你再看一看。""还是人啊！"经理说："在人群中，你难道没有看出很多的准顾客吗？"推销员恍然大悟，马上收回了辞呈。顾客来自准顾客，而准顾客满街都是，问题是如何找出来，有没有耐心找出来。

(7) 恒心。做任何事首先都要有恒心，半途而废不可取，对营销人员来说，也是如此。

(8) 诚心。俗语说"心诚则灵"，这句话对当今的营销人来说，尤其重要。

(9) 爱心。面对顾客，营销人员要始终为顾客着想，多站在他们的立场考虑，让顾客感受到你的爱心，他才会信任你。

(10) 敬业。营销是一项系统工程，而要想超越别人，成就自己，还必须有一颗敬业的心。就如我们经常说的"你想当老板，就必须具有当老板的敬业心态。"

3. 谈话"十忌"

在与顾客谈话时要注意的"十忌"：

(1) 忌争辩。营销员在与顾客沟通时，要明白自己是来推销产品的，不是来参加辩论会的，与顾客争辩解决不了任何问题，只会招致顾客的反感。

营销员首先要理解客户对保险有不同的认识和见解，容许人家讲话，发表不同的意见。如果和顾客发生激烈的争论，即使占了上风把顾客驳得哑口无言，最终也是失去了顾客、丢掉了生意。

(2) 忌质问。营销员与顾客沟通时，要理解并尊重顾客的思想与观点，要知道人各有志不能强求。他买保险，说明他有钱并有保险意识；他不买保险，说明他有原因，切不可采取质问的方式与顾客谈话。您为什么不买保险？您为什么对保险有成见？您凭什么讲保险公司是骗人的？您有什么理由说保险公司交费容易赔钱难？用诸如此类质问或者审讯的口气与顾客谈话，是营销员不懂礼貌的表现，是不尊重人的反映，是最伤害顾客的感情和自尊心的。

(3) 忌命令。营销员在与顾客交谈时，微笑再展露一点，态度要和蔼一点，说话要轻声一点，语气要柔和一点，要采取征询、协商或者请教的口气与顾客交流，切不可采取命令和批示的口吻。

人贵有自知之明，要明白自己在顾客心里的地位——营销员不是顾客的领导和上级，只是他的一个理财顾问。

(4) 忌炫耀。与顾客沟通谈到自己时，要实事求是地介绍自己，稍加赞美即可，万万不可忘乎所以、得意忘形地自吹自擂，炫耀自己的出身、学识、财富、地位以及业绩和收入等，因为这样会人为地造成双方的隔阂和距离。如果一而再再而三地炫耀自己的收入，对方就会感到，你向我推销保险是来挣我钱的，而不是来给我送保障的。

记住您的财富，是属于您个人的；您的地位，是属于您单位的且是暂时的；而您的服务态度和服务质量，却是属于您的顾客的，且是永恒的。

(5) 忌直白。营销员要掌握与人沟通的艺术，顾客成千上万、千差万别，有各个阶层、各个方面的群体，他们的知识和见解都不尽相同。我们在与顾客沟通时，如果发现他在认识上有不妥的地方，也不要直截了当地指出。一般人最忌讳在众人面前难堪，俗语道："打人不打脸，揭人不揭短"，要忌讳直白。

康德曾经说过："对男人来讲，最大的侮辱莫过于说他愚蠢；对女人来说，最大的侮辱莫过于说她丑陋。"我们一定要观察交谈的对象，做到言之有物，因人施语，要掌握谈话的技巧、沟通的艺术，要委婉忠告。

(6) 忌批评。在与顾客沟通时，如果发现他身上某些缺点，也不要当面批评和教育他，更不要大声地指责他。要知道批评与指责解决不了任何问题，只会招致对方的怨恨与反感。与人交谈要多用感谢词、赞美语，同时要掌握赞美的尺度。

(7) 忌专业。在推销保险产品时，一定不要用专业术语，因为保险产品有特殊性，在我们每一个保险合同中都有死亡或者是残疾的专业术语，中国的老百姓大多忌讳谈到死亡或者残疾等，如果不加顾忌地与顾客这样讲，肯定会招致对方的不快。

(8) 忌独白。与顾客谈话，就是与客户沟通思想的过程，这种沟通是双向的，不但我们自己要说，同时也要鼓励对方讲话。通过顾客说的话，我们可以了解顾客个人基本情况，如工作、收入、投资、投保、配偶、子女、家庭收入等。双向沟通是了解对方的有效工具，切忌营销员个人独白。

如果自己有强烈的表现欲，一开口就滔滔不绝，只顾自己酣畅淋漓，全然不顾对方的反应，结果只能让对方反感、厌恶。

因此，切记不要独占任何一次讲话。

(9) 忌冷淡。与顾客谈话，态度一定要热情，语言一定要真诚，言谈举止都要流露出真情实感。

俗语道，"感人心者，莫先乎情"，这种"情"是营销员的真情实感。只有用自己的真情，才能换来对方的情感共鸣。

在谈话中，冷淡必然带来冷场，冷场必定带来业务泡汤，所以要忌讳冷淡。

(10) 忌生硬。营销员在与顾客说话时，声音要宏亮，语言要优美，要抑扬顿挫、节奏鲜明；语音有厚有薄，语速有快有慢，语调有高有低，语气有重有轻；要有声有色，有张有弛，声情并茂，生动活泼。

切忌说话没有高低、快慢之分，没有节奏与停顿，生硬呆板，没有朝气与活力。

1.3.3　汽车保险费率

一、保险费率的相关概念

保险费率：依照保险金额计算保险费的比例，通常以千分率(‰)来表示。

保险金额：简称保额，保险合同双方当事人约定的保险人于保险事故发生后应赔偿(给付)保险金的限额，它是保险人据以计算保险费的基础。

保险费：简称保费，是投保人参加保险时所交付给保险人的费用。

在市场经济条件下，价值价格规律的核心是使价格真实地反映价值，从而体现在交易过程中公平和对价的原则。那么，如何才能够实现这一目标？从被动的角度出发，可以通过市场适度和有序的竞争实现这一目标，但这往往需要付出一定的代价。从主动和积极的角度出发，保险人希望能够在市场上生存和发展，就必须探索出确定价格的科学和合理的模式。

就汽车保险而言，保险人同样希望保费设计得更精确、更合理。在不断统计和分析研究中，人们发现影响汽车保险索赔频率和索赔幅度的危险因子很多，而且影响程度也各不相同。每一辆汽车的风险程度是由其自身风险因子综合影响的结果，所以科学的方法是，通过全面综合地考虑这些风险因子来确定费率。

保险人在经营汽车保险的过程中通常将风险因子分为两类，即与汽车相关的风险因子和与驾驶人相关的风险因子。与汽车相关的风险因子主要包括汽车的种类、使用的情况和行驶的区域等，与驾驶人相关的风险因子主要包括驾驶人的性格、年龄、婚姻状况、职业等。

由此各国汽车保险的费率模式基本上可以划分为两大类，即从车费率模式和从人费率模式。从车费率模式是以被保险车辆的风险因子为主作为确定保险费率主要因素的费率确定模式。从人费率模式是以驾驶被保险车辆人员的风险因子为主作为确定保险费率主要因素的费率确定模式。

二、从车费率模式

从车费率模式是指在确定保险费率的过程中主要以被保险车辆的风险因子作为影响费率确定因素的模式。目前，我国采用的汽车保险费率模式就属于从车费率模式，影响费率的主要因素是与被保险车辆有关的风险因子。

现行的汽车保险费率体系中，影响费率的主要变量为车辆的使用性质、车辆生产地和车辆的种类。

(1) 根据车辆的使用性质划分：营业性车辆与非营业性车辆。

(2) 根据车辆的生产地划分：进口车辆与国产车辆。

(3) 根据车辆的种类划分：车辆种类与吨位。

除了上述 3 个主要的从车因素外，现行的汽车保险费率还将车辆行驶的区域作为汽车保险的风险因子，即按照车辆使用的不同地区适用不同的费率，如在深圳和大连采用专门的费率。

从车费率模式具有体系简单，易于操作的特点，同时，由于我国在一定的历史时期被保险的车辆绝大多数是"公车"，驾驶人与车辆不存在必然的联系，也就不具备采用从人费率模式的条件。随着经济的发展和人民生活水平的提高，汽车正逐渐进入家庭，2003 年各保险公司制定并执行的汽车保险条款，就开始采用从人费率模式。

从车费率模式的缺陷是显而易见的，因为在汽车的使用过程中对于风险的影响起到决定性因素的是与车辆驾驶人有关的风险因子。尤其是将汽车保险特有的无赔偿优待与车辆联系，而不是与驾驶人联系，显然不利于调动驾驶人的主观能动性，其本身也与设立无赔偿优待制度的初衷相违背。

三、从人费率模式

从人费率模式是指在确定保险费率的过程中主要以被保险车辆驾驶人的风险因子作为影响费率确定因素的模式。目前，大多数国家采用的汽车保险费率模式均属于从人费率模式，影响费率的主要因素是与被保险车辆驾驶人有关的风险因子。

各国采用的从人费率模式考虑的风险因子不尽相同，主要有驾驶人的年龄、性别、驾驶年限和安全行驶记录等。

(1) 根据驾驶人的年龄划分：通常将驾驶人按年龄划分为三组，第一组是初学驾驶，性格不稳定，缺乏责任感的年轻人；第二组是具有一定驾驶经验，生理和心理条件均较为成熟，有家庭和社会责任感的中年人；第三组是与第二组情况基本相同，但年龄较大，即反应较为迟钝的老年人。通常认为第一组驾驶人为高风险人群，第三组驾驶人为次高风险人群，第二组驾驶人为低风险人群。至于三组人群的年龄段划分是根据各国的不同情况确定的。

(2) 根据驾驶人的性别划分：男性与女性。研究表明，女性群体的驾驶倾向较为谨慎，为此，相对于男性她们为低风险人群。

(3) 根据驾驶人的驾龄划分：驾龄的长短可以从一个侧面反映驾驶人员的驾驶经验，通常认为从初次领证后的 1 年～3 年为事故多发期。

(4) 根据安全记录划分：安全记录可以反映驾驶人的驾驶心理素质和对待风险的态度，经常发生交通事故的驾驶人可能存在某一方面的缺陷。

从以上对比和分析可以看出，从人费率相对于从车费率具有更科学和合理的特征。因此，我国正在积极探索，将逐步从车费率模式过渡到从人费率模式。

四、基本险和附加险保费的计算方法

1. 车辆损失险和第三者责任险保费的计算

1) 车辆损失险的保费计算

车辆损失保险费率如表 1-1 所示。

表 1-1　家庭自用汽车损失保险费率表(局部)

座位/吨位	新车购置价档次	5 万元以下		5 万～10 万元		10 万～15 万元		15 万～20 万元		20 万～30 万元	
	车龄	基础保费/元	费率/%	基础保费/元	费率/%	基础保费/元	费率/%	基础保费/元	费率/%	基础保费/元	费率/%
6座以下	1 年以下	449	0.516	707	1.116	1265	0.989	1759	0.985	2252	1.079
	1 年～2 年	483	0.555	761	1.202	1361	1.064	1894	1.060	2423	1.162
	2 年～3 年	478	0.550	753	1.190	1348	1.054	1875	1.049	2400	1.150
	3 年～4 年	453	0.521	713	1.126	1276	0.997	1775	0.993	2271	1.089
	4 年～5 年	432	0.496	680	1.074	1217	0.951	1692	0.947	2166	1.038
	5 年～6 年	422	0.485	665	1.050	1190	0.930	1655	0.926	2118	1.015
	6 年～7 年	417	0.479	656	1.037	1175	0.918	1634	0.915	2091	1.003
	7 年～8 年	411	0.473	648	1.024	1160	0.907	1613	0.903	2065	0.990
	8 年～9 年	408	0.469	642	1.015	1150	0.899	1599	0.895	2047	0.981
	9 年以上	404	0.465	637	1.006	1140	0.891	1586	0.887	2029	0.973

说明：在费率表中，凡涉及分段的陈述都按照"含起点不含终点"的原则来解释。

【例 1-41】车辆类型中的"以下"二字，是指不含其本身的意思。"6 座以下"客车，是指不含 6 座的客车，其含义为 5 座、4 座、3 座、2 座、1 座；"6 座～10 座"的含义为 6 座、7 座、8 座、9 座，不包含 10 座；"20 座以上"的含义为 20 座、21 座……(包含 20 座)；"10 万以下"不包含 10 万；"10 万～20 万"包含 10 万，不包含 20 万；"20 万以上"包含 20 万。

(1) 按照投保人类别、车辆用途、座位数/吨位数、车辆使用年限、新车购置价所属档次查找基础保费和费率，计算公式如下：

$$保费 = 基础保费 + (实际新车购置价 - 新车购置价所属档次的起点) × 费率$$

【例 1-42】以家庭自用汽车为例，表 1-1 中横栏第一行为新车购置价档次，共分 5 个档次：5 万元以下、5 万～10 万元，10 万～15 万元、15 万～20 万元、20 万～30 万元。每个档次对应的基础保费是该档次的最低保费(档次起点对应的保费)，费率是实际新车购置价与档次起点的差额部分的费率。

保费的计算方法说明如下：

★ 假定某投保车辆的车龄为 4 年～5 年、新车购置价为 20 万元，则其所属的新车购置价档次为 20 万～30 万元档(档次分段含起点不含终点)；在费率表上查得对应的基础保费为 2166 元，而实际新车购置价恰好为档次的起点(20 万元)，则该车辆的保费就是 2166 元。

★ 假定另一投保车辆的车龄为 4 年～5 年、新车购置价为 25 万元，则其所属的新车购置价档次同样为 20 万～30 万元档；在费率表上查得对应的基础保费为 2166 元，费率为 1.038%，则该车保费 = 2166 + (25 万元 - 20 万元) × 1.038% = 2685 元。

(2) 如果投保人选择不足额投保，即保额小于新车购置价，保费应作相应调整，计算公式为：

$$保费 = (0.05 + 0.95 × 保额/新车购置价) × 足额投保时的标准保费$$

(3) 36 座以上营业客车新车购置价低于 20 万元的，按照 20 座～36 座营业客车对应档次的保险费计收。

(4) 挂车保险费按同吨位货车对应档次保险费的 50%计收。

2) 第三者责任险的保费计算

(1) 按照投保人类别、车辆用途、座位数/吨位数、车辆使用年限、责任限额直接查找保费。

(2) 挂车保险费按 2 吨以下货车计收(责任限额统一为 5 万元)。

2. 附加险的保费计算

1) 全车盗抢险

全车盗抢险按照投保人类别、车辆用途、座位数、车辆使用年限查找基础保费和费率，计算公式如下：

$$保费 = 基础保费 + 保额 × 费率$$

2) 车上人员责任险

车上人员责任险按照投保人类别、车辆用途、座位数、投保方式查找费率，计算公式如下：

$$保费 = 单座责任限额 \times 投保座位数 \times 费率$$

注：如果责任限额为 100 万元以上，则保险费 $= A + A \times N \times (0.034 - 0.0013 \times N)$，式中 A 指同档次限额为 100 万元的第三者险保费；$N = (限额 - 100\ 万) / 50\ 万元$，限额必须是 50 万元的倍数，且不得超过 1000 万元。

注：选择座位投保费率在核定座位投保费率的基础上上浮 80%。

3) 车上货物责任险

车上货物责任险按照责任限额(车上货物责任险的最低责任限额为人民币 20 000 元)，分营业用、非营业用查找费率，计算公式如下：

$$保费 = 基础保费 + (责任限额 - 20000) \times 费率$$

4) 玻璃单独破碎险

玻璃单独破碎险按客车、货车、座位数、投保进口/国产玻璃查找费率，计算公式如下：

$$保费 = 新车购置价 \times 费率$$

5) 不计免赔特约条款

不计免赔特约条款的计算公式如下：

保费 = 适用本条款的所有险种应收保费之和(不含无赔款优待以及风险修正) $\times$ 20%

6) 火灾、自燃、爆炸损失险

火灾、自燃、爆炸损失险实行 0.6% 的固定费率，计算公式如下：

$$保费 = 保险金额 \times 费率$$

如果单保自燃险，固定费率为 0.4%，计算公式如下：

$$保费 = 保险金额 \times 费率$$

7) 车身划痕损失险

车身划痕损失险按新车购置价所属档次直接查找保费。

8) 停驶损失险

停驶损失险实行 10% 的固定费率，计算公式如下：

$$保费 = 约定的最高赔偿天数 \times 约定的最高日责任限额 \times 费率$$

9) 无过失责任险

无过失责任险的最高责任限额为 50 000 元人民币，基础保费为 50 元，费率为 0.5%，计算公式如下：

$$保费 = 基础保费 + 责任限额 \times 费率$$

10) 救助特约条款

只有购买了车辆损失险之后才能购买本附加险。救助特约条款实行固定保费，无需计算，保费为 150 元人民币。

11) 提车险

提车险按新车购置价所属档次直接查找保费。

3. 风险修正

(1) 单车投保，保费可根据《单车风险修正系数表》进行调整，计算公式如下：

$$保费 = 标准保费 \times (1 - 风险修正系数)$$

(2) 车队投保，保费可根据《车队费率浮动系数表》进行调整，计算公式如下：

$$保费 = 单车保费 \times 费率浮动系数$$

(3) 单车风险修正与车队费率浮动不能同时使用。

(4) 单车风险修正或车队费率浮动仅适用于保险期限为 1 年以上的保险单。

注： 同时享受多项折扣的险种，其保费计算使用连乘的方式。

任 务 实 施

根据所学知识编写汽车保险电话销售剧本。

学习情境 2　汽车保险的承保

【学习目标】

通过本学习情境的学习与任务实施，要达到以下目标：

学生通过完成汽车保险的承保任务，包括设计汽车保险投保方案、填写汽车保险的投保单，掌握汽车保险单的相关内容及保险合同的一般法律效力，以及汽车保险核保的流程、内容、意义及具体的注意事项。

【情境描述】

有一客户向保险人提出要保请求，承保人员为客户的投保单资料进行输入，并为客户审核要保申请；评估客户的风险，接待客户及营销员相关方面的查询(来电或来访)；收取保险费为客户签单。本学习情境将从承保保险人在投保人提出要保请求后，经审核认为符合承保条件并同意接受投保人申请，签订合同并承担保单合同规定的保险责任等方面训练学生，帮助学生最终完成汽车保险承保服务任务。

2.1　汽车保险的基本原则

【导入案例：二手车按新车购置价投保引纠纷】

田某为自己花 12.3 万元购买的旧车投保，选择了该车的新车购置价 32 万元作为保险金额，并缴纳了保费。该车发生火灾全毁后，保险公司只同意按照旧车的实际价值理赔。双方对簿公堂，法院经过审理判决：保险公司按车辆的实际价值承担责任，赔付 12 万元。

在为二手车投保时，如果投保人选择按当时的新车购置价确定保险金额，一旦发生部分损失，被保险人能得到保险限度内全部修理费用的赔偿；但一旦发生全部损失，被保险人只能得到出险时实际价值的赔偿。由于"全损"与"分损"的赔偿数额计算基础不同，导致实际中的纠纷频出。

汽车保险合同订立的基本原则是集中体现保险法本质和精神的基本准则，它既是保险法立法的依据，又是保险活动中必须遵循的准则，也是汽车保险过程中要遵循的基本原则。汽车保险合同订立的基本原则是通过保险法的具体规定来实现的，而保险法的具体规定。

必须符合基本原则的要求。

保险的基本原则有保险利益原则、最大诚信原则、近因原则、损失补偿原则、分摊原则和代位追偿原则。

🎓【理论知识】

2.1.1　保险利益原则

一、保险利益原则的含义及意义

1. 保险利益原则的含义

根据我国《保险法》第十二条的规定，保险利益是指投保人或被保险人对保险标的具有的法律上承认的利益。它体现了投保人或被保险人与保险标的之间的利害关系。如果保险标的安全，投保人或被保险人可从中获益；一旦保险标的受损，投保人或被保险人必然会蒙受损失。正是由于保险标的与被保险人的经济利益息息相关，投保人才会为保险标的投保以转嫁各种可能发生的风险，而保险公司则通过风险分摊来保障被保险人的经济利益。

在机动车辆保险与理赔实务中，机动车主要有下列保险利益关系：

(1) 所有关系：机动车的所有人拥有保险利益。

(2) 租赁关系：机动车的承租人对于所租赁的车辆具有保险利益。

(3) 借贷关系：以机动车作为担保物，债权人拥有保险利益。

(4) 雇佣关系：受雇人对于其使用的机动车拥有保险利益。

(5) 委托关系：机动车运输人对于所承运的机动车具有保险利益。

2. 保险利益的三个要素

保险利益应当具有以下三个要素：

(1) 必须是法律认可并予以保护的利益。法律上不予承认或不予保护的利益不构成保险利益，所签订的保险合同均无效。例如，投保人以盗窃的汽车或购买来的赃车或走私车投保，则该保险合同无效。

(2) 必须是客观存在的利益。必须是事实上或客观上的利益，而不是当事人主观估计的利益。

(3) 必须是确定的经济利益。必须是能够用货币估价的，对于无价之宝，没有办法确定其价格，保险人就无法承保。

3. 保险利益原则的意义

(1) 避免赌博行为的发生。投保人在投保时必须对保险标的具有保险利益，否则保险就可能成为一种赌博，丧失其补偿经济损失、给予经济帮助的功能。

(2) 防止道德风险。是否具有保险利益，是判断保险合同有效或无效的根本依据。

(3) 有效地限制了保险补偿或给付的程度，即不论保险标的损失的价值有多大，被保险人所能获得的补偿程度都要受保险利益的限制。

二、保险利益原则对投保人与被保险人的要求

在保险合同的订立、履行过程中，保险利益原则有不同的适用要求。就财产保险而言，投保人应当在投保时对保险标的具有保险利益；合同成立后，被保险人可能因保险标的的买卖、转让、赠与、继承等情况而变更。因此，发生保险事故时，被保险人应当对保险标的具有保险利益，否则就不能得到保险公司的合理赔偿，而投保人是否仍具有保险利益，则无关紧要。在机动车辆保险实践中，就要求在车辆转让或交易时一定要办理批改业务，否则，即使原有车主投保的机动车辆保单仍然在有效期内，新的车主也不能在得到车辆的所有权的同时获得该保单的所有权。就人身保险而言，投保时，投保人必须对被保险人具有保险利益，至于发生保险事故时，投保人是否仍具有保险利益，则无关紧要。

【例 2-1】没有保险利益，合同岂能生效

案情介绍：

A(男)与 B(女)为大学同学，在读大学期间两人确立了恋爱关系。毕业之后两人分配工作到了不同的地方，但仍然书信往来，不改初衷。A 的生日快要到了，为了给他一个惊喜，B 悄悄为 A 投保了一份人寿保单，准备作为生日礼物送给他。谁知天有不测风云，当 A 从外地匆匆赶往 B 所在的城市时，遭遇了翻车事故，A 当场死亡。B 悲痛之余想到了自己为 A 投保的保单，于是向保险公司请求支付死亡保险金 2 万元。保险公司在核保时，得知 A 这份人寿保单是在本人不知情的情况下，由 B 擅自购买的。于是，保险公司便以 B 没有保险利益为由，拒绝给付保险金。B 因此将保险公司告上法庭，但判决结果是法院最终支持了保险公司的主张。

分析与结论：

保险利益又称可保利益。我国的《保险法》第十二条规定："投保人对保险标的应当具有保险利益。""投保人对保险标的不具有保险利益的，保险合同无效。"保险利益是指投保人对保险标的具有的法律上承认的利益。保险利益体现了投保人和保险标的之间的利害关系，投保人因保险标的发生保险事故而受经济损失。如果没有这种关系的存在，谁都能以毫无关系的人或财产去投保，并以自己作为受益人，这会产生极大的道德风险。为了规避这种风险对保险原则的背离，保险必须建立在可保利益原则之上。

我国《保险法》第三十一条对人身保险的保险利益人范围作出了规定："投保人对下列人员具有保险利益：(一)本人；(二)配偶、子女、父母；(三)前项以外与投保人有抚养、赡养或者扶养关系的家庭其他成员、近亲属。(四)与投保人有劳动关系的劳动者。除前款规定外，被保险人同意投保人为其订立合同的，视为投保人对被保险人具有保险利益。"可见，B 和 A 仅仅是恋爱关系，B 对 A 并无法律上认可的保险利益；如果 B 在投保时征得 A 的同意，那么就符合第三款的规定，B 对 A 的保险利益获得法律支持，保险公司就没有理由拒绝给付死亡保险金了。

本例思考：

保险利益原则是保险的基本原则之一，是保险存在的基石。在保险合同中坚持保险利益原则是保险长期发展的结果，其核心在于保证投保人对于保险标的具有切身的利益，而且必须是法律上认可的利益，只有这样才能有效地防范保单背后潜藏的道德风险。

在保险实务中，由于投保人对保险标的不具有保险利益而引发的保险纠纷屡见不鲜。

但大多数个案产生的原因多源自投保人对该原则的理解不清，结果在程序上处理不当，从而产生纠纷。这就要求保险人及其代理人在拓展业务和签发保单时仔细地对该原则进行解释说明。另外，投保人也不应该有任何投机取巧的心理，违反保险利益原则的结果便是保单的自始无效。

【例 2-2】保险标的转让未通知保险公司的理赔

案情简介：

2018 年 1 月 5 日，某汽车出租公司(以下简称出租车公司)将其所有的大众轿车向当地某保险公司(以下简称保险公司)投保了机动车辆险、第三者责任险和附加盗抢险，被保险人为该出租车公司，保险期限自 2018 年 1 月 6 日零时起至 2019 年 1 月 5 日 24 时止。合同签订后，出租车公司如期交付了保险费。2018 年 5 月 2 日，出租车公司将一辆大众轿车过户给罗某个人所有，同时罗某与出租公司约定，其每年向出租车公司交纳管理费和各种税费，车辆以出租车公司的名义向保险公司投保，保险费由罗某个人交付。

2018 年 10 月 10 日，罗某驾车营运时在某地遭到歹徒劫持，并将其车抢走。事故发生后，出租车公司向保险公司提出索赔，保险公司以保险标的转让没有通知保险公司办理批改为由拒赔。罗某不服，遂起诉至法院。

案情分析：

本案争议的焦点是：在保险合同有效期内，保险标的依法转让，如果被保险人没有通知保险公司办理批改，发生保险事故时，保险公司是否承担赔偿责任。《保险法》第三十四条规定："保险标的的转让应当通知保险人，经保险人同意继续承保后，依法变更合同。但是货物运输保险合同和另有约定的合同除外。"从该条规定来看，除货物运输保险合同和另有约定的合同外，其他保险标的的转让应当通知保险人。在机动车辆保险合同中，投保人与保险人一般都在被保险人的义务中约定"在保险合同有效期内，保险车辆转卖……或增加危险程度，被保险人应当事先通知保险人并申请办理批改。"本案中的保险标的即机动车的转让虽然被保险人没有通知保险人并办理批改手续，但被保险人的这一作为只是违反了保险合同中双方约定的义务，并且其违反的这一义务也没有使标的物的危险程度增加。《保险法》第三十七条规定："在保险合同有效期内，保险标的的危险程度增加的，被保险人按照合同约定应当及时通知保险人，保险人有权要求增加保险费或者解除合同。被保险人未履行前款规定的通知义务的，因保险标的的危险程度增加而发生的保险事故，保险人不承担赔偿责任。"从该条规定来看，被保险人具有危险程度增加的通知义务，如果被保险人未履行该义务，保险人对因危险程度增加而发生的保险事故不承担赔偿责任。本案中，保险标的从出租车公司转让给罗某，罗某因由使用人变为所有人而增加了对标的物的管理注意程度，可见，其危险程度不但没有增加，反而有所减少。

本案中，投保人出租车公司在投保时，因其是标的物的所有人而具有保险利益，在保险事故发生时，虽然其不再是标的物的所有人，但他又因是标的物的管理人而同样对保险标的物具有保险利益。反之，若本案中的出租车公司将保险标的转让给罗某后就不再与其发生任何法律关系，那么在事故发生时，因出租车公司对保险标的不具有保险利益，保险公司可以此为由拒绝承担保险责任。

结论：

法院认为，出租车公司与保险公司签订的保险合同合法有效。在保险合同有效期内，出租车公司将保险车辆转让给罗某，虽然没有通知保险公司，但该车仍由出租车公司管理，保险事故发生时，出租车公司对该车具有保险利益，保险公司应承担赔偿责任。

在保险合同的履行过程中会出现各种情况，法律是实践性和预见性的结合，不可能涵盖所有的事件和行为。因此，作为保险人在处理案件过程中，如果遇到法律规定不是非常明确的情况，应运用法律的基本原则并充分考虑当事人之间的权利义务关系，正确处理保险合同纠纷。

作为被保险人和投保人，应充分履行合同的约定和法律的规定。否则，发生保险事故时，如果被保险人和投保人对保险标的不具有保险利益，保险公司可以此为抗辩主张免责，被保险人也就丧失了获得赔偿的权利。

2.1.2　最大诚信原则

一、最大诚信原则的含义及意义

由于保险关系的特殊性，人们在保险实务中越来越感到诚实守信用的重要性，要求保险合同双方当事人最大限度地遵守诚实守信用原则，故称最大诚信原则，即要求双方当事人对于与保险标的有关的重要事实，不隐瞒、不虚报、漏报或欺诈，以最大诚信的态度全面履行各自的义务，以保证对方权利的实现。

所谓的重要事实是指那些足以影响保险人判别风险大小、确定保险费率或影响其决定承保与否及承保条件的每一项事实。对保险人而言，最大诚信原则可以使保险人有效地选择风险和控制风险，有利于维护保险活动的经营秩序；对于被保险人而言，最大诚信原则可以确保其承担的保险费率合理。在机动车辆保险中，车辆的结构、技术状况以及驾驶员的习惯等事实，被保险人最清楚，而对于保险合同的条款内容，保险人也最清楚，因而只有如实告知，诚实守信，双方当事人才能互相清楚。

二、最大诚信原则的内容

最大诚信原则是合同双方当事人都必须遵循的基本原则。最大诚信原则在投保人一方体现为投保人的告知、保证义务；在保险人一方体现在弃权、禁止反言等方面。

1. 履行如实告知义务

这是最大诚信原则对投保人的要求。由于保险人面对广大的投保人，不可能一一去了解保险标的的各种情况，所以投保人在投保时应当将足以影响保险人决定是否承保，足以影响保险人确定保险费或增加特别条款的重要情况，向保险人如实告知。保险实务中一般以投保单为限，即投保单中询问的内容投保人必须如实填写，除此之外，投保人不承担任何告诉、告知义务。

投保人因故意或过失没有履行如实告知义务，将要承担相应的法律后果，包括保险人可以据此解除保险合同；如果发生保险事故，保险人有权拒绝赔付等。

2. 履行说明义务

这是最大诚信原则对保险人的要求。由于保险合同由保险人事先制定，投保人只有接受与否的选择，通常投保人又缺乏保险知识和经验，所以在订立保险合同时，保险人应当向投保人说明合同条款内容。对于保险合同的一般条款，保险人应当履行说明义务。对于保险合同的责任免除条款，保险人应当履行明确说明义务，末明确说明的，责任免除条款不发生效力。

3. 履行保证义务

这里的保证，是指投保人向保险人作出承诺，保证在保险期间遵守作为或不作为的某些规则，或保证某一事项的真实性。因此，这也是最大诚信原则对投保人的要求。

保险中的保证有两种，一种是明示保证，即以保险合同条款的形式出现，是保险合同的内容之一。如机动车辆保险中有遵守交通规则、安全驾驶、做好车辆维修和保养工作等条款，一旦合同生效，即构成投保人对保险人的保证，对投保人具有作为或不作为的约束力。另一种是默示保证，即这种保证在保险合同条款中并不出现，往往以社会上普遍存在或认可的某些行为规范为准则，并将此视作投保人保证作为或不作为的承诺。如财产保险附加险盗窃合同中，虽然没有明文规定被保险人外出时应该关闭门窗，但这是一般常识下应该做的行为，这种社会公认的常识，即构成默示保证，也成为保险人之所以承保的基础。所以，因被保险人没有关闭门窗而招致的失窃，保险人不承担保险责任。

4. 弃权和禁止抗辩

这是最大诚信原则对保险人的要求。所谓弃权，是指保险人放弃法律或保险合同中规定的某项权利，如抗拒承保的权利、解除保险合同的权利等。所谓禁止抗辩，与弃权有紧密联系，是指保险人既然放弃了该项权利，就不得向被保险人或受益人再主张这种权利。

三、违反最大诚信原则的处理

最大诚信原则是保险合同的基础，如果没有遵守此原则，就要受到相应的处理。

1. 投保人违反最大诚信原则

对于投保人，违反如实告知义务的主要表现为遗漏、隐瞒、伪报、欺诈等行为。可以视情况决定是否从违约开始废止保险合同，也可以对某一个索赔案拒绝赔付。

《中华人民共和国保险法》对违反告知义务主要有如下具体规定：

(1) 投保人故意隐瞒事实，不履行如实告知义务的，或者因过失未履行如实告知义务，足以影响保险人决定是否同意承保或者提高保险费率的，保险人有权解除保险合同。

(2) 投保人故意不履行如实告知义务的，保险人对于保险合同解除前发生的保险事故，不承担赔偿或者给付保险金的责任，并不退还保险费。

(3) 投保人因过失未履行如实告知义务，对保险事故的发生有严重影响的，保险人对于保险合同解除前发生的保险事故，不承担赔偿或者给付保险金的责任，但可以退还保险费。

2. 保险人违反最大诚信原则

对保险人而言，违反如实说明义务的主要表现是未履行明确说明义务，则责任免除条款不发生效力。如果保险人已经弃权，那么其后果是保险人将丧失基于被保险人的某特定违约行为而产生的合同解除权和抗辩权。但如果投保人、被保险人、受益人有其他违约行为，保险人仍可依法律或约定享有抗辩权或合同解除权。

【例 2-3】保险人的不作为适用弃权与禁止反言

案情介绍：

某保险公司于 2018 年 6 月 3 日承保了某甲的机动车辆保险，在某甲尚未交付保费的前提下，业务员将保单正本和保费收据一并交给了被保险人某甲，此后多次催促某甲支付保费，某甲均以资金不足为由拖延。同年 10 月 10 日，某甲的车辆肇事，发生损毁。事后，在 10 月 11 日某甲立即向保险公司以现金方式补交了全年保费，此时，保险公司还不知道已经发生了事故，为了核销挂账该笔应收保费，保险公司接受了此保费。随后某甲向保险公司报案，保险公司调查真相后，以某甲在发生事故前未及时交付保费为由予以拒赔，某甲不服，以保险公司已接受其保费而未履行赔偿义务为由，向法院提起诉讼。

试指出本案所包含的保险学基本原理并作评析。

分析与结论：

对于此案，首先遵照机动车辆保险合同条款投保人义务的第一项规定，投保人应当在投保时一次交付保费。换言之，如未按照保险合同约定的时间和金额履行交费义务，则保险合同是不能发生效力的。投保人履行交付保费的义务是保险人在保险期间内履行赔偿义务的前提条件，这正是保险作为商品等价交换的有偿合同的体现。然而，本案由于保险人在合同管理中既已发现问题保单，却没有及时采取终止合同的措施，使本来简单的案情复杂化了。首先，保险公司在尚未收到保费的情况下，就将保单正本连同保费收据一并交给了被保险人，不规范的展业行为给经营带来风险，将保险人自身置于十分被动的地位；其次，保险人在合同管理中既已发现投保人始终不交纳保费，原来的保单已经成了问题保单，已经是无效的保险合同，却没有及时采取终止合同的措施，迁就不作为，等于放弃自己应该作为的权利，无疑默认对方的行为；再次，在被保险人发生事故后，补交的保费没有做任何核实检查就接受了。接受补交保费这一行为本身证明保险公司否认了原合同的失效，或者说事实上推翻了机动车辆保险条款第二十条关于被保险人的义务规定："被保险人对保险车辆的情况应如实申报，并在签订保险合同时一次交清保险费。"这给被保险人道德风险的发生提供了机会。当然，如果客户中途缴纳保费，首先应当由保险公司的财务人员通知业务管理人员查阅此保单项下是否在此之前曾有出险索赔记录，以便明确各自的责任，对于有交费时间方式约定的保单，实际收到保费之前发生事故保险公司是不承担赔偿责任的，一定要书面通知双方，而不是简单的见钱即收。保险公司是赔还是不赔呢？如果能够证明投保人是 10 月 11 日发生补交保费这一行为，那么保险公司可以以此举证，事故发生在前，补交保费在后，是一起明显来自于被保险人从头到尾故意的损害保险人利益的道德风险，应该予以拒绝赔偿。如果保险人无法举证投保人的行为属于道德风险，则被保险人凭借其手中的保单正本和保费发票可以作为向保险公司索赔的合法依据提出索赔，保险公司则必须按照合同予以赔付。

此案产生的原因，不能说保险公司都不重视保单正本和发票的重要性，随意将其交给未交付保费的投保人，而是实践当中操作上存在一些疏漏。

例如，投保单位注明是先拿到保单正本和发票，由有关领导在保费发票上签字同意后，投保单位财务才能凭上述财务凭证转账或支付现金来交付保费。因此，多数情况是保险人给保险单证及保费收据在前，收保费在后。有些保险公司为了既照顾到实际需要，又防止经营中发生道德风险，采取经办业务员以借款形式将发票借出，如果在规定时间内未收回保费,则按照应收保费 10%的比例逐月从经办业务员个人收入中扣除,直到保费收回为止,再返还经办业务员已被扣发的收入。业务员从个人经济利益角度出发,收了某甲补交的保费,并交公司财务冲抵应收保费的行为也就不难理解了。从保险公司来说,市场竞争日益激烈,各家保险公司都在上规模求发展,如果因为投保当时未及时交清保费就按照保险合同的规定,硬将合同作为无效合同处理,实际中业务肯定没法做。于是保险人只好灵活变通处理,放宽原则,以至于机动车辆保险的保费交纳也有了宽限期的默示行为。由此可见,类似案例出现绝不是偶然的,而是有其发生的现实原因。

其实,保险公司在承保过程中为了防范经营机动车辆保险的风险,又兼顾业务实际需要,只要在机动车辆保险单的特别约定栏中约定"本保险合同自收到保费的次日零时起生效"就能有效地控制如本案所述的风险。

本例思考:

本文涉及三个方面的问题:第一是被保险人履行义务的问题;第二则是保险人履行义务的问题;第三是最大诚信原则里面的"弃权与禁止反言"原则。如未按照保险合同载明的时间和金额履行交费义务,则保险合同效力终止,那么保险公司可不予赔偿。然而,本案中,保险公司在尚未收到保费的情况下,就将保单正本连同保费发票一并交给了被保险人。投保人在保险公司宽容的条件下让合同生效后,却采取一拖二磨的做法,迟迟不履行缴纳保费的义务。此时保险人可以采取终止合同的措施,本案保险人却牵就地放弃这一权利。后来在被保险人发生事故后,反而不加核实检查就接受了补交的保费,事实上,保险公司又再一次放弃了应有的权利,以至于最后事态发展到法律都不能原谅的被动局面。根据最大诚信原则中"弃权与禁止反言"原则,保险公司应当对此案进行赔偿。当然,投保人这种不道德行为应该受到谴责。如果此案投保人是法人,则保险人可以不赔付,因为有利于被保险人原则通常适用于自然投保人。

通过此案值得思考的是:一是如何改进或完善现行保险单证的功能,做到既能方便客户实际操作程序的需要,同时又能满足保险公司维护自身正当权益防范经营风险的需要;二是要依照《保险法》以及相关的经济合同法规,统一制订关于保险合同生效与交付保费二者关系及其结果处理的具体操作管理规定。同时,这也是为了防止业务员为了自己的利益,而事实上做了协助不道德的投保人损害公司利益的行为。

2.1.3　近因原则

一、近因原则的含义及意义

保险关系上的近因并非是指在时间上或空间上与损失最接近的原因,而是指造成保险标的损害的直接、有效、起决定性作用的危险因素或危险事故。而对损害起间接、次要作用的危险因素或危险事故就不是近因。

近因原则的含义是:损害结果必须与危险事故的发生具有直接的因果关系,若危险事故属于保险人责任范围的,保险人就应赔偿或给付。

保险理赔的重要程序之一就是保险人一方必须确定被保险人的损失是否因保险危险所引起,保险危险造成了多大损失,保险公司该不该对被保险人赔偿。这就需要运用近因原则来分清责任和确定责任，判断是否应该给予被保险人赔偿。

二、判定近因的原则

在实际生活中，损害结果可能由单因或多因造成，所以对近因的判断就比较复杂，需要理赔人员很好地运用近因原则作出公正合理的判断。

单因比较简单，即造成保险标的损失的原因只有一个，则该原因就是近因。如果该近因属于保险风险，则保险人应该承担赔偿或给付保险金的责任；如果该近因属于保外风险，则保险人不承担赔偿或给付保险金的责任。

多因则比较复杂，主要有以下几种情况：

(1) 多因同时发生。若同时发生的都是保险事故，则保险人承担责任；若其中既有保险事故，也有责任免除事项，保险人只承担保险事故造成的损失。

(2) 多因连续发生。两个以上灾害事故连续发生造成损害，一般以最近的(后因)、最有效的原因为近因，若其属于保险事故，则保险人承担赔付责任。当后果是前因直接自然的结果、合理连续或自然延续时，以前因为近因。

(3) 多因间断发生。后因与前因之间没有必然因果关系，彼此独立，这种情况的处理与单因大致相同，即保险人判断各种独立的危险事故是否属于保险事故，决定是否赔付。

【例 2-4】王女士 2016 年买了意外伤害保险。2018 年 8 月，她被一辆中速行驶的轿车轻微碰擦了一下，顿觉胸闷头晕。不幸在送往医院途中病情加重，最后在医院不治身亡。医院的死亡证明书指出死亡原因是心肌梗死。王女士家人拿着有效保单及死亡证明等资料，向保险公司索赔，但保险公司以导致死亡的事故为非保险事故，不属于意外伤害，因此不予理赔。

王女士家人想不明白：如果不是车辆碰擦，就不会跌倒引起心肌梗死，更不会导致死亡，保险公司是否在推卸责任？

分析："近因原则"指导致损失发生的最重要和最根本的原因是否为保险合同中指定的事故原因，如是，保险公司必须赔偿；如不是，则无须赔偿。

经常有这种情况，即损失是由一系列关联的事件引起，这时要区别对待。在人身意外伤害险和健康险中，如果由一系列原因引起，而原因之间又有因果关系，那么前事件称作诱因。确定诱因是否为"近因"，要看是否在健康者身上可引起同样后果，若是，那诱因即是"近因"；反之，如诱因发生在健康者身上不会引起同样后果，则诱因不能成为"近因"。王女士被汽车轻微碰擦，如果发生在健康者身上，是不会导致死亡的，所以她身故的近因不是车辆碰擦，而是自身健康的原因——即心脏病所致。虽然车辆碰擦是个意外，但不是导致王女士死亡的近因，因此保险公司不能予以赔偿，否则就是对其他健康投保人的不公。

【例 2-5】被保险人购买了意外伤害保险。外出打猎时，被保险人不慎从树上掉下来，受伤后的被保险人爬到公路边等待救援，因夜间天冷又染上肺炎而死亡。肺炎是意外险保单中的除外责任，保险公司以此拒绝给付保险金。但法院认为被保险人的死亡近因是意外事故——从树上掉下来，因此保险公司应给付赔偿金，至于肺炎只是意外事故发展进程中的必然，可以说，没有"从树上掉下来"，也就不会发生肺炎及死亡的结果。因此，意外事故属于决定性、支配性的原因，是导致被保险人死亡的近因。

2.1.4　损失补偿原则

一、损失补偿原则的含义及意义

1. 损失补偿原则的含义

损失补偿原则是财产保险特有的原则，是指保险事故发生后，保险人在其责任范围内，对被保险人遭受的实际损失进行赔偿的原则。损失补偿原则主要包括以下三个含义：

(1) 只有被保险人发生了实际损失，保险人才予以赔偿，没有发生损失则保险人不予以赔偿。

(2) 必须是在保险人的责任范围内发生的损失，即保险人只有在保险合同规定的期限内，以约定的保险金额为限，对合同中约定的危险事故所致损失进行赔偿。

(3) 赔偿应当以实际损失为限。按照民事行为的准则，赔偿应当以保险标的的实际损失价值为限，使被保险人不能从保险上获得额外利益。换言之，保险人的赔偿应当恰好使保险标的恢复到保险事故发生前的状态。

2. 损失补偿原则的意义

损害补偿原则的意义主要有：

(1) 防止与减少道德风险因素与赌博行为。损害补偿原则可以使未受到损害的投保人或被保险人得不到补偿，从而防止了道德风险因素与赌博行为。

(2) 限制了保险理赔的金额必须以保险价值或实际损失为限额，促进保险费的合理。损害补偿原则使保险人承担的保险责任有一定的确定性，也使保险人的赔付金额有一定限制，防止投保人与被保险人获取额外的不正当的赔付保险金，从而可减轻全体投保人和被保险人的保险费负担，维持保险经营的稳定性。

二、损失补偿原则的运用

1. 损失赔偿的条件

在机动车辆的损失赔偿中，被保险人想从保险人处获得赔偿金，必须满足以下条件：

(1) 被保险人必须对保险标的具有保险利益。

(2) 保险标的的损失是由保险责任范围内的风险造成的。根据近因原则，只有当造成保险事故的近因属于保险责任范围内的可保风险，保险人才给予赔偿。否则，近因属于保外风险，保险人则不予赔偿。

(3) 保险标的的损失价值必须能用货币来衡量。

2. 损失赔偿的方式

机动车辆的损失赔偿方式一般有：

(1) 货币赔偿，又称为现金赔付，指保险人对于被保险人所遭受到的损失支付相应的货币。责任保险和信用保险的理赔案件一般采用货币赔偿。

(2) 修复。当车辆发生部分损失时，保险人委托有关维修厂对保险标的的受损部位予以修复，使保险标的恢复到损失发生前的状态。

(3) 重置。当发生保险车辆损毁或灭失的情况，保险人重新购置与原保险标的等价的车辆。

【例 2-6】

(1) 某房屋按投保时的实际价值 60 万元投保，在保险合同有效期内遭受火灾而全损，事故发生时该房屋价值已升至 80 万元，保险人应向房主赔多少？

分析：

保险金额 = 60 万元

实际损失额 = 80 万元

结论：赔偿以不超过保险金额为限，即 60 万元。

(2) 上例中，若事故发生时该房屋价格下跌至 55 万元，保险人又应该向房主赔多少呢？

分析：

保险金额 = 60 万元

实际损失额 = 55 万元

结论：赔偿以不超过实际损失额为限，即 55 万元。

(3) 上例中，若银行以此房屋为抵押，向房主发放贷款 30 万元，银行以受押人名义对该房屋投保，保险金额为 40 万元，发生保险事故后保险人应向银行赔付多少？

分析：

保险金额 = 40 万元

实际损失额 = 55 万元

银行对该房的可保利益额 = 30 万元

结论：赔偿以不超过可保利益额为限，即 30 万元。

2.1.5　分摊原则

一、分摊原则的含义和意义

分摊原则是损失补偿原则的派生原则，它仅适用于财产保险业务中的重复保险。分摊原则的特点是，被保险人所能得到的赔偿金由各保险人采用适当的办法进行损失分摊。

投保人对同一标的、同一保险利益、同一保险事故分别与两个以上保险人订立保险合同的，就构成重复保险，其保险金额的总和往往超过保险标的的实际价值。发生保险事故时，按照补偿原则，被保险人极有可能向两个或两个以上的保险人提出索赔，但如果由几个保险人同时赔偿实际保险金额，那么被保险人获得的赔偿金额就会超过保险标的的实际价值或者实际损失，也就是说被保险人会从保险赔偿中获益，这就违背了保险的初衷。所以，《保险法》规定了重复保险的分摊原则：只能由承保保险标的的几个保险人根据不同比例对被保险人的财产损失进行分摊，以免造成重复赔款，而使被保险人因重复保险而获得超过实际损失以外的额外收益。

二、分摊原则的运用

重复保险的投保人应该将重复保险的有关情况告知各保险人。

在机动车辆保险实务中，重复保险的分摊方法一般采用比例责任制和超额赔偿制。

(1) 比例责任制：是指当损失发生的时候，如果保险合同均属有效，按照各保险合同中承保的保险金额占总保险金额的比例分摊损失，但其赔偿总额不能超过保险标的的实际价值。机动车辆保险的综合责任险一般采用这种方式分摊。

(2) 超额赔偿制：是指当没有其他保险合同可以理赔或其他保险合同赔偿不足时，本保险合同予以赔偿。在理赔时，投保人应该先向其他保险人索赔，本保险合同仅对超额部分予以赔偿。比如，当机动车第三者责任险与社会保险发生重叠时，采用此方式分摊。

2.1.6　代位追偿原则

一、代位追偿的含义及意义

代位追偿又称为权利代位，是指在财产保险中，由于第三者的过错致使保险标的发生保险责任范围内的损失，保险人按照保险合同的约定给付了保险金后，保险人取得被保险人作为受害人的地位，行使向致害人(侵权者)进行民事侵权索赔的权利。

保险合同中的代位追偿是保险损失补偿原则又一派生原则。财产保险合同是经济补偿合同，具有经济补偿性，保险人只能对被保险人的实际损失进行补偿。在财产保险中，因第三者对保险标的的损害而造成保险事故的，受害人(被保险人)与致害人、被保险人与保险人之间存在两种不同的法律关系。一方面，因被保险人与保险人就保险标的有关利益签订的保险合同而产生民事合同法律关系，当发生合同约定的保险事故时，保险公司依约承担赔偿责任。另一方面，受害人(被保险人)与致害人之间是一种因侵权行为而产生的民事侵权法律关系，致害人按照有关法律规定承担民事赔偿责任。当由于第三者原因导致的保险事故发生后，被保险人既可以根据保险合同向保险人索赔，也可以根据有关法律向致害人请求予以赔偿。这样被保险人就可通过双重索赔而获利，这就违背了损害补偿原则。因此，在保险实务中就产生了代位追偿原则。

二、代位追偿原则的运用

1. 代位追偿权产生的条件

根据《保险法》的有关规定及保险原则，代位追偿权的产生应具备以下条件：

(1) 保险标的损失必须是由第三者造成的，依法应由第三者承担赔偿责任。所谓第三者，是指保险人与被保险人以外的人。

(2) 造成保险标的的损失是保险责任范围内的风险因素，根据保险合同的约定，保险公司理应承担赔偿责任。如汽车保险中的车辆损失险，保险车辆因碰撞发生保险事故造成损失，根据保险合同的约定，保险公司应负责赔偿。如果不属于保险责任范围内的损失，则不适用代位追偿原则。

(3) 代位追偿权的产生必须在保险人给付保险金之后，保险人才能取代被保险人的地位与第三者产生债务债权关系。

2. 代位追偿权适用的对象

代位追偿的对象是负民事赔偿责任的第三者，既可以是法人、自然人，也可以是其他经济组织。被保险人本人及其家属成员或其组成成员的过失行为造成的被保险财产损失，不适用代位追偿原则。

3. 代位追偿权的范围

(1) 保险人通过代位追偿得到的第三者的赔偿额度，只能以保险人支付给被保险人的实际赔偿的保险金额为限，超出部分的权利属于被保险人，保险人无权处理。

(2) 如果被保险人向有责任的第三者请求并得到全部赔偿，保险人不再履行任何赔偿义务，也无代位追偿可言。

(3) 如果被保险人向有责任的第三者请求并得到部分赔偿，则仍然有权向保险人提出索赔要求，保险人的赔偿责任是保险标的的实际损失与被保险人已获得第三者赔偿的差额。对于此差额部分，保险人具有代位追偿权。

【例 2-7】

案情介绍：

个体运输专业户张某将其私有东风牌汽车向某保险公司足额投保了车辆损失险，保险金额 10 万元，以及第三者责任险，保险金额为 4 万元，保险期为 1 年。

在保险期限内的某一天，该车在外出办事途中坠入悬崖下一条湍急的河流中，该车驾驶员有合格驾驶照，是张某堂兄，随车遇难。事故发生后，张某向保险公司报险索赔。该保险公司经过现场查勘，认为地形险要，无法打捞，按推定全损处理，当即赔付张某人民币 10 万元；同时声明，车内尸体及善后工作保险公司不负责任，由车主自理。后来，为了打捞堂兄尸体，张某与王某达成一协议，双方约定：由王某负责打捞汽车，车内尸体及死者身上采购货物的 2800 元现金归张某，残车归王某，王某向张某支付 4000 元。残车终于被打捞起来，张某和王某均按约行事。保险公司知悉后，认为张某未经保险公司允许擅自处理实际所有权已转让的残车是违法的，双方争执不果而诉讼。试分析后得出结论。

分析与结论：

第一，保险公司推定该车全损，给予车主张某全额赔偿。按照《保险法》第四十四条规定："保险事故发生后，保险人已经支付了全部保险金额，并且保险金额等于保险价值的，受损的保险标的的全部权利归保险人。"因此，本案保险人已取得残车的实际所有权，只是认为地形险要而暂时没有进行打捞。因此，原车主张某未经保险公司同意转让残车是非法的。

第二，保险公司对车主张某进行了推定全损的全额赔偿，而张某又通过转让残车获得额外收入 4000 元的收入，其所获总收入大于总损失，显然不符合财产保险中的损失补偿原则，即俗话说的"买保险不能赚钱"。因此，保险公司要求追回张某所得额外收入 4000元，正是保险损失补偿原则的体现。

第三，王某获得的是张某非法转让的残车，但由于他是受张某之托打捞，付出了艰辛的劳动，且获得该车是有偿的，可视为善意取得，保险公司如果要求其归还残车，则应该补偿王某打捞付出的艰辛劳动，以及支付给张某的 4000 元。

本例思考：

财产保险中的物上代位原则是指保险标的遭受保险责任事故，发生实际全损或推定全损，保险人在按保险金额全额给付保险赔偿金之后，即拥有了该保险标的物的所有权。保险公司推定全损，进行了全额赔偿，获得了对残车的实际所有权；张某打捞并转让残车，未经保险公司同意为非法。但本案中张某的行为主要是为了打捞堂兄尸体，情有可原，保险公司可追回其所获额外收入 4000 元。王某的行为可视为善意取得，不追究其民事责任。其实，在物上代位中，保险人取得了对保险标的的所有权后，也取得了一种义务。此义务是保险人对物上代位标的物的看护义务。取得对残值标的物的所有权和义务有时候并无实际意义，反而背上对残值的义务，是很不经济的。最好是尽快处理，比如拍卖。当然，成功地处理物上代位残值使保险公司获利的例子在现实中也不少见。

【例 2-8】 2018 年 5 月孙某和王某共同出资购得东风牌卡车一辆，其中孙某出资 3 万元，王某出资 5 万元。孙某负责卡车驾驶，王某负责联系业务，所得利润按双方出资比例分配。保险公司业务员赵某得知孙某购车后，多次向其推销车辆保险。在赵某多次劝说下，孙某同意投保车损险和第三者责任险。随后，保险公司向孙某签发保单，列孙某为投保人和被保险人。2018 年 10 月，孙某驾车与他人车辆相撞，卡车全部毁损，孙某当场死亡。事发后，王某自赵某处了解孙某曾向保险公司投保，于是与孙某家人一起向保险公司提出索赔。保险公司认为，根据保单，孙某是投保人与被保险人，保险公司只能向孙某赔付。王某非为保险合同当事人，无权要求保险公司赔偿。并且，因投保车辆属孙某与王某共有，孙某仅对其出资额部分享有保险利益，故保险公司只能赔偿孙某出资额部分赔款。王某与孙某家人均表示不能接受，遂向人民法院起诉。

法院经审理认为，由于孙某负责投保车辆的驾驶及实际运营，因此可以认定孙某对投保车辆具有完全的保险利益，保险公司主张部分赔付不能成立。同时，投保车辆属孙某与王某共有，孙某仅对投保车辆享有部分所有权，因此孙某不能获得全部赔款，而应将保险赔款按出资比例进行分配。

分析：

对于上案争议我们认为，首先，保险公司应当按照保险合同约定的全额赔偿。孙某作为卡车的共有人之一，虽然仅享有该车辆的部分所有权，但其实际保管和经营该车辆，对该卡车具有保险利益，可以为该车辆订立保险合同，并且此种行为可以视为其代表王某为车辆进行投保，故该份保险合同合法、有效，发生保险事故时，保险公司应当承担保险责任。其次，在程序上，王某不享有原告资格，无权请求保险金。虽然王某享有该车辆部分所有权，但鉴于保单上并没有注明其为被保险人，故王某并不享有保险金的请求权，即从法律程序上，王某不应作为该案的原告起诉。再次，虽然王某不享有保险金请求权，但并不意味着其不享有保险金的受益权。由于财产保险适用损失补偿原则，即被保险人不能通过保险赔偿而额外获益。而且，孙某投保的行为可以视为其代表王某为车辆办理保险。保险事故发生后，孙某家人不能独享保险公司支付的保险赔款，而应将保险赔款按照孙某和王某的出资比例在孙某的家人和王某之间进行分配。因此，就结果而言，上案法院的判决是公平、合理的。

2.2　汽车保险合同

【导入案例】

2017 年 5 月，靳某把自己的私家车借给朋友开，他的朋友代某开着他的车，撞倒了路边的行人禹某。代某脚底抹油开溜了，被丢在路边的禹某则不幸死亡。事发一小时后，代某迫于巨大的心理压力投案自首。经交警认定，代某负事故的全部责任。事故发生后，车辆投保的保险公司就本次事故向受害人家属在交强险范围内赔付了 12 万元。

然而，事情还没有完结。由于靳某在保险公司还投保了 30 万元的商业险保险，所以靳某多次到该保险公司索赔商业险保险，但保险公司以有免责条款为由，拒绝赔偿。靳某认为，某保险公司在承保时未尽告知义务，对免责条款未尽特别提示义务，于 2018 年 9 月将保险公司告上法院，请求法院判令保险公司赔偿 30 万元。法庭上，保险公司认为，代某在事发后有逃逸行为，依据商业险条款第六条第六款规定，他们不负责赔偿。这一免责条款也被附在了保险单原件背面，并已经加黑加粗，且在保单正面备注了重要提示，提示被保险人仔细阅读保险条款，这说明公司已经对免责条款尽到了说明义务。所以，靳某违反保险条款的行为无法在商业险中获得赔偿。但是靳某认为，投保单中"投保人签章"落款处"靳某"，并非他本人所签。为了证明这一点，靳某向法庭提出了鉴定申请。鉴定单位得出的结论是，两者之间在书写水平、书写风格等笔迹一般特征上不一致，在单字外部形状、连笔动作、运笔趋势、笔画搭配、起收笔动作等细节特征上均存在差异，倾向认为不是出自同一人的笔迹。因此，靳某要求保险公司承担赔偿责任。双方为此发生争议，诉至法院。法院会如何处理呢？

【理论知识】

2.2.1　汽车保险合同的概念

一、汽车保险合同的概念

保险合同，是保险人与投保人双方经过要约和承诺程序，在自愿基础上订立的一种在法律上具有约束力的协议，即根据当事人双方约定，投保人向保险人缴纳保险费，保险人在保险标的遭受约定的事故时，承担经济补偿或给付保险金的一种经济行为。

保险合同按保险人承担的责任，可将其分为财产保险合同和人身保险合同。财产保险合同是以财产及其有关利益为保险标的的保险合同。人身保险合同是以人的寿命和身体为保险标的的保险合同。财产保险合同与人身保险合同的最大区别在于各自的保险标的的不同。

汽车保险合同是财产保险合同的一种，是指以汽车及其有关利益作为保险标的的保险合同。由于汽车保险业务在财产保险公司的所有业务中占据绝对地位，所以汽车保险合同是财产保险公司经营过程中的重要合同。

二、汽车保险合同的性质

财产保险可分为狭义财产保险和广义财产保险。狭义财产保险是指财产损失保险，即以财产物质以及相关的利益损失为标的的保险；广义财产保险是指除狭义财产保险外，还包括责任保险、信用保险等人身保险以外的一切保险业务。

由于现行的汽车保险合同涉及的保险标的不仅局限于狭义财产保险范畴，即基本险条款中车辆损失险部分的保险标的涉及狭义财产保险的范畴，而在第三者责任险部分的保险标的则涉及责任保险的范畴。所以，汽车保险合同属于综合性财产保险合同。

三、汽车保险合同的种类

1. 单一危险保险合同与综合危险保险合同

单一危险保险合同是指只承保一种风险责任的保险合同，如农作物雹灾保险合同只对于冰雹造成的农作物损失负责赔偿。在这种保险合同中，保险人仅列举一种其所承保的危险，例如，承保战争险、盗窃险、地震险、火灾险，等等。

综合保险合同指对承保的各数保险标的仅确定一个总的保险金额，而不分别规定保险金额的保险合同。被保险人(被保险财产)常常面临同一风险因素。

适用综合保险合同的三种情况：

(1) 以一个总的保险金额承保各处货物，对于各处货物的数量则不标明，这些货物可以互换；

(2) 以一个总的保险金额保险一幢或数幢房屋及其内设备，但各房、设备金额都不标明；

(3) 对一个经济单位来说，以一个总的保险金额保险其全部财产。

2. 定值保险合同与不定值保险合同

1) 定值保险合同

定义：定值保险合同指保险合同双方当事人事先确定保险标的的保险价值，并在合同中载明，以确定保险金不是最高限额的保险合同。

适用范围：多用于艺术品、古董等，以及海上保险。原因在于此类标的一旦发生损失，价值很难估量。

优点：价值先定，故理赔方便；保险金额的确定简便易行，避免人事纠纷。

缺点：保险人若非行家，则易面临欺诈等道德风险。

2) 不定值保险合同

不定值保险合同指双方当事人对保险标的不事先确定其价值，而在保险事故发生后再估算价值进行赔付的保险合同。

绝大多数财产保险都采用不定值保险合同。

3. 定额保险合同与补偿保险合同

定额保险是"补偿性保险"的对称，保险事故发生或到达保险合同约定的期限时，保险人不问被保险人有无损失以及损失金额是多少，只是按照保险合同中约定的金额给付保险金的保险。例如：人身保险以人的生命和身体为保险标的，是没有价值的，保险金额由保险和投保人双方约定，保险事故发生或保险合同满期时，除医疗保险可以按被保险人实际支出的医疗费给付外，其余的采取定额给付，即不问有无损失以及损失金额是多少，均按保险合同中约定的金额给付保险金。

补偿性保险合同是指保险人所给付保险金的目的在于补偿被保险人因保险事故发生所受实际损失的保险合同。财产保险合同即属补偿性保险合同。因这种合同的目的是补偿被保险人的损失，故在保险事故发生后，保险人在保险金额的限度内，以评定实际损失为基础来确定保险金的数额，所以也称之为评价保险合同。

4. 个别保险合同与集合保险合同

1) 单个保险合同

单个保险合同是指以一人或一物为保险标的的合同，如汽车、房屋保险合同。

2) 集体保险合同

集体保险合同是指集合多数性质相似的保险标的，而每一件标的分别订有各数的保险金额的集体保险合同。财产、人寿保险均可用集体保险合同。发生损失时，根据每一件标的在保险合同内的实际损失赔付或足额给付(人身保险)。

5. 特定保险合同与总括保险合同

1) 特定保险合同

特定保险合同指保险人承担一种或几种特定风险的保险合同，例如，财产保险中的火险、水险、风险等。在特定保险合同中，保险人一般都明确列出承保的风险。

2) 总括保险合同

总括保险合同指保险人承包"除外责任"以外的一切风险的保险合同，此合同中仅列明"除外责任"。

优点：被保险人的保障大；责任明确，便于执行。

缺点：不易区分各种风险状态，导致保险人对保费使用不合理。

6. 足额保险合同与非足额保险合同

1) 足额保险合同

足额保险合同指保险金额与保险价值相等的保险合同。

注：此类合同中：

(1) 当发生保险事故保险标的的全损时，保险人应足额赔付，但若标的有残值，则保险人对此有代位权；

(2) 若发生部分损失，则按实际损失赔付；

(3) 若保险人以提供实物或修复为赔偿方式，则其对保险标的的有代位权(物上代位权)；提供服务后功能改善，则其收益可在赔款中扣除。

2) 不足额保险合同

不足额保险合同是指保险金额小于保险价值的保险合同。

产生不足额的原因：

(1) 基于投保人自己的意思，或双方当事人的约定；

(2) 投保人因对标的没有正确估价而产生，如名画；

(3) 合同订立后，标的的市场价值上涨。

处理不足额合同时，若全损，则按约定金额赔付；若部分损失，则按实际损失赔付。

3) 超额保险合同

超额保险合同是指保险金额超过保险标的价值的保险合同。

产生超额的原因：

(1) 出于投保人善意，如不了解行情过高估价；

(2) 出于投保人恶意，希望在损失后得到超额赔付；

(3) 保险人允许或据约定按重置成本投保；

(4) 合同订立后，标的市价造成；

超额保险合同的有关规定：

(1) 善意：超过部分无效；

(2) 恶意：保险合同全部无效；

(3) 易引发道德风险，故各国立法严加限制。

7. 专一保险合同与重复保险合同

专一保险合同是指保险人就同一保险标的、同一保险利益、同一保险事故向同一保险人投保订立保险合同。专一保险合同相对于重复保险合同而言，比较简单。一般保险合同都是专一保险合同。

重复保险合同指投保人就同一保险标的、同一保险利益、同一保险事故，在同一时期内与两个以上保险人订立的数个保险合同。

8. 原保险合同与再保险合同

1) 原保险合同

原保险合同是指投保人直接与被保险人签订的合同。

2) 再保险合同

再保险合同是指原保险人与再保险人订立的合同。

四、保险合同的书面形式

(1) 投保单：必须经过保险人签章承保，才能成为合同。

(2) 暂保单：保险单没有签发之前出立给投保方的一种临时凭证，一般为 30 天有效期，或在正式保单出具时失效。

(3) 保险单：保险合同的正式书面证明。

(4) 保险凭证(小保单)：无保险条款，较为简化。货运中普遍使用的"联合凭证"，附印在外贸公司的发票上，注明承保险别、保险金额、检验和理赔代理人名称、地址等。

(5) 批单：对保险合同进行修改、补充或增删，由保险人出立的一种凭证。

2.2.2　汽车保险合同的法律特征

汽车保险合同在履行时，界定承担责任与否的关键是保险合同在订立时是否符合《保险法》《合同法》等相关法律文件的要求。汽车保险合同同时具有下列法律特征：

(1) 汽车保险合同是当事人双方的一种法律行为。

汽车保险合同是投保人提出保险要求，经保险人同意，并且双方意见一致方可成立。汽车保险合同是双方当事人在社会地位平等的基础上产生的一项经济活动，是双方当事人平等、等价的一项民事法律行为。

(2) 汽车保险合同是射幸合同。

射幸合同是相对于"等价合同"而言的。通俗地讲，射幸合同就是一种不等价合同，是合同的履行内容在订立合同时并不确定的合同。

汽车保险合同是射幸合同表现在投保人以支付保险费为代价，买到一个将来的可能补偿机会。如果在保险期内，保险车辆发生保险责任事故造成损失，被保险人在保险人处得到的补偿可能远远超过所支付的保险费；如果保险车辆未发生保险事故，则被保险人只支付了保险费而没有得到任何收入。而对于保险人来讲，情况正好相反，但发生较大的保险事故时，其赔偿的保险金可能远远大于所收取的保险费；如果未发生保险事故，则其收取了保险费而没有赔付。

(3) 汽车保险合同是有偿合同。

有偿合同是指双方当事人在获得某种利益的同时，必须付出相应的代价。保险人在获得保费的同时，必须承担保险责任；投保人为保险标的获得保障的同时，必须支付保险费。

在汽车保险中，投保人以支付保险费作为对价换取保险人承担风险。投保人的对价是支付保险费，保险人的对价是承担保险事故风险，并在保险事故发生时承担赔偿损失的义务，这种对价是相互和有偿的。

(4) 汽车保险合同是最大诚信合同。

任何合同的订立，都应本着诚实、信用的原则。提出签订合同的要约后，就必须将汽车保险合同中规定的要素如实告知保险人，这一点是所有投保汽车保险的投保人应当明白的规则。因为作为保险人的保险公司如果发现投保人对汽车本身的主要危险情况没有告知、隐瞒或者做错误告知，即便机动车辆保险合同已经生效，保险人也有权不负赔偿责任。

汽车保险合同的诚信原则不仅是针对投保人而言的，也是针对保险人而言的。也就是说，汽车保险合同双方当事人都应共同遵守诚信原则。作为投保人，应当将机动车辆本身的情况，如是否是营运车、是否重复保险等情况如实告知保险人，或者如实回答保险人提出的问题，不得隐瞒；而保险人也应将保险合同的内容及特别约定事项、免赔责任如实向投保人进行解释，不得误导或引诱投保人参加汽车保险。因此，最大诚信原则对投保人与保险人是同样适用的。

(5) 汽车保险合同是对人的合同。

在汽车保险中，保险车辆的过户、转让或者出售，必须事先通知保险人，经保险人同意并将保险单或保证凭证批改后方可有效，否则从保险车辆过户、转让、出售时起，保险责任即终止。保险车辆的过户、转让、出售行为是其所有权的转移，必然带来被保险人的变更，而过户、转让或者出售汽车的原被保险人在其投保前已经履行了告知义务，承担了支付保险费等义务，保险人对其资信情况也有一定了解，如果被保险人的汽车发生所有权转移，势必导致保险人对新的车辆所有者的资信情况一无所知。众所周知，在汽车保险中，保险事故的发生，除了客观自然因素外，还与投保人、新的所有者的责任心及道德品质有关。倘若汽车新的所有者妄想以保险图取索赔，那么汽车保险事故就会成为一种必然危险。

因此，保险车辆的所有权转移行为必须通知保险人，否则，保险人有据此解除保险合同关系的权利。

(6) 汽车保险合同是双务合同。

双务合同是指合同当事人双方互相承担义务、互相享有权利。投保人承担支付保险费的义务，保险人承担约定事故出现后的赔款义务；投保人或被保险人在约定事故发生后有权向保险人索赔，而保险人也有权要求投保人缴纳保险费。

2.2.3　汽车保险合同的签订与生效

一、汽车保险合同订立的相关概念

保险合同的订立是投保人与保险人之间基于意思表示一致而作出的法律行为。保险合同的订立须经过投保人提出要求和保险人同意两个阶段，这两个阶段即合同实践中的要约与承诺。

1. 要约

要约亦称"提议"，它是指当事人一方以订立合同为目的而向对方作出的意思表示。一个有效的要约应具备三个条件：

(1) 要约须明确表示订约愿望；

(2) 要约须具备合同的主要内容；

(3) 要约在其有效期内对要约人具有约束力。

2. 承诺

承诺，又称"接受订约提议"，是承诺人向要约人表示同意与其缔结合同的意思表示。作出承诺的人称为承诺人或受约人。承诺满足下列条件时有效：

(1) 承诺不能附带任何条件，是无条件的；

(2) 承诺须由受约人本人或其合法代理人作出；

(3) 承诺须在要约的有效期内作出。

保险合同的承诺也叫承保，通常由保险人或其代理人作出。

二、汽车保险合同签订的一般流程

汽车保险合同的订立是指被保险人与保险公司就汽车保险合同的内容进行协商，达成一致的过程。汽车保险合同按业务来源可分为新保业务和续保业务，其实务操作一般包括告知、投保单填写、查验标的、保费计算、核保、缮制和签发保险凭证、清分与单证流转、装订归档等环节。

1. 新保业务

1) 告知

保险业务人员在向投保人展示业务时必须做好以下工作：

(1) 依照《中华人民共和国保险法》及保险监管部门的有关规定，严格按照《机动车保险条款》及条款解释，向投保人告知所投保险中的保险责任范围及保障制度，特别要明确"责任免除"和"被保险人义务"等条款内容。

(2) 保险业务人员应对车辆基本险和附加险条款解释容易发生歧义的，特别是涉及保险责任免除或当保险条款发生变更时，应通过书面或其他方式进行说明。

(3) 业务人员应主动提醒投保人履行如实告知义务，特别是可能涉及保险人是否同意义承保或承保时可能进行特别约定或使用变动费率以合理控制保险风险的情况，要如实告知，不得为了争取业务有意对投保人进行误导。

投保人具有如实告知义务，一般采用询问回答和填写投保单告知的形式，即投保人对业务经办人询问的问题或投保单明示的项目如实告知，主要内容如下：

① 车辆自身的情况：车辆是汽车保险的主要标的，车辆本身的状况对确定如何承保至关重要，其内容包括号牌号码、厂牌型号、发动机号码、车架号、载货量或座位载客数、初次登记年月、以往损失纪录、停放方式、车辆所有权及变更、车辆防盗设备等。

② 车辆的使用情况：车辆使用性质、行驶区域。

③ 投保的要约情况：投保人、被保险人、保险期限、投保日期、保险金额、在其他保险公司的情况。

④ 车辆驾驶员情况：驾驶员年龄、驾驶员婚姻及家庭状况、驾驶员性别、职业情况、驾驶及安全驾驶时间、发生事故的次数、事故的种类、驾驶员家庭经济情况等。

2) 投保单填写

保险业务人员应指导投保人逐项填写《汽车投保单》(提车暂保单和摩托车/拖拉机定额保单除外)。由投保人填写的各项内容要求如下：

(1) 投保人、被保险人。单位填写全称(与单位公章名称一致)，个人填写姓名。当使用人或所有人的称谓与行驶证车主不符时，应在投保单"需要说明的其他情况"中注明。地址、邮政编码、联系人、联系电话由投保人详细填写，以便联系。

(2) 号牌号码。填写车辆管理机关核发的号牌号码。

(3) 厂牌型号。车辆的厂牌名称与车辆的型号，如东风 EQ1090、北京 BJ2021。

(4) 发动机号码及车架号。生产厂家在发动机缸体及车架上打印的号码。此栏可根据车辆行驶证填写。进口车辆的车架号为 17 位编码。

(5) 行驶区域。如无特别约定限制，可填"中华人民共和国境内(不含港澳台地区)"。

(6) 使用性质。可分别选择"营业"、"非营业"。非营业车辆是指各级党政机关、社会团体、企事业单位自用的车辆或仅用于个人及家庭生活的车辆，即除营业性车辆以外的、作为方便工作或生活的一种交通工具。营业车辆是指由交通运输管理部门核发营运证书的从事客运、货运或客货两用的车辆；或运载是以完成商业性传递或交通运输(车主所属职员、直系亲属、车生产或使用的商品除外)为目的的车辆，如邮政运输车辆。对兼有两类使用性质或无法明确使用目的的车辆，应选择"营业"。

(7) 载货量或载客量。根据车辆管理部门核发的车辆行驶证注明的载货量或载客数填写。货车填写载货量，客车填写载客数，客货两用车填写载货量/载客数，如皇冠 JZ133 小客车填写"/5"，东风 EQ1090 货车填写"5/"，五十铃客货两用车填写"1.5/6"。

(8) 初次登记年月。按新车第一次办理牌证时车辆管理机关核发的车辆行驶证上的登记日期年月填写(注意：重新入户的车辆或转手入户的车辆，现用行驶证上注明的初次登记办证时间不能作为初次登记年月)。

(9) 车辆损失险保险金额。保险金额可按以下方式确定：

① 按新车购置价确定；

② 按投保时的实际价值确定；

③ 由投保人与保险人协商确定。

(10) 第三者责任险赔偿限额。根据条款规定，按约定的赔偿限额填写。

(11) 附加险的保险金额和赔偿金额。按规定填写。

(12) 保险期限。汽车保险合同通常为一年，如投保人要求，可根据实际情况投短期保险，由双方协商保险合同起止时间。保险期限自约定起保日零时开始，至期满日二十四时止。起保时间一般为投保次日零时。

(13) 有关情况。对投保单中列明的"有关情况"栏目的内容，由投保人据实逐项填写，包括标的保险情况、上年保单号、有无索赔记录、投保车辆的属性、购买情况、驾驶员约定情况、防盗装置情况、车库及其他需要说明的情况等。

(14) 特别约定。对保险合同的未尽事宜，经投保人和保险人协商后，在此栏注明。特别约定事项应文字简练、表达清晰，必要时应写明违约的处理办法，但约定的内容不得与法律相抵触，否则无效。

(15) 投保人签章。投保人对投保各项内容核对无误，并对责任免除和被保险人义务明示理解后，应在"投保人签章"处签章并注明保险日期。

必须强调，投保人必须在投保人签章处亲笔签名，以保证保险合同的法律效力，保险业务员或代理人不得代签。

投保单填写应字迹清楚，如有更改，应由投保人在更正处签章。

(16) 投保单背面情况。投保单背面情况有标的拍摄照片的张贴处、发动机及车架号拓印号码张贴处及验车报告栏，公司业务经办人员应认真办理。

保险公司应备有单独的保险条款和费率表，供客户需要时发送其使用。

(17) 其他监制单证的投保情况。使用提车暂保单和责任定额保险单时，不必填写投保单。使用提车暂保单承保，投保人要提供购车发票(提车单)及临时号牌和移动证。

3) 查验标的

业务经办人员必须做好验证、验车工作。

(1) 验证。查验车辆行驶证、临时牌号、移动证是否与投保标的相符，是否经公安车辆管理机关检审合格，核实车主与投保人、被保险人是否一致，核实标的的合法性并确定其使用性质和车辆初次登机日期。

(2) 验车。验车包括以下内容：

① 汽车的身份状况：核定厂牌型号、发动机号码、车架号、号牌号码、车辆颜色、载货量、载客数与行驶证是否一致。

② 汽车的安全技术状况：核定是否年审合格、车辆的主要技术标准是否与国家标准相符。

③ 汽车的安全防范装备状况：核定是否装备消防设备、防盗设备是否安全有效。

④ 汽车的外观状况：核定行驶公里数与车辆制造年份是否吻合、车辆的新旧程度是

否与制造年份吻合、车身(如玻璃、灯、前后保险杠、翼子板等易损部件)是否完好。

(3) 重点检验的车辆。必须重点检验的车辆有:

① 新保、转保车辆,异地车牌的车辆;

② 脱保车辆;

③ 单保第三者责任险后加保车辆损失险的车辆;

④ 加保盗抢险、自燃损失险和玻璃单独破碎险的车辆;

⑤ 排气量在 3.0 L 以上的小客车或新车购置价值 40 万元以上的车辆;

⑥ 使用年限在 5 年以上的车辆(出租车使用年限在 3 年以上);

⑦ 私有车辆及个人承包车辆;

⑧ 特种车辆或发生重大事故后修复的车辆。

4) 保费计算

(1) 核定费率。业务经办人员应依据投保人填写的投保单,根据《机动车辆保险费率表》及费率解释的有关规定,按照投保车辆的种类、使用性质等因素确定费率。

确定费率时应注意以下几点:

① 投保车辆兼有营业和非营业两类使用性质的或兼载客载货的车辆应按费率高的一类确定;

② 载货的三轮摩托车,其载货量大于 0.5 吨的,按"2 吨以下货车"档计费;啤酒罐车按"罐车"档计费;

③ 费率表中未列明的且无法归类的投保车辆,或价值过高、风险集中的投保车辆,应特约承保,另定费率。

(2) 计算保费。计算保费的具体方法如下:

① 保险期限为一年的保费计算。保险期限为一年,根据从费率表中查定的费率及相应的固定保险费,按下列公式计算保费:

$$车辆损失险保费 = 基本保费 + 保险金额 \times 费率$$

$$第三者责任险保费 = 相应档次固定保费$$

$$盗抢险保费 = 赔偿限额 \times 费率$$

$$车上责任险保费(人员) = 每座位赔偿限额 \times 投保载客数 \times 费率$$

$$车上责任险保费(货物) = 货物赔偿限额 \times 费率$$

$$无过失责任险保费 = 第三者责任险保费 \times 费率$$

$$车载货物掉落责任险保费 = 赔偿限额 \times 费率$$

$$车辆停驶损失险保费 = 日赔偿金额 \times 约定最高赔偿天数 \times 费率$$

$$自燃损失险保费 = 赔偿限额 \times 费率$$

新增加设备损失险保费 = 赔偿限额 × 车辆损失险费率

不计免赔特约险保费 = (车辆损失险保费 + 第三者责任险保费) × 费率

② 短期保险保费的计算。保险期限不足一年，应按短期费率计算保费。短期保险的费率按照承保月数在的"短期费率表"中查定。保险期限不足一月的按一个月计算。短期保险保费的计算公式为：

短期保险费 = 年保费 × 短期月费率

③ 提车暂保单的保费计算。提车暂保单只承保车辆损失险和第三者责任险，保险期限为 30 天。车辆损失险保险金额为新车购置价，第三者责任险赔偿限额为 5 万元。

提车暂保单承保的车辆，新车购置价在 10 万元(含 10 万元)以下，保费为 300 元；新车购置价在 10 万元以上 30 万元(含 30 万元)以下，保费为 400 元；新车购置价在 30 万元以上，保费为 500 元。

5) 核保

核保工作是指核保员根据国家的有关法规、《汽车保险条款》及相关的业务规定，在授权范围内，按照各公司制定的《核保细则》，对投保人和投保车辆的风险因素进行识别、评估与承保条件的决定，选择汽车保险客户的过程。核保是订立保险合同的核心环节，是贯彻保险经营指导思想的实施过程。

核保一般可分为本级核保和上级核保。核保的方式主要有因特网、远程终端核保，传真件、手工核保。核保具体内容如下：

(1) 条款、费率和单证的核实；

(2) 保险利益的核实；

(3) 投保人与被保险人资信和标的以往损失纪录的核实；

(4) 对标的风险的分类和核实；

(5) 保险金额和保险限额的核实；

(6) 附加险的核实；

(7) 对特别约定的核实；

(8) 其他内容的核实；

(9) 提车暂保单的核实。

6) 缮制和签发保险单

缮制和签发保险单要做以下几项工作：

(1) 缮制复核保险单；

(2) 开具保险费发票；

(3) 收取保险费；

(4) 签发保险单、保险证。

投保人交费后，出单人员应在保险单上加盖保险公司业务专用章、经理签名章，并根据保险单填写出具机动车辆保险证。

《汽车保险证》是指保险人在承保汽车保险时，依据保险单和批单等单证所列内容出具的用于证明被保险人已投保相关汽车保险险别的凭证。保险证分为智能保险证和普通保险证两种。智能保险证是指采用带触电的集成电路卡(IC 卡)制作的保险证,普通保险证是指采用纸张等材料制作的保险证。

目前,智能保险证的主要内容和格式规范由保监会统一规定和修改,并在深圳市发行。普通保险证的主要内容和格式规范由各家保险总公司规定和修改。保险证应与保险单同时签发,并做到一车一证,及时出具。保险证的填写应与保险单有关项目的内容一致,必须填写公司的报案电话号码,各项必须填写清楚,不得涂改。保险证填写后,应加盖保险公司业务专用章。

7) 清分与单证流转

清分是指将数据进行汇总、整理、分类。

保险单证是保险公司对投保人的承保证明,也是保险公司与投保人的一种契约,它具体规定了双方的权利和义务。在被保险标的物遭受损失时,保险单证是被保险人索赔的依据,也是保险公司理赔的主要依据。

单证清分是对已填的投保单及附表、保险单、保费发票,内勤人员应进行清理归类。清分时按下列要求进行:

(1) 客户留存:保单正本(第三联)、保费发票(发票联)。投保清单复印件粘贴于保单正本背面,并加盖骑缝章;

(2) 业务留存:保单副本(第一联)、保费发票(业务留存联)、投保单及附表(原件),其中投保单、投保清单粘贴于保单副本,并加盖骑缝章;

(3) 财务留存:保单副本(第二联)、保费发票(记账联)。

清分与单证流转必须明确分工,加强管理,以便最后审核汇总。

8) 装订归档

保险单副本及有关单据统计、摘录完后,应按照保险单的号码顺序装订成册,归档保存,以备查考。

2. 续保业务

续保业务是保险公司业务的重要组成部分,在实务操作中,应遵循下列制度:

(1) 建立和完善续保档案。

业务承保后,业务内勤应根据业务经办人员提供的有关资料,建立和完善客户档案,特别是对投保车辆多、保费数额大的保户,要通过建立客户档案积累资料,以便跟踪服务,建立和稳定公司的基本客户群。

(2) 建立续保通知制度。

保险业务到期一个月前,业务内勤应填制"业务到期续保清单"(一式两份),并将其中一联交给业务外勤,通知并催促业务外勤采取上门联系、电话或通过发续保业务联系函等方式,提请保户按时续保并提供及时的服务。

(3) 续保检查制度。

业务外勤在续保后,应及时通知内勤。内勤在核对出单情况后,在留存的业务到期续保清单上予以确认,并据此在月底、年底统计该外勤人员的续保率。留存的业务续保清单应归档保管。业务部门领导应加强对业务内勤和外勤在续保方面的工作情况和成效的督促检查,加大对业务续保率的控制。

(4) 核算续保率。

业务续保率能及时地反映业务连续程度和客户队伍稳定程度。续保率可以反映服务质量的水平，并将影响展业的费用成本。业务部门领导要指定专人对业务续保率进行统计，并加强对续保率的考核。

续保率的计算公式如下：

$$续保率 = \frac{本期续保车辆数}{上期同期承保车辆数}$$

三、汽车保险合同的生效

保险合同的生效是指保险合同对当事人双方发生约束力，即合同条款产生法律效力。保险合同的生效与成立的时间不一定一致。保险合同双方当事人可以对合同的效力进行约定，附生效条件或附生效期限。保险合同多为附条件合同。

保险合同的有效是指保险合同是由当事人双方依法订立，并受国家法律保护。

中国人民财产保险公司在家庭自用汽车损失保险的条款中明确规定："投保人应当在本保险合同成立时交清保险费；保险费交清前发生的保险事故，保险人不承担赔偿责任。"对于第三者责任保险以及非营业车辆和营业车辆损失保险虽然没有如此严格的规定，但是也规定："除另有约定外，投保人应当在保险合同成立时交清保险费；保险费交清前发生的保险事故，保险人不承担赔偿责任。"

平安财产保险公司也规定："除保险合同另有约定外，投保人应在保险合同成立时一次交清保险费。保险费交清前发生的保险事故，保险人不承担保险责任。"

太平洋财产保险公司也规定："除本保险合同另有约定外，投保人应在保险合同成立时一次交清保险费。保险费交清前发生的保险事故，保险人不承担保险责任。"

我国保险公司普遍推行"零时起保制"，即把保险合同生效的时间放在合同成立日的次日零时。

合同的生效是国家通过法律形式对当事人订立的合同进行评价，或者说是一种价值判断，是法律对当事人意思的认可，即对当事人合同关系提供法律保护，是法律赋予合同具有约束当事人以及第三者的强制力。

合同生效必须赋予合同一定的条件，这种条件基本上可以分为两类：一类是国家有关法律规定的合同生效的必要条件，包括行为人具有民事行为能力、意思表示真实、不违反法律或者社会公共利益等；另一类是合同约定的生效条件，合同一旦不符合生效的条件，将构成合同的无效。

在汽车保险的新车业务中，保险合同生效的问题显得尤为突出，也引发了一些争议。原因是我国的新车在办理牌照的过程中，由于各种原因导致办理汽车保险环节往往先于办理牌照环节，而汽车保险条款的(责任免除)规定，如果投保的车辆尚未取得牌照，就应该采用专门的提车暂保单承保。提车暂保单是专门针对车辆购买之后至取得牌照之前期间的车辆相关损失和第三者责任风险的保险单。但是，如果保险人用机动车辆保险单承包，就必须与投保人约定以"车辆取得牌照作为保险合同生效的条件"，并从取得牌照的那天开始承担保险责任和计算收取保险费。但是，在实际操作中保险公司的经办人员往往没有按照规定办理，或者没有将问题向被保险人说明，所以导致了各种纠纷的发生。

2.2.4　汽车保险合同的变更与解除

一、汽车保险合同的变更

保险合同的变更是指在保险合同的有效期内，当事人根据主、客观情况的变化，依据法律规定的条件和程序，在协商一致的基础上，对保险合同的某些条款进行修改或补充。《保险法》第二十条规定："变更保险合同的，应当由保险人在原保险单或者其他保险凭证上批注或者附贴批单，或者由投保人和保险人订立变更的书面协议。"在车险实务中，应根据《机动车辆保险监制单证管理办法》第十三条的规定："监制单证签发后，内容如需变更，应使用机动车辆保险批单，严禁采取其他任何形式"

1. 变更事项

汽车保险合同的变更事项主要包括如下内容：

(1) 保险人变更。一般情况下，保险人变更是不可能的，但是当出现保险人破产、被责令停业、被撤销保险业经营许可等情况时，会导致保险人变更；保险公司的合并或分立，也可能导致保险人变更。

(2) 被保险人变更。当保险车辆发生转卖、转让、赠送他人时，被保险人需要变更。《保险法》第四十九条规定："保险标的转让的，保险标的的受让人承继被保险人的权利和义务。"

(3) 保险车辆变更使用性质，增、减危险程度。《保险法》第五十二条规定："在合同有效期内，保险标的的危险程度显著增加的，被保险人应当按照合同约定及时通知保险人，保险人可以按照合同约定增加保险费或者解除合同……"

(4) 增、减投保车辆。

(5) 增、减或变更约定驾驶人员。

(6) 调整保险金额或责任限额。

(7) 保险责任变更。保险责任变更是指保险人承担的保险责任范围的扩大或缩小。如果投保人或被保险人有变更保险责任条款的需要，经过双方协商，可以约定变更。

(8) 保险期限变更。

(9) 变更其他事项。

2. 保险合同变更的办理

保险车辆在保险期限内，发生上述变更事项时，应办理保险合同变更手续。

1) 保险合同变更的形式

前已述及，批单是车险实务中保险合同变更时必须使用的书面凭证。在批单中，需要列明变更条款的内容。保险合同一经变更，变更的那一部分内容即取代了原合同中被变更的内容，与原合同中未变更的内容一起，构成了一个完整的合同。保险双方应以变更后的合同履行各自的义务。保险合同的变更没有溯及既往的效力，即对合同变更前已经履行的部分没有约束力，任何一方都不能因为保险合同的变更而单方面要求另一方按照变更后的内容改变已经做出的履行。

在实际操作中可能出现一份保险单多次变更的情况，在这种情况下就会出现变更效力的问题，即在多次变更或者多份批单的情况下出现优先适用的问题。通常，在合同进行多次变更时，对于适用顺序或者效力采用两种标准：一是时间标准，即最近一次批改的效力优于之前的批改；二是批改方式标准，即手写批改的效力优于打字批改的效力。

2) 保险合同变更的流程

保险车辆在保险期限内发生变更事项，投保人应提出书面申请，办理变更手续。具体变更流程为：投保人提出书面变更申请；业务人员接到投保人提出的书面变更申请后，对原保险单和有关情况进行核对，按照有关规定验车并提出处理意见；业务人员将变更申请及初步处理意见提交核保；核保人员审核签署意见；核保通过后，进行收付费处理；对保险合同进行变更；清分有关单、证；有关单、证归档。

对于保险合同变更时使用的书面凭证，即批单，其主要内容包括：

(1) 保险单号码。登录原保险单号码。

(2) 批单号码。以年度按顺序连贯编号。

(3) 被保险人。填写被保险人称谓，应与原保单相符。

(4) 批文。批文按规定的格式填写，内容通常包括变更的要求、变更前的内容、变更后的内容、是否增收(退还)保险费、增收(退还)保险费的计算公式、增收(退还)保险费的金额、变更起始时间以及明确除本变更外原保险合同的其他内容不变。批文的示例如下：

① 保险车辆转卖、转让、赠送他人的批文内容：

根据被保险人申请，因_____(牌照号)保险车辆已转给_____，自_____年_____月_____日_____时起该车的被保险人变更为_____，直至保险期满。其他事项不变。

特此批改。

② 车辆的使用性质变更，且涉及增、退费的批文内容：

根据被保险人申请，因_____(牌照号)保险车辆的使用性质已由_____变更为_____，变更时间自_____年_____月_____日_____时起至保险期满，应增收(退还)保险费人民币(大写)_____元(计算公式_____)。其他事项不变。

特此批改。

③ 调整保险金额/责任限额的批文内容：

根据被保险人申请，_____(牌照号)保险车辆因_____，保险金额由_____(元)调整为_____(元)，变更时间自_____年_____月_____日_____时起至保险期满，应增收(退还)保险费人民币(大写)_____元(计算公式_____)。其他事项不变。

特此批改。

对于变更保险合同需要办理增、退费的，由经办人员填制保险费收据一式三联，随批单一起送财务部门核收、退保险费。变更申请、批单、保险费收据等有关单、证的清分与归档与保险单、证的清分与归档的方法及要求相同。

二、汽车保险合同的解除

汽车保险合同的解除是指汽车保险合同权利义务关系的绝对终止。当保险合同解除后，保险合同的法律效力也就解除了。

1. 汽车保险合同解除的种类

(1) 投保人要求解除合同。《保险法》第十五条规定："除本法另有规定或者保险合同另有约定外，保险合同成立后，投保人可以解除保险合同……"根据这一原则性规定，投保人可以随时向保险人提出解除保险合同，既可以在保险责任开始之前，也可以在保险责任开始之后；既可以在保险事故发生之前，也可以在保险标的发生部分损失之后。但需注意：投保人在保险标的发生部分损失之后要求解除合同的，《保险法》第五十八条规定："保险标的发生部分损失的，自保险人赔偿之日起三十日内，投保人可以解除合同……"

(2) 保险人要求解除合同。《保险法》第十五条规定："除本法另有规定或者保险合同另有约定外，保险合同成立后……保险人不得解除保险合同。"这一规定表明，非依法律明文规定，保险人不得行使法定解除权。我国《保险法》更是明确地规定了保险人法定解除权的行使条件，主要有：

① 投保人违反如实告知义务。《保险法》第十六条规定："投保人故意或者因重大过失未履行前款规定的如实告知义务，足以影响保险人决定是否同意承保或者提高保险费率的，保险人有权解除保险合同。"

② 投保人、被保险人违反防灾减损义务。《保险法》第五十一条规定："投保人、被保险人未按照约定履行其对保险标的安全应尽的责任的，保险人有权要求增加保险费或者解除合同。"

③ 被保险人违反危险增加通知义务。《保险法》第五十二条规定："在合同有效期内，保险标的的危险程度显著增加的，被保险人应当按照合同约定及时通知保险人，保险人可以按照合同约定增加保险费或者解除合同。"

④ 被保险人骗取保险金给付。《保险法》第二十七条规定："未发生保险事故被保险人或者受益人谎称发生了保险事故，向保险人提出赔偿或者给付保险金的请求的，保险人有权解除保险合同……"

⑤ 投保人或者被保险人故意制造保险事故。《保险法》第二十七条规定："投保人、被保险人故意制造保险事故的，保险人有权解除保险合同……"

⑥ 保险标的发生部分损失，保险人赔偿后。《保险法》第五十八条规定："保险标的发生部分损失的，自保险人赔偿之日起三十日内，投保人可以解除合同；除合同另有约定外，保险人也可以解除合同……"

(3) 保险车辆发生全部灭失或损毁致使合同解除。造成保险车辆全部灭失或损毁的原因既可以是保险事故，也可以不是保险事故。

(4) 保险车辆因报废、转让、赠与他人，投保人对保险标的不再具有可保利益，保险合同因决定合同效力的要件丧失而中途失效，保险合同中途解除。

(5) 保险合同有效期届满而自然解除。保险合同是有期限的民事法律关系，它不可能永久存续。当保险合同约定的期限届满时，当事人之间的权利义务关系即终止，合同自然解除。

2. 汽车保险合同解除通知

根据《保险法》和保险惯例，合同除自然解除外，解除合同时，承保方均应发出书面通知(或出具批单代替)。汽车保险合同解除通知示例如下：

(1) 保险车辆因报废、转让、赠与他人等原因中途解除合同的批文(通知)内容：_____(牌照号)保险车辆，因封存(或报废、转让、赠送他人)，自_____年___月___日零时起解除保险责任，应退保险费人民币(大写)_____元(计算公式_____)。

特此批改(通知)。

(2) 保险车辆由于发生全损保险事故，合同解除的批文(通知)内容：_____(牌照号)保险车辆因发生全损保险事故，我公司已按照合同约定履行了保险赔偿义务。因此，有关该车辆的_____(保险单号)保险合同自_____年_____月_____日零时解除。

特此批改(通知)。

3. 汽车保险合同解除退费

保险责任开始前投保人要求解除合同的，保险费全额退还，但需扣减手续费。《保险法》第五十四条规定，"保险责任开始前，投保人要求解除合同的，应当按照合同约定向保人支付手续费，保险人应当退还保险费……"

下列情况下，合同解除不办理退费手续：

(1) 保险车辆由于发生保险事故造成全损或推定全损，保险人依约履行了赔偿义务后保险合同解除的。

(2) 保险合同有效期届满而自然解除的。

(3) 投保人在签订保险合同时，故意隐瞒事实，不履行如实告知义务，且足以影响保险人决定是否承保，保险人提出解除合同的。《保险法》第十六条规定："投保人故意不履行如实告知义务的，保险人对于保险合同解除前发生的保险事故，不承担赔偿或者给付保险金的责任，并不退还保险费。"

(4) 被保险人在未发生保险事故的情况下，谎称发生了保险事故，保险人提出解除合同的。《保险法》第二十七条规定："未发生保险事故，被保险人或者受益人谎称发生了保险事故，向保险人提出赔偿或者给付保险金请求的，保险人有权解除保险合同，并不退还保险费。"

(5) 投保人、被保险人故意制造保险事故，保险人提出解除合同的。《保险法》第二十七条规定："投保人、被保险人故意制造保险事故的，保险人有权解除保险合同，不承担赔偿或者给付保险金的责任，除本法第四十三条规定外，不退还保险费。"

另外，合同解除时，按照未了责任期计算退还保险费。未了责任期应退还保险费的计算方法根据合同解除的原因和所属保险公司的不同会有所差异。

2.2.5　保险合同的争议处理

保险合同的解释通常依据一定的原则，即保险合同解释的原则。它们是对保险合同的理解和说明应当遵循的基本准则。

一般说来，对保险合同的解释遵循文义解释、意图解释、专业解释、有利于被保险人和受益人解释等原则。

一、保险合同的具体解释原则

1. 文义解释原则

文义解释是按照保险合同条款所使用文句的通常含义和保险法律法规及保险习惯，并结合合同的整体内容对保险合同条款所作的解释。

2. 意图解释原则

意图解释是指在无法运用文字解释方式时，通过其他背景材料进行逻辑分析来判断合同当事人订约时的真实意图，由此解释保险合同条款的内容。

3. 专业解释原则

专业解释是指对保险合同中使用的专业术语，应按照其所属专业的特定含义解释。

4. 有利于被保险人和受益人解释原则

对保险条款作有利于非起草方的解释，也就是作有利于投保方的解释。

二、保险合同条款的解释效力

保险合同条款的解释效力是指对于条款的解释所具有的法律所承认的效力。

保险合同条款出处：

第一类：根据《保险法》为基准制定的条款；

第二类：由国家保险监督管理部门制定的条款；

第三类：保险公司自己制定的条款；

第四类：保险人与投保人协商制定的条款。

第一类和第二类条文和条款按照对国家法律解释的形式进行说明，第三类和第四类解释权在合同主体双方(如有争议，仲裁和法院裁决只对本案有效，对其他案件不具解释效力)。第一类、第二类条文和条款，其解释效力应按照对国家法律解释的形式进行说明。

对法律的解释分为：

(1) 立法解释：国家最高权力机关(人大常务委员会)对宪法和法律的解释。

(2) 司法解释：国家最高司法机关在适用法律过程中，对具体应用法律问题所作的解释。

(3) 行政解释：国家最高行政机关及其主管部门对自己根据宪法和法律所制定的行政法规及部门规章所进行的解释。

(4) 法理解释：一般社会团体、专家学者等对法律所进行的法理性的解释，此不具法律效力。

三、保险合同的争议处理

保险合同的争议处理通常采用如下四种方式：

1. 协商

协商是在争议发生后，双方当事人在平等、互相谅解基础上对争议事项进行协商，取得共识，解决纠纷的方法。

2. 调解

调解是指在合同管理机关或法院的参与下，通过说服教育，使双方自愿达成协议、平息争端。调解一般可以分为行政调解、仲裁调解、法院调解。

3. 仲裁

仲裁是指争议双方依仲裁协议，自愿将彼此间的争议交由双方共同信任、法律认可的仲裁机构的仲裁员居中调解，并作出裁决，一裁终局。

4. 诉讼

诉讼是指保险合同的一方当事人按有关法律程序，通过法院对另一方提出权益主张，并要求法院予以解决和保护的请求的处理争议的方法。

【例 2-9】

案情简介：

2017 年 4 月 8 日，某棉麻公司为其车辆在一家保险公司购买了车辆损失险、第三者责任险、盗抢险，保险期限自 2017 年 4 月 25 日起至 2018 年 4 月 24 日止。棉麻公司及时交付了保险费。2017 年 10 月 25 日，棉麻公司将该车转让给个体户林某，并同时在车辆管理所办理了过户手续。11 月 14 日，驾驶员廖某驾驶该车辆与另一货车相撞，经汽车修理厂进行维修评估，两辆事故车的修理费分别为 3.8 万元和 4.5 万元。根据公安交警大队出具的道路交通事故责任认定书，廖某应对交通事故负全部责任。2018 年 5 月，棉麻公司和林某一起向保险公司提出索赔申请，并于同年 6 月 10 日向保险公司出具了该车在车管所过户的证明。保险公司以保险车辆已过户转让但未申请办理保险批改手续为由，向被保险人发出拒赔通知书，双方为此引起诉讼。

案情分析：

本案争议焦点是：在保险合同有效期限内，保险标的依法转让后未办理保险批改手续，若受损保险公司该不该赔？

首先，财产保险标的转让应当办理保险批改手续，否则，自保险标的转让之日起，保险合同无效。《保险法》第四十九条规定："保险标的转让的，被保险人或者受让人应当及时通知保险人……"同时，本案的保险合同也约定，在保险合同的有效期限内，保险车辆转卖、转让、赠送他人、变更用途或增加危险程度，被保险人应当事先书面通知保险人并申请办理批改，否则，保险人有权解除保险合同或者有权拒绝赔偿。本案保险车辆依法过户转让，但双方未去保险公司办理变更保险合同主体的手续，车辆买卖双方违反了《保险法》的规定和保险合同的约定。因此，该保险合同自保险车辆转让之日起无效。

其次，财产保险的保险利益必须在保险合同订立到损失发生时的全过程中都存在。《保险法》第十二条规定："财产保险的被保险人在保险事故发生时，对保险标的应当具有保险利益。"该法将投保人对保险标的具有保险利益作为保险合同生效的必要条件，但对保险利益的存续期间未作规定。一般情况下，财产保险的保险利益必须在保险合同订立到损失发生时的全过程中都存在，否则，保险合同无效。本案的投保人(被保险人)在投保时具有保险利益，在保险合同有效期内，将保险车辆过户转让，车辆所有权发生转移。保险事故发生时，被保险人对该保险车辆不再具有保险利益。因此，该车辆保险合同自转让之日起因被保险人丧失保险利益而无效。

结论：

法院认为，投保人与保险人之间签订的保险合同合法有效。在保险合同的有效期内，被保险人某棉麻公司将保险车辆在车管所办理过户手续转让给了林某，该事实已由被保险人提供的车辆过户手续证明。由于车辆转让后未向保险公司申请办理保险批改手续，本案的保险合同从保险车辆过户转让之日起无效。棉麻公司和林某要求保险公司赔偿损失的请求，理由不充分，故驳回诉讼请求。

投保人、被保险人和受益人要提高法律意识。保险合同是当事人双方为设立、变更、终止民事权利义务关系签订的协议。合同一经签订，双方当事人必须依据合同的约定履行义务，否则将承担相应的民事法律责任。有的被保险人购买保险之后，认为自己买了保险，出险后保险公司必须赔，遂不去认真了解保险条款的内容，也不去认真履行保险合同约定的义务，但不履行义务也就丧失了权利。保险客户在投保时，应认真阅读保险条款的内容，并严格按照保险合同的约定履行义务。

应进一步完善我国《保险法》中有关保险利益的规定。对保险利益的期限问题，理论界没有多大争议，但在法律上未予明确规定，而这一法律盲点使得保险合同双方当事人之间容易产生纠纷。人民法院因没有相关法律规定，也难以裁决保险纠纷案件。因此，应在法律上对此问题予以明确规定。

【例 2-10】

案情介绍：

某日，某公司为了丰富员工生活，专门安排一辆大巴，组织员工旅游。车在高速公路上行驶时，突然从后面飞驶而来一辆大货车(后经交警裁定：大货车为违章快速超车)，公司大巴来不及避让，两车同向侧面严重碰撞。公司员工 A 和 B 受了重伤，立即被送入附近医院急救。A 因颅脑受到重度损伤，且失血过多，抢救无效，于两小时后身亡。B 在车祸中丧失了一条大腿，在急救中因急性心肌梗死，于第二天死亡。而在事发前不久，公司为全体员工购买了人身意外伤害保险，每人的保险金额为人民币 10 万元。事故发生后，该公司立即就此事向保险公司报险。保险公司接到报险后立即着手调查，了解到 A 一向身体健康，而 B 则患心脏病多年。最后，根据《人身意外伤害保险条款》及《人身意外伤害保险伤残给付标准》，保险公司作出如下核定及给付：

首先，核定车祸属意外事故；

其次，核定 A 死亡的近因是车祸，属保险责任，给付 A 死亡保险金人民币 10 万元；

另外，核定 B 丧失了一条大腿的近因是车祸，属保险责任，给付 B 人民币 5 万元意外伤残保险金；

最后，核定 B 死亡的近因是急性心肌梗死，不属保险责任，不予给付死亡保险金。

分析与结论：

A 和 B 两人由单位购买了同一保险公司的同一种保险，都在同一次车祸中丧生，而保险公司为何要做出不同给付？同难兄弟为何不同获赔？

两人投保的人身意外伤害保险是保险公司承担人们因遭受外来的、突发的、非本意的、非疾病的保险责任的保险。A 与 B 遭遇的不幸看似相同，而在遭遇人身意外伤害方面的程度和结果却不同。对此判断的依据是保险理赔的一项基本原则：近因原则。

　　近因原则是指危险事故的发生与损失结果的形成,须有直接的因果关系——"近因",保险公司才对损失负补偿或给付责任。这里的近因,不是指时间或空间上最接近损失或事故的原因,而是指直接促成结果的原因。倘若近因在保险责任范围内,则损失事故为保险事故,保险公司应负赔偿损失或给付保险金的责任;否则,就无责任,就不赔付。由此可以判断:首先,A 的死亡是车祸,属单一原因的近因,属于被保险危险,保险公司应负赔偿责任。其次,B 死亡的近因是急性心肌梗死,因意外伤害(车祸)与心肌梗死(疾病)没有内在联系,心肌梗死并非由意外伤害所造成的,故属于新介入的独立原因。这个新的独立的原因为保险合同的除外责任,即使发生在被保危险之后,由除外责任所致的损失,保险公司无赔偿责任。

　　因此,本案中,车祸属保险责任,急性心肌梗死不属于保险责任。故保险公司给付因车祸身亡的 A 死亡保险人民币 10 万元,不给付因急性心肌梗死(疾病)死亡的 B 死亡保险金,只给付其因车祸造成丧失肢体的伤残金人民币 5 万元。这样做是合理的。

　　对于近因原则,保险公司会在理赔时根据实际情况合理使用。但被保险人往往不知这一原则,这就要求保险公司处理事故时必须向被保险人或者受益人解释清楚,并使其明白,做到理赔处理能为公司树立良好形象。对于保险期内发生的事故,处理时首先要从收集的线索中找出导致事故发生的原因,然后分离出所谓的近因;再看该近因是否是保险合同中的保险责任范围,如果属于明确列出的除外责任,则不予赔付。可见,近因原则的重要性。近因原则属于保险的基本原则,对保险双方具有同样的制约作用。

　　本例思考:

　　某些案件中涉及事故发生的因素很多,这时要充分考虑近因原则。近因原则要求只有当被保险人的损失是直接由保险责任范围内的事故所造成的情况,保险人才给予赔付。因此在进行理赔时,首先要在造成保险事故的众多原因中确定哪一个是近因,然后判断损失的近因是否属于承保的风险,是则赔付,否则拒赔。近因是造成保险标的损失的最直接、最有效、起决定性作用或起支配性作用的原因,而不是指时间和空间上离损失最近的原因。与近因相对应的是远因和非主因,即不是对损失具有支配或最有效的原因。近因主要有以下几种情况:单一原因致损、多种原因同时致损、多种原因连续发生的致损、多种原因间断发生致损。在以上各种情况中的近因判定是一个较复杂的问题,因而常常引发纠纷。因此,在实务中保险公司需对此有充分的理解与认识。本案中 B 的死亡就属于第四种情况,B 的死亡原因心肌梗死,与在车祸中丧失大腿没有因果关系。

2.3　汽车保险的承保

【导入案例:此保险批单是否有效?】

　　案情:某建筑公司以奔驰轿车江苏 H-60900 向江苏省盐城市郊区某保险代办处投保机动车辆保险。承保时,保险代理人误将该车以国产车计收保费,少收保费 482 元。合同生效后,保险公司发现这一情况,立即通知投保人补缴保费,但被拒绝。无奈下,保险公司单方面向投保人出具了保险批单，批注："如果出险，我司按比例赔偿。"合同有效期内，该车出险，投保人向保险公司申请全额赔偿。此案该如何赔偿呢？

分析：本着保险价格与保险责任相一致的精神，此案应按比例赔偿，但依法而论，却只能按全额赔偿。理由如下：

第一、最大诚信原则使然。保险合同是最大诚信合同。如实告知、弃权与禁止反言是保险最大诚信原则的重要内容。本案投保人以奔驰轿车为标的投保是履行如实告知义务。保险合同是双方合同，即一方的权利为另一方的义务。在投保人履行合同义务后，保险公司依法必须使其权利得以实现，即依合同规定全额赔偿保险金。保险代理人误以国产车收取保费的责任不在投保人，代理人的行为在法律上应推定为放弃以进口车为标准收费的权利。保险人单方出具批单的反悔行为是违反禁止反言的，违背了最大诚信原则，不具法律效力。

第二、保险人单方出具保险批单不影响合同的履行。法理上，生效合同只有双方在其中重要问题上均犯有同样错误才影响其法律效力。一方的错误即单方错误不属合同的错误，不影响合同效力。本案中，保险代理人错用费率是单方错误，不影响合同效力。保险公司出具批单是变更保险合同行为。保险合同是经济合同，其一经订立即发生法律效力，双方当事人必须自觉遵守合同条款，严格履行合同义务。除法定原因外，任何一方不得随意变更，否则，其行为视为违约。《经济合同法》第二十六条规定："凡发生下列情况之一者，允许变更或解除合同：一、当事人双方经协商同意，并且不因此损害国家和社会公共利益；二、由于不可抗力致使经济合同的全部义务不能履行；三、由于另一方在合同约定的期限内没有履行合同义务。"本案中，保险人发现承保费率使用错误并通知被保险人补缴保费遭拒绝后，单方出具批单变更合同，是一种将自己意志强加于投保人的行为，批单不是协商一致的结果，不可能成为合同有效组成部分，不影响合同的履行。

第三、该合同自始至终具有法律约束力。法律上，保险合同成立可概括为要约和承诺。本案投保方已向保险方要约，保险方(保险代理人)就投保方的要约也做了承诺，该保险合同依法成立。《经济合同法》第六条规定："经济合同依法成立，即具有法律约束力。"故本案保险合同自成立起即具有法律约束力。法律约束力是经济合同制度的核心，它具有强制作用。在经济合同未出现《经济合同》第七条所列无效情况下，经济合同始终具有法律约束力。即使在履行合同过程中发现了新情况需要变更合同，应当依《经济合同法》第二十六条规定变更，经当事人双方协商，重新达成新的协议。否则，任何一方不得擅自变更合同，更不得以任何借口拒绝履行合同。

第四、保险公司不得因代理人承保错误推卸全额赔付责任。《民法通则》第六十三条规定："代理人在代理权限内，以被代理人的名义实施民事法律行为，被代理人对代理人的行为承担民事责任。"《保险法》第一百二十七条规定："保险代理人根据保险人的授权代为办理保险业务的行为，由保险人承担责任。"据此，本案应全额赔偿。

结论：保险费率是保险代理人在业务操作中所必须准确掌握的，保险代理人具有准确适用费率的义务。法律上，保险人少收保费的损失应由负有过错的保险代理人承担，不能因投保人少交保费而按比例赔偿，否则，有违民事法律过错责任原则，使责任主体与损失承担主体错位。

🎓【理论知识】

2.3.1　汽车保险的承保与核保制度

保险公司保险业务的流程大体相近。汽车保险一般流程为：保户投保，包括保户填写投保单，交纳保费；保险公司承保，签订保险合同，包括核保，出具保单，出具保费的收据；保险标的发生损失，保户向保险公司提出索赔；保险公司接受索赔请求，指派查勘员到保险事故现场查勘，若属于保险责任，保险公司支付赔偿，若不属于保险责任，保险公司拒绝赔偿；如保单终止，则需投保人续保。

汽车保险的承保必须要经过核保这一环节。核保是汽车保险经营过程中最重要的环节之一。汽车保险的承保是指保险公司接到投保人的申请以后，考察被保险人的投保资格以及投保风险的性质，然后作出是否可以向被保险人发放保险单的决定。汽车保险核保是指保险人对于投保人的投保申请进行审核，决定是否接受承保这一风险，并在接受承保风险的情况下，确定承保费率和条件的过程。

一、汽车保险核保的意义

保险公司除了要大量承揽业务以外，还要保证大保险市场占有份额，稳定与保户的业务关系，若放松了对拓展业务方面的管理，将会带来巨大的经营风险。保险公司为了拓展新的业务领域，需要开发一些不成熟的新险种，签署一些未经详细论证的保险协议，导致风险因素增加，而核保制度是保险公司防范、避免和解决以上问题，强化对于经营风险控制的重要手段。通过建立核保制度，将展业和承保相分离，实行专业化管理，严格把好承保关，确保保险公司实现经营的稳定。具体来说，核保具有以下重要意义：

1. 提供高质量的专业服务

核保工作的核心是对承保风险的专业评估，因而保险公司可以为客户提供全面和专业的风险管理的意见和建议，如提供汽车安全和防盗技术帮助，设计风险处理的最佳方案等。

2. 保持市场的领先

通过核保制度的建立和运行，保险公司能够及时了解市场发展的动态，加强对核保人员的培训，不断提高和完善对于风险评估和保险方案确定的技术，形成技术的先进性，以保持在市场的竞争优势和领先地位。

3. 为保险中介市场建立和完善创造必要的前提条件

一方面，外国的保险中介组织对中国的市场表现出极大兴趣，纷纷要求进入中国市场。另一方面我国的保险中介力量也在不断壮大，由于保险中介组织经营目的、价值取向的差异以及从业人员的水平等问题，保险公司在充分利用保险中介机构进行业务发展的同时，对保险中介组织的业务管理更需加强，核保制度是对中介业务质量控制的重要手段。所以，保险公司核保制度的建立和完善是配合保险中介市场建立和完善的必要前提条件。

4. 获得再保险市场的支持

只有核保工作能够有效地控制承保风险，确保一定的承保利润，才可能获得再保险市场的支持。

二、汽车保险的核保制度

核保制度建立的核心工作包括建立核保工作的组织架构，制定核保人员的资格与管理制度，编制核保手册等。

1. 核保工作的组织架构

核保工作的组织架构是指保险公司内部运行的以核保工作为主要目的的组织体系。根据保险公司的类型不同，核保组织架构的模式也有所不同。全国性的公司需要按照区域设置核保机构，而中、小公司和全国性公司的区域核保机构内部则分级设置。

1) 机构设置原则

核保机构的设置应当遵循以下原则：

(1) 控制原则：通过核保制度的建立和运作，应当实现对业务质量的有效控制。

(2) 统一原则：通过核保制度建立全公司统一的标准，包括统一的条款、费率和方案，以确保产品服务的统一，避免出现内部竞争和在客户服务标准上出现差异。

(3) 高效原则：指核保制度及其运作应当提高企业的效率，使得机动车辆保险业务高效运行。

2) 机构设置

(1) 分级设置模式。分级设置模式是一种被普遍采用的基本模式，即在公司核保架构的基本单元内根据内部机构设置的情况、人员配备的情况、开展业务的需要以及业务技术要求等设立数级核保组织。人保的模式是在各个省分公司内部设立三级核保组织，即省分公司、地市分公司(营业部)、县支公司(营业部)。

(2) 个案分派模式。该模式根据投保金额、投保类型、投保申请的地理位置或递交投保申请的代理人分派个案，核保师可以专门从事某一类型的个案，有利于提高效率。

(3) 核保中心模式。该模式符合现代核保管理集中的趋势。核保中心将成为今后保险公司核保的一个重要模式。网络技术的发展和广泛应用，为集中核保提供了有利的条件和必要的技术保证。核保中心的运作模式是在一定的区域范围内设立一个核保中心，通过网络技术，对所辖的业务实行远程核保。在核保中心的模式下，所有经营机构均可以得到核保中心的技术支持，同时这些机构的业务也受到核保中心的管理。所以，这种模式的最大优点就在于，一方面可以最大限度地实现技术和优势的共享，另一方面可以对各机构的经营行为实行有效的控制和管理。

2. 核保人员的资格与管理

核保制度的一个重要内容就是实行核保人资格制度。

1) 核保人员的资格管理

核保人员的资格管理与我国专业技术人员的管理类似，如要求资格考试、"评聘分离"和建立工作档案等，并定期和不定期进行培训。

2) 核保人员的等级和权限

在对核保人员的管理中普遍采用等级制。一级核保人主要负责审核特殊风险业务，包括高价值车辆的核保、特殊车型业务的核保、车队业务的核保、投保人特别要求业务的核保，以及下级核保人员无力核保的业务。一级核保人职责的另一个内容是及时地解决其管辖范围内出现的有关核保技术方面的问题，如果自己无法解决应及时向上级核保部门反映。

二级核保人员主要负责审核非标准业务，包括不属于三级核保人业务范围的非标准业务，即在核保手册中没有明确指示核保条件的业务，主要是指在日常工作中可能出现的承保条件方面的问题，如保险金额、赔偿限额、免赔额等有特殊要求的业务。

三级核保人主要负责对常规业务的核保，即按照核保手册的有关规定对投保单的各个要素进行形式上的审核，亦称投保单核保。

3. 核保手册

核保手册，即核保指南，是将公司对于机动车辆保险核保工作的原则、方针和政策，机动车辆保险业务中涉及的条款、费率以及相关的规定，核保工作中的程序和权限规定，可能遇到的各种问题及其处理方法，用书面文件的方式予以明确。核保手册是实现核保工作目标的重要手段，而核保手册是通过建立工作的标准化、规范化和程序化来实现核保工作目标的。

三、汽车保险核保的运作

1. 汽车保险核保的模式

核保运作的基本模式是根据机动车辆保险业务和公司经营的特点确定的，其核心应当体现权限的管理和过程控制的目的，至于具体的模式没有一个统一和最佳的方案，各公司应当根据核保制度的精神，结合自身的具体情况确定合适的方案。

常见的核保运作基本流程如下：

投保申请——个人投保或单位投保——车辆检验——风险评估——制订保险方案并填写投保单——标准业务——三级核保——二级核保——一级核保——出具保险单。

其中，个人投保和单位投保一般由不同的部门来完成从车辆检验、风险评估、制订保险方案到填投保单的工作。因为单位投保车辆较多，经营成本较低，费率也可略低一些，所以有所区别。各级核保因权限不同，对于非标准业务一般不经三级核保，而是直接由二级和一级核保来完成，有些在权限范围内的业务，三级或二级核保后可直接出具保险单，不必进一步核保，以简化手续，降低经营成本。每一级核保未通过，则重新从验车环节开始新一轮核保流程。

2. 汽车保险核保的依据

核保工作的主要依据是核保手册，因为核保手册已经将进行机动车辆保险业务过程中可能涉及的所有文件、条款、费率、规定、程序、权限等全部包含其中。但是，进行核保过程中还可能遇到一些核保手册没有明确规定的问题，在这种情况下，二级和一级核保人应当注意运用保险的基本原理、相关的法律法规和自己的经验，通过研究分析来解决这些特殊的问题，必要时应请示上级核保部门。

3. 汽车保险核保的具体方式

核保的具体方式应当根据公司的组织结构和经营情况进行选择和确定，通常将核保的方式分为标准业务核保和非标准业务核保、计算机智能核保和人工核保、集中核保和远程核保、事先核保和事后核保等。

(1) 标准业务核保和非标准业务核保。

标准业务是指常规风险的机动车辆保险业务，这类业务的风险特点是基本符合机动车辆保险险种设计所设定的风险情况，按照核保手册就能够进行核保。非标准业务是指风险具有较大特殊性的业务，这种特殊性主要体现为高风险、风险特殊、保险金额巨大等，需要有效控制，而核保手册对于这类业务没有明确规定。

标准业务可以依据核保手册的规定进行核保，通常由三级核保人完成标准业务的核保工作，而非标准业务则无法完全依据核保手册进行核保，应由二级或者一级核保人进行核保，必要时核保人应当向上级核保部门进行请示。

机动车辆保险非标准业务主要有保险价值浮动超过核保手册规定范围的业务、特殊车型业务、军车和外地车业务、高档车辆的盗抢险业务等。

(2) 计算机智能核保和人工核保。

计算机技术的发展和应用给核保工作带来很大变化，尤其是智能化计算机的发展和应用，使得计算机已经完全可以胜任对标准业务的核保。应用计算机技术可以大大缓解人工核保的工作压力，提高效率和准确性，减少在核保过程中可能出现的人为负面因素。但是，计算机不可能解决所有的核保问题，会与人工核保共存。

(3) 集中核保和远程核保。

从核保制度发展的过程分析，集中核保代表了核保技术发展的趋势。集中核保可以有效地解决统一标准和规范业务的问题，实现对技术和经验最大限度的利用。但是，以往集中核保在实际工作会遇到困难，如经营网点分散、缺乏便捷和高效的沟通渠道等。

计算机技术的出现和广泛应用，尤其是因特网技术的出现，带动了核保领域的革命性进步，使远程核保应运而生。远程核保就是建立区域性的核保中心，利用因特网等现代通信技术，对辖区内的所有业务进行集中核保。这种核保方式较以往任何一种核保模式均具有不可比拟的优势，它不仅可以利用核保中心的人员技术优势，还可以利用中心庞大的数据库，实现资源的共享。同时，远程核保的模式还有利于对经营过程中的管理疏忽，甚至道德风险实行有效的防范。

(4) 事先核保与事后核保。

事先核保是在核保工作中广泛应用的模式，它是指投保人提出申请后，核保人员在接受承保之前对保险标的风险进行评估和分析，决定是否接受承保，在决定接受承保的基础上，根据投保人的具体要求确定保险方案。事后核保主要是针对标的金额较小，风险较低，承保业务技术比较简单的业务，这些业务往往是由一些偏远的经营机构或者代理机构承办。保险公司从人力和经济的角度难以做到事先核保的，可以采用事后核保的方式。所以，事后核保是对于事先核保的一种补救措施。

四、汽车保险核保的主要内容

核保包括事前风险选择和事后风险选择。其中，事前风险选择包括以下内容：

1. 投保人资格

对于投保人资格进行审核的核心是认定投保人对保险标的是否拥有保险利益，在机动车辆保险业务中主要是核对行驶证。目前，我国对于车辆的管理是采用"二合一"的方式，即将行驶证作为机动车辆的行驶资格认定凭证，同时作为机动车辆所有权的证明。在对投保人资格审核的过程中应当注意到我国机动车辆管理中的一种特殊现象，即车辆在名义上的所有人并不占有车辆，而车辆是由实际所有人占有和使用。这里出现了名义上的所有人和实际所有人的概念。名义上的所有人是指购买车辆，或者是进口车辆的当事人，所以其也就成为行驶证上的车主。但是，由于种种原因车辆实际所有权(永久性使用权)又转移给实际所有人，而这种转移没有或者无法得到车辆管理部门的认可，所以就会出现上述现象。对于这种情况应当具体分析，在通常情况下，如果实际所有人是合法取得使用权的，可以签订一个三方协议，明确转让权益，即明确在车辆保险项下由车辆的实际所有人负责履行被保险人的义务，同时享有相应的权利。

2. 投保人或者被保险人的基本情况

投保人或者被保险人的基本情况主要是针对车队业务的，目的是了解投保人或者被保险人对车辆管理的技术和经验，比如是否有专门的安全管理部门；单位的性质是运输公司，还是机关；运输公司的业务是以客运为主，还是以货运为主；车辆主要运行线路是当地、省内，还是全国；运输公司的管理模式是集中经营管理，还是承包经营等。保险公司曾经在一些出租汽车业务的经营过程中出现了事故频繁、赔付率居高不下的现象，究其原因就是这些出租汽车公司采用的是"大承包"的模式，公司基本上没有对安全进行管理，驾驶员由于利益驱动，置安全生产于不顾。通过对投保人或者被保险人基本情况的了解，可以对其经营风险进行评估，及时发现可能存在的经营管理风险，以便采取相应的措施降低和控制风险，做到科学经营。

3. 投保人或者被保险人的信誉

投保人或者被保险人的信誉是核保工作的重点之一。近几年，在机动车辆保险领域中出现了大量的保险欺诈现象，一些不法分子利用虚构保险利益、制造保险事故、伪造事故现场、扩大事故损失等手段，进行诈骗活动。所以，对于投保人或者被保险人的信誉调查和评估逐步成为机动车辆保险核保工作的重要内容。评估投保人或者被保险人信誉的一个有效手段是对其以往损失和赔付情况进行了解，那些没有合理原因却经常更换投保公司的被保险人，其目的往往就是为了掩盖历史，准备新一次的诈骗，因而存在道德风险。

4. 保险标的

车辆损失险及其附加险的保险标的是车辆本身。车辆本身的风险一般由几个方面体现：首先，是车辆本身的安全性能情况，有的车辆由于设计或者工艺方面的原因，存在安全隐患，这类车辆的事故率较高，保险公司通常是拒绝承保的；其次，是车辆零配件的价格水准，有的车型在当地市场较为罕见，零配件供应较为困难且价格较高，还有一些车辆本身的价格并不高，但是其零配件价格却高出其他同类车型；第三，是对一些高档车辆的承保，高档车辆的风险较为集中，一方面高档车辆的修复费用较高，另一方面高档车辆的盗窃风险相对较高，尤其是对二手的高档车辆的承保应特别谨慎。对这些车辆应尽可能地采用"验车承保"的方式，即对车辆的状况进行实际检验，包括了解车辆使用和管理的情况，复印行驶证、购置税证，拓印发动机和车架号码，对于一些高档车辆还应拍照建立车辆档案。

5. 保险金额

保险金额的确定是汽车保险核保中的一个重要内容。由于保险金额是保险人向被保险人赔偿的最高限额，所以保险金额的确定不仅涉及保险公司的利益，即保险费的收取，同时还涉及被保险人的利益，即保险事故的赔偿。由于汽车的价格是随着市场行情而波动的，目前各公司的机动车辆保险条款均明确机动车辆保险的保险单为"不定值保单"。在实际工作中，不仅应规范保险金额的合理确定方法，以免给保险理赔工作造成不利影响，同时对投保人坚持要求按照较低保险金额投保以尽量减少所需交纳之保费的，应当如实说明低保险金额投保的不利因素。尤其对于刚开车不久的新手，应尽量劝说并将理赔时可能出现的问题进行说明和解释。对投保人坚持己见的，应当向投保人说明后果并要求其对于自己的要求进行确认，同时在保险单的批注栏明确。

6. 保险费

核保人员对于保险费的审核主要分为费率适用的审核和计算的审核。但是，对于计算机出单的，基本上不存在对保险费的审核问题，因为这种审核工作已经由计算机的智能化功能完成了。

7. 附加条款

基本险和标准条款提供的是适应机动车辆风险共性的保障，但是作为风险的个体，尤其是车队业务具有特殊性，一个完善的保险方案不仅要解决共性的问题，更重要的是解决个性问题，即附加条款适用于风险的个性问题。特殊性往往意味着高风险性，所以在对附加条款的适用问题上，更应当注意对风险的特别评估和分析，谨慎接受和制定条件。

事后风险选择则是淘汰那些超出可保风险范围的保险标的，常用方法是保险合同期满后不再续保，或按合同约定，如存在欠交保费等情况，予以注销合同，极少数有欺诈行为的，可中途终止合同。

五、车险保险费的管理

在我国的机动车辆保险业务的发展过程中，一些保险公司曾经在不同程度出现过保险费管理失控的现象。出现这些现象的原因：一是因为片面强调规模，盲目追求业务发展，忽视或者放松了对于保险费的管理；二是有的经营管理人员缺乏对于保险费管理的基本认识和知识，在保险费的管理上出现了严重的漏洞，给内外部的一些不法之徒以可乘之机。保险费管理的问题常常是导致保险公司发生经营危机的主要原因之一。保险公司只有建立一套完整的管理制度体系，才能够确保对保险费实行严格和有效的管理。

1. 保险费的类型

在保险的经营过程中通常可以将保险费分为三类：签单保险费、实收保险费和应收保险费。签单保险费是指根据保险经营过程中的权责发生制的原则，经保险公司签发了正式保险单的保险费。签单保险费为实收保险费与应收保险费之和。实收保险费指保险公司根据已经签发的保险单实际收取的保险费。应收保险费是指保险公司根据已经签发的保险单应当收取但尚未收取的保险费。

2. 保险费管理的基本原则

(1) 严格签单保险费的管理。

对于签单保险费的管理是保险费管理的根源和基础，应注意从开始就对保险费进行管理。管理的关键是建立严格的管理制度，将公司所有的业务包括代理人业务，均纳入管理的范畴，严禁出现"体外循环"现象。通过加强对于单证的管理，防止出现"埋单"的现象。

(2) 强化应收保险费的管理和催收。

由于机动车辆保险具有出险概率较高、保险期限相对较短的特点，为此，必须强化对应收保险费的管理和催收工作。应将应收保险费分为正常应收保险费和不正常应收保险费。正常应收保险费是指根据保险合同的规定，采用分期付款方式产生的应收保险费；不正常应收保险费是指非正常原因出现的应收保险费，包括采用分期付款的保险费中到期应收未收的保险费。重点是后者，在管理的过程中可以采用催收责任人制，即指定有关人员负责对不正常的应收保险费的催收工作，通过动态的监督检查，强化催收人员的责任意识。对于催收有困难的，应立即终止保险合同，同时可以通过法律途径寻求解决的办法。

3. 保险费的管理方式

保险费管理的方式可以分为对合同的管理和对财务的管理。

(1) 保险费的合同管理。

在保险合同纠纷的类型中由保险费管理产生问题的较多，突出的是在保险合同中没有对保险费的缴交时间以及未按时缴交的责任进行明确，所以在发生保险事故时，一旦发现保险费尚未缴交的情况，很容易就合同是否有效产生争议。

保险费的合同管理就是要通过加强对保险合同相关措辞的管理，解决可能因此产生的争议和纠纷。具体是指在签订保险合同的过程中，如何通过严谨的保险单措辞对于保险费缴交的相关事宜进行明确，包括保险费缴交的金额及其时间、未按时缴交的责任等，以防产生争议。

对于有些大型营运车队的保险费数额较大，需要分期支付的，可以采用以下两种方法：一是由于目前我国采用的"一车一单"制，可以根据分期支付的安排，采用不同的保险单、不同的保险费支付日期的方法。另一种是在全部保险单的保险费支付栏均采用"按约定"的措辞，同时签订一个专门的关于保险费分期支付的协议。

通过保险费的合同管理应当实现对保险费切实和有效的管理，防止因规定不明确而产生争议。更重要的是防止有些人利用这种漏洞，故意拖延缴交保险费，即没有发生保险事故就不交保险费，只有发生保险事故时才补缴。保险费的合同管理不仅要从正面在合同中对于保险费的缴交进行明确的规定，同时还要建立保险单注销制度，即对于不按期缴付保险费的，应当通过合法的方式对已签发的保险单进行注销。

(2) 保险费的财务管理。

保险费的财务管理的核心是对应收保险费或者是在途保险费的管理。从原理上讲，保险公司签发了一份保险单，就形成了一笔应该收取的保险费，这笔保险费应当及时、如数地收回。但是，在保险公司的经营管理中往往出现大量应收保险费，或者说有大量保险费在途的现象。这种现象严重影响了保险公司的正常经营，应通过加强对保险费的财务管理，有效地解决出现大量应收保险费的问题。

保险费的财务管理的关键是建立应收保险费的管理制度，通过这一制度明确在经营过程中产生应收保险费的条件、管理的职责和管理的程序等。应当认识到在保险经营的过程中产生一定的应收保险费是正常的，但是对应收保险费失去应有的管理，则是危险的。所以，应当加强对应收保险费的管理，通过对应收保险费的人和程序的管理，有效杜绝管理中的漏洞。

对应收保险费管理的有效手段是加强对保险费收据的管理。通常情况下在保险费到账之后才能出具保险费收据，但是有的被保险人单位的财务部门要求凭保险费收据支付保险费，在这种情况下，可以采用向被保险人出具"保险费通知书"的方式，要求被保险人按照通知书缴付保险费；有的被保险人单位的财务人员坚持要求凭保险费收据支付，则可以采用经办人员"借领"保险费收据的方式，即经办人员为了收取保险费可以将保险费收据借出，但是其必须负责在一定的期限内将保险费收回，或者退还保险费收据，否则就应当承担相应的责任。

保险费财务管理中的一个重要内容是对保险代理业务保险费的管理。目前，存在保险代理人有意滞留、挪用保险费的情况，严重危害了被保险人和保险人的利益。为此，保险公司尤其应加强对代理业务的保险费管理。

六、车险单证的管理

汽车保险业务的特点是保险合同的数量较大，且应用的单证种类较多，所以对单证的管理工作显得十分重要。在以往的经营过程中曾经出现了一些单证管理方面的问题，包括假冒的保险单，给我国汽车保险业的健康发展造成负面和消极的影响。

1. 汽车保险单证的类型

汽车保险的单证分为两大类：一类是正式的单证，包括投保单、保险单和批单；另一类是相关的单证，包括保险证和急救担保卡，以及其他保险抢救卡。

2. 保险单证的管理

保险单证的管理贯穿于印制、领用、销毁和保存四个环节。

(1) 单证的印制。

单证的印制是单证管理的初始和基础，应当注意加强对单证印制的管理。首先，应选择一个具有一定技术和管理水平的印刷厂，要求印刷厂按照有价单证印刷的管理方式对承印的保险单证印刷进行管理，防止单证从印刷厂流失。其次，对于付印的清样应认真核对，防止出现错误，同时应对单证进行统一编号，以便对单证进行集中管理。第三，在印制之后应进行严格的验收和交接，已经验收合格的单证，应立即移交单证仓库。

(2) 单证的领用。

应建立保险单证的领用制度，单证的领用制度包括领用单证的审批、领用单证的登记、单证的核销和单证的回收。领用单证的审批制度是指经营单位在需要领用单证时，应按照一定的程序申请和审批，单证仓库的管理人员按照审批发放单证。领用单证的登记制度是指单证仓库应建立严格的进出仓制度，建立登记簿以便对单证的发放进行管理，即对每一次领用的单证的名称、数量、号码、经办人进行记录。单证的核销制度是指将验收进入仓库的单证的编号进行统一管理，对领用的单证进行核销，跟踪相应编号的保单的去向，并配合业务管理部门对单证的使用进行管理。单证的回收制度是指对作废的单证必须进行回收。单证作废的情况有两种：一种是在使用过程中，由于在单证的缮制中出现错误，造成单证作废；另一处是由于单证的改版，造成单证的作废。

(3) 单证的销毁。

应加强对回收的作废单证的管理，防止这些空白的单证流入非法渠道，对于作废的单证进行集中销毁，并对销毁的单证进行登记和记录。

(4) 单证的保存。

注销或责任期满的单证应交档案管理部门保存。

2.3.2 汽车保险的续保与无赔款优待

保险公司应有专人负责办理续保与无赔款优待。

一、续保

续保业务是保险公司业务的重要组成部分，在实务操作中，应遵循下列制度：

1. 建立和完善续保档案

汽车保险业务承保后，保险人应建立和完善客户档案工作，特别是对投保车辆多、保费数额大的保户，要通过建立客户档案积累资料以跟踪服务，建立和稳定公司的基本客户群。保险人根据事先排列的到期通知单，在每一保险单期满前一个月寄送被保险人，通知被保险人前来办理续保手续。发现有问题的客户，如决定续保，则要解决以下问题：

(1) 查清保险车辆的出险原因；

(2) 判断保险车辆会不会再次发生同类事故；

(3) 增加特约条款，使被保险人采取预防措施。

2. 建立续保通知制度

汽车保险业务到期一个月前，保险人采取上门联系、电话或通过发续保业务联系函等方式，提请保户按时续保并提供及时的服务。

3. 续保检查制度

保险人应加强对汽车保险业务在续保方面的工作情况和成效的督促检查，加大对续保率的控制。

4. 核算续保率

汽车保险业务续保率能及时地反映业务连续程度和客户队伍稳定程度。续保率可以反映服务质量的水平，并将影响展业的费用成本。业务部门领导要指定专人对业务续保率进行统计，并加强对续保率的考核。

续保率的计算公式如下：

$$续保率 = 本期续保车辆数/上期同期承保车辆数$$

二、无赔款优待

无赔款优待，即如果投保车辆在上一年保险期限内未发生保险赔款，那么续保时可享受减收保险费的优待。

无赔款优待制度是机动车辆保险特有的制度，其核心是为了在风险不均匀分布的情况下使保险费直接与实际损失相联系，充分体现了经营中对于风险个性特征的考虑，从而使保险公司实际收取的保险费能够更加真实地反映所承保风险的实际情况。

为了鼓励被保险人及其驾驶人员严格遵守交通规则，安全行车，各国的机动车辆保险业务中均采用了"无赔款优待"制度。具体是根据连续无赔款的年度递增无赔款优待比例，有的国家或公司优待的比例最高可达 60 %～70 %。我国的机动车辆保险业务也采用了无赔款优待制度，即上一保险年度未发生保险赔款的保险车辆且保险期限均为 1 年，在续保时享受无赔款减收保险费的优待。

1. 享受无赔款优待的条件

(1) 保险期限必须满 1 年。享受无赔款优待实际上是对被保险人上一保险年度安全行驶的奖励，中途退保者不能享受。

(2) 保险期限内无赔款。无赔款的条件包括保险车辆投保的所有险种与险别，即车辆同时投保车辆损失险、机动车交通事故责任强制保险及附加险的，只要其中有任何一个险种或险别发生赔款，就不能给予无赔款优待。

(3) 按期续保。按期续保包含两层意义：一是享受无赔款优待的时间必须是在投保人办理续保时，绝不能变相用于销售时的"返佣"；二是享受无赔款优待的范围必须是续保的险种或险别，上年度投保而本年度未续保的或本年度新投保的，均不得享受无赔款优待。

2. 享受无赔款优待的标准

保险车辆在续保时，根据过去保险年度的赔付情况享受无赔款优待。具体优待的标准按照投保时经保险监督管理机构批准的相关标准执行。车险无赔款优待系数调整比例计算方法如下：

(1) 连续三年没有发生赔款，则系数为 0.6；

(2) 连续两年没有发生赔款，则系数为 0.7；

(3) 上年没有发生赔款，则系数为 0.85；

(4) 新保或上年发生一次赔款，则系数为 1.0；

(5) 上年发生 2 次赔款，则系数为 1.25；

(6) 上年发生 3 次赔款，则系数增加为 1.5；

(7) 上年发生 4 次赔款，则系数为 1.75；

(8) 上年发生 5 次及以上赔款，则系数升至 2.00。

3. 确定无赔款优待时需要注意的问题

(1) 同一投保人投保车辆不止一辆的，无赔款优待分别按辆计算。这样就不至于因为投保单位某一辆或几辆保险车辆发生赔款，而影响该单位其他保险车辆的无赔款优待。

(2) 保险车辆发生保险事故，续保时案件未决，不能给予无赔款优待。若事故处理后，保险公司无赔款责任，则应退还无赔款优待应减收的保险费。

(3) 在 1 年保险期限内，发生所有权转移的保险车辆，续保时不给予无赔款优待。

2.3.3　汽车保险的投保

汽车保险的投保是指对保险车辆有保险利益的一方如汽车的所有者等购买汽车保险的过程。

机动车辆投保应具备一定条件：有交通管理部门核发的车辆号牌，对于新车投保需有购车发票；有交通管理部门填发的机动车辆行驶证；有车辆检验合格证。

投保前应备好证件：机动车行驶证、被保险人身份证复印件、投保人身份证复印件；被保险人与车主不一致时，应提供由车主出具的能够证明被保险人与投保车辆关系的证明或契约。

由于各家保险公司推出的汽车保险条款种类繁多，价格各异，因此投保人在购买汽车保险时的一般流程如下：

1. 了解保险条款及费率，根据实际需要购买

投保人选择汽车保险时，应了解自身的风险和特征，根据实际情况选择个人所需的风险保障。对于汽车保险市场现有产品应进行充分了解，以便购买适合自身需要的汽车保险。

投保人应认真了解汽车保险条款内容，重点是汽车保险有关险种的保险责任、除外责任和特别约定、被保险人权利和义务、免赔额或免赔率的计算、申请赔偿的手续、退保和折旧、保费计算的规定等。此外，还应当注意汽车保险的费率是否与保监会批准的费率一致，了解保险公司的费率优惠规定和无赔款优待的规定。通常，保险责任比较全面的产品，保险费比较高；保险责任少的产品，保险费较低。

2. 选择保险公司

投保人应选择在具有合法资格的保险公司营业机构购买汽车保险。汽车保险的售后服务与产品本身一样重要，投保人在选择保险公司时，要了解各公司提供服务的内容及信誉度，以充分保障自己的利益。

3. 挑选保险代理人

投保人也可以通过代理人购买汽车保险。选择代理人时，应选择具有执业资格证书、展业证及与保险公司签有正式代理合同的代理人；应当了解汽车保险条款中涉及赔偿责任和权利义务的部分，防止个别代理人片面夸大产品的保障功能，回避责任免除条款的内容。

4. 选择投保险种

1) **最低保障方案**

险种组合：机动车交通事故责任强制保险(只对第三者的损失负赔偿责任)。

特点：适用于那些怀有侥幸心理，认为买保险没用的人或急于拿保险单去上牌照或验车的人。

适用对象：急于上牌照或急于通过年检的个人。

优点：可以用来应付上牌照或验车。

缺点：一旦撞车或撞人，对方的损失能得到保险公司一定的赔偿，但是自己车的损失只能自己负担。

2) **基本保障方案**

险种组合：机动车交通事故责任强制保险+车辆损失险+第三者责任险(只投保基本险，不含任何附加险)。

特点：适用部分认为事故后修车费用很高的车主，他们认为意外事故的发生率比较高，为自己的车和第三者的人身伤亡和财产损毁寻求保障，此组合为很多车主青睐。

适用对象：有一定经济压力的个人或单位。

优点：必要性最高。

缺点：不是最佳组合，最好加入不计免赔特约险。

3) **经济保障方案**

险种组合：机动车交通事故责任强制保险+车辆损失险+第三者责任险+不计免赔特约险+全车盗抢险。

特点：投保最必要、最有价值的险种。

适用对象：个人，是精打细算的最佳选择。

优点：投保最有价值的险种，保险性价比最高；人们最关心的丢失和 100％赔付等大风险都有保障，保费不高但包含了比较实用的不计免赔特约险。

4) **最佳保障方案**

险种组合：机动车交通事故责任强制保险＋车辆损失险＋第三者责任险＋车上人员责任险＋风挡玻璃险＋不计免赔特约险＋全车盗抢险。

特点：在经济投保方案的基础上，加入了车上人员责任险和风挡玻璃险，使乘客及车辆易损部分得到安全保障。

适用对象：一般公司或个人。

优点：投保价值大的险种，不花冤枉钱，物有所值。

5) **完全保障方案**

险种组合：机动车交通事故责任强制保险＋车辆损失险＋第三者责任险＋车上责任险＋风挡玻璃险＋不免赔特约险＋新增加设备损失险＋自燃损失险＋全车盗抢险。

特点：保全险，居安思危方才有备无患。能保的险种全部投保，从容上路，不必担心交通所带来的种种风险。

适用对象：机关、事业单位、大公司。

优点：几乎与汽车有关的全部事故损失都能得到赔偿。投保人不必承担投保决策失误的损失。

缺点：保全险保费较高，某些险种出险的概率非常小。

【例 2-11】讨论："一岁"大众如何投保？

29 岁的张先生，驾龄 2 年，经济状况中等，自用一辆使用一年的大众车，新车购置价 12 万元，有安全气囊。该车一般停在露天停车位，经常驾车出游。

讨论：张先生应如何选择险种？

结论：

(1) 交强险，必保险种。

(2) 商业第三者责任险，一般涉及人身伤残需要赔偿的金额较大，建议补充 5 万或 10 万的商业第三者责任险。

(3) 家庭自用车车损险，建议按照新车购置价 12 万投保，这样在理赔时可以获得足额赔付。

(4) 玻璃单独破碎险，因停在室外露天停车场，应投保该险种。

(5) 不计免赔特约险，将免赔率的那一部分损失转由保险公司承担。

(6) 机动车盗抢险，由于张先生没有固定车库，多数停放在露天车位上，没有特殊的防盗装置，因此建议投保机动车盗抢险。

(7) 车上人员责任险，张先生的车偶尔会搭载朋友或同事，还经常自驾出游，因此需要投保车上人员责任险，以获得对车上人员的保障。

(8) 车身划痕险，车刚刚使用一年，车况较新，又停放在露天场所，所以出险碰撞划痕的可能性较高，因此建议投保车身划痕险。

(9) 自燃损失险，看车辆保养情况，如果保养较好，可以不保。

5. 填写投保单

投保单是保险合同订立过程中的重要单证，是投保人向保险人进行要约的证明，是确定保险合同内容的重要依据。因此，投保人必须根据保险公司提供的一些资料，如条款和费率等，针对投保单的主要内容，如投保人的有关情况、汽车的厂牌车型、车辆种类、车牌号码、发动机号码和车架号码、汽车的使用性质、吨位或座位数、行驶证初次登记年月、汽车的保险价值、保险金额或赔偿限额以及特别约定等信息，按照保险人的要求认真填写投保单并将其交付给保险人，切忌保险代理人代投保人填写投保单。

1) 汽车投保单的填写形式

(1) 投保人或经办人口述，由保险企业人员或代理人员录入业务处理系统，打印后由投保人签字。

(2) 投保人利用公司电子商务投保系统等工具自动录入，打印后由投保人签字。

(3) 投保人手工填写后签字或盖章。

2) 投保单填写基本规则(要求)

(1) 投保单必须保持整洁，不允许折叠和不规范涂改，破损的投保单视为作废，需重新填写。

(2) 填写资料应完整，填写时必须使用黑色钢笔或签字笔以简体字填写，若有难以辨认或繁体字书写的，须用简体字注明，如遇到难(偏)字，请用铅笔以拼音注明。

(3) 投保人、被保险人须亲笔签字，不得代签；若投保人或被保险人为文盲，须在相应签名处亲自按右手大拇指手印。

(4) 每份投保单最多可更改三处，须在更改内容处划两道"左下右上"的斜线，并将正确内容填写在更改内容上方，不得使用涂改液或采用刮划的方式。投保人须在更改处亲笔签名，若涉及被保险人，还同时须被保险人签名确认。

(5) 身份证号码填写有更改须附相关人员身份证复印件。

(6) 投保单的重要栏目不能涂改：投保人、被保险人姓名及签名，受益人的姓名，投保事项、告知书，投保申请日期。

(7) 身份证号码与实际情况有出入或无身份证号者，均请附有效法定证件的复印件。

3) 填写投保单注意事项

(1) 投保人情况。

投保人名称或姓名：自然人(与有效身份证相同)；法人(全称，必须完整和准确)。填写投保人情况的主要目的是确定其资格问题。投保人是保险合同不可缺少的当事人。投保人除应当具有相应权利能力和行为能力外，对保险标的必须具有保险利益。因此，投保人应当在投保单上填写自己的姓名，以便保险人核实其资格，避免出现保险纠纷。

投保人住所：法人或其他组织填写主要的办事机构；自然人填写常住地址，需精确到门牌号。

(2) 被保险人(驾驶员)情况。

被保险人必须是保险事故发生时遭受损失的人，即受保障的人。因此，投保单上必须注明被保险人的姓名。

投保单上需要填写投保人与被保险人的详细地址、邮编、电话及联系人，以便于联系和作为确定保险费率的参考因素。

合同生效后，保险人需定期或不定期地向客户调研自身的服务质量或通知被保险人有关信息。

(3) 被保险车辆。

分散业务：投保单一般为一车一单。

多车业务：投保单可以使用附表形式(见《机动车辆保险投保单附表》)，投保人情况、被保险人情况、投保车辆种类、投保车辆使用性质及投保主险条款名称等共性的内容在投保单主页上填写，个性的内容填写《机动车辆保险投保单附表》。如果上述共性的内容有一项有差别，均要另外启用一份投保单填写共性内容及其附表。譬如，某企业投保 20 辆客车，投保人情况、被保险人情况、投保车辆种类、车辆使用性质均相同，但其中 15 辆车选择《非营业用汽车损失保险条款》和《第三者责任保险条款》投保，另外 5 辆车只选择《第三者责任保险条款》投保，此时投保主险条款名称不同，要启用两份投保单，分别填写投保单主页和附表。

被保险人与车辆的关系：被保险人与投保车辆《机动车行驶证》上载明的车主相同时，选择"所有"；被保险人与车主不相符时，根据实际情况选择"使用"或"管理"。

车主：被保险人与车辆的关系为"所有"时，本项可省略不填写；被保险人不是车主时，需填写投保车辆《机动车行驶证》上载明的车主名称或姓名。

汽车本身资料：号牌号码、厂牌型号、发动机号、车架号、车辆种类、座位／吨位、车辆颜色等内容。填写车辆管理机关核发的号牌号码时需注明底色，并且应与行驶证号牌号码一致。

【例 2-12】鲁 H00099(黄)、鲁 QA0398(黄)

【小知识】

1. 号牌底色

大型民用车号牌号码：黄底黑字；小型民用车号牌号码：蓝底白字；外籍车号牌号码：黑底白字；军用车号牌号码：白底红中文字黑数字。

2. 车辆种类

(1) 客车：座位(包括驾员座)以机动车行驶证载明的座位为准。

(2) 货车：按其载重量分档计费，客货两用车按客车或货车中的高档费率计费。

(3) 挂车。

(4) 油罐车、气罐车、液罐车、冷藏车。

(5) 起重车、装卸车、工程车、监测车、邮电车、消防车、清洁车、医疗车、救护车、电视转播车、雷达车、X 光检查车、大型联合收割机或其他专用车辆。

(6) 摩托车。

3. A、B 类车辆种类划分标准

A 类车辆是指：

(1) 整车进口的一切机动车辆；

(2) 主要零配件由国外进口，国内组装的套牌车辆；

(3) 合资企业生产的 16 座以上(含 16 座)的客车；

(4) 外资、合资企业生产的摩托车；

(5) 合资企业生产的国产化率低于 70% 的机动车辆。

B 类车辆是指除 A 类车辆以外的机动车辆。

4. 汽车所有与使用情况

(1) 该汽车所属性质是什么？

(2) 该汽车是否为分期付款购买的？如果是，卖方是谁？

(3) 该汽车的行驶证所列明的车主是谁？

(4) 该汽车的使用性质是什么？行驶区域如何？

【小知识】

1. 特种车

特种车(1)：包括油罐车、气罐车、液罐车、水泥罐车、冷藏车等；

特种车(2)：包括起重车、装卸车、工程车，适用于各种有起重、装卸、升降等工程设备或功能的专用车辆；

特种车(3)：包括救护车、电视转播车、监测车、消防车、清洁车及医疗车；

特种车(4)：专指运钞车。

2. 座位／吨位

根据行驶证注明的座位和吨位填写。客车填座位，货车填吨位，客货两用车填写座位

/吨位。如 BJ630 客车填"16 /"，解放 CAl41 货车填"/ 5"，丰田 DYNA 客货两用车填写"5 / 1.75"。

3. 初次登记年月(用来确定车龄)

因为初次登记年月是理赔时确定保险车辆实际价值的重要依据，所以应按照车辆行驶证上的"登记日期"填写。

4. 使用性质

使用性质分为营业与非营业两类。营业车辆指从事社会运输并收取运费的车辆；非营业车辆是指各级党政机关、社会团体、企事业单位自用的车辆，或仅用于个人及家庭生活的车辆。

(1) 私人生活用车：个人或家庭所有并用于非经营的客车。

(2) 行政用车：党政机关、社会团体、企事业单位及其他组织所有并用于日常行政事务的车辆。

(3) 生产用车：企业、个人或家庭所有并用于完成商业性传递或保证自身经营活动正常运作的车辆。

(4) 营运车辆：由交通运输管理部门核发营运证书的用于从事客运、货运或客货两运的车辆。

(5) 租赁车辆：拥有国家管理部门核发的租赁许可证的单位所有并用于向他人租赁以收取租赁费用为目的的车辆。

5. 所属性质

根据保险汽车的所有权，按照机关、企业、个人三类填写保险汽车的所属性质。

6. 车辆颜色

车辆颜色应与车辆行驶证上的车辆照片颜色一致。

7. 行驶区域

行驶区域分为省内、境内、出入境。

4) 投保人签名或签章

投保人对投保单各项内容核对无误并对投保险种对应的保险条款(包括责任免除和投保人义务、被保险人义务)明确理解后，需在"投保人签名/签章"处签名或签章。投保人为自然人时必须由投保人亲笔签字；投保人为法人或其他组织时必须加盖公章，有委托书的可不必签章，投保人签章必须与投保人名称一致。投保人签单必须做到两个"确认"——确认属实、确认知道。

5) 投保险种及期限

投保单中必须明确说明投保险种及期限。

6. 保险人核保，投保人交保险费，签发保险单

保险人审核投保单，如果符合保险条件则保险人在投保单上签章，作出对投保人要求的承诺即承保，投保人交保险费，并得到保险人签发的保险单；若不符合保险条件，则保险人作出拒绝承保的决定，将投保单退回给投保人。

另外，投保人购买汽车保险应注意以下事项：

(1) 对保险重要单证的使用和保管。投保者在购买汽车保险时，应如实填写投保单上

规定的各项内容，取得保险单后应核对其内容是否与投保单上的有关内容完全一致。对所有的保险单、保险卡、批单、保费发票等有关重要凭证应妥善保管，以便在出险时能及时提供理赔依据。

(2) 如实告知义务。投保者在购买汽车保险时应履行如实告知义务，对与保险标的的风险有直接关系的情况，比如保险车辆的行驶区域有变动或保险车辆的使用性质或所有权发生变化等重要事实，应当如实告知保险公司。

(3) 购买汽车保险后，应及时交纳保险费，并按照条款规定，履行被保险人义务。

(4) 合同纠纷的解决方式。对于保险合同产生的纠纷，投保人应当依据在购买汽车保险时与保险公司的约定，以仲裁或诉讼的方式解决。

(5) 投诉。消费者在购买汽车保险过程中，如发现保险公司或中介机构有误导或销售未经批准的汽车保险等行为，可及时向保险监督管理部门投诉，以维护自身的正当权益。

7. 投保误区

1) 不足额投保

保险金额低于保险价值是不足额投保，保险公司将按保险金额与保险价值的比例赔偿。

缺点：被保险人不能得到足额赔付。

正确方式：应按新车购置价投保。

2) 超额投保

保险金额超过保险价值是超额投保。

缺点：保险金额不能超过保险价值，超过部分无效。保险车辆出险后，保险公司将按汽车出险时的实际损失确定。

3) 重复投保

重复保险即保险金额总和超过保险价值。各保险人的赔偿金额的总和不得超过保险价值。

缺点：各保险公司按照其保险金额与保险金额总和的比例承担赔偿责任。

财产保险合同中，有确定的保险金额，重复保险不能得到多份赔偿。

任 务 实 施

填写模拟保单，分别计算交强险、车损险、商业三者险、车上人员责任险、全车盗抢险、车身划痕险、玻璃单独破碎险、自燃损失险、不计免赔险等九个常见险种的保费。

学习情境 3　汽车保险理赔实务

【学习目标】

通过本学习情境的学习与任务实施，要达到以下目标：

学生能够进一步掌握汽车保险的具体险种、汽车保险理赔流程、汽车保险理赔细则，并能处理汽车保险理赔业务，能对全系统理赔调查工作进行监督、检查和指导、制订，能对具体的汽车保险理赔实例进行分析。

【情境描述】

有一客户的车辆出险，客户向保险公司提出索赔申请，汽车保险的理赔人员按照汽车保险理赔原则对客户的索赔进行立案、查勘、计算赔款、核赔和支付赔款等理赔业务处理。

3.1　汽车保险理赔概述

【导入案例：不小心撞了 1000 万的劳斯莱斯，保险公司如何理赔？】

随着人们生活水平的提高，现在有车已经不是一件稀罕事了。花三五万可以买辆车，十来万也可以，当然也有上百万上千万的车。

前几天，一辆现代就撞上了一辆劳斯莱斯(如图 3-1 所示)，车主下车的第一句话就是："你卖房吧."劳斯莱斯的维修到底需要多少钱，真的要卖房子才够吗？

图 3-1　一辆现代轿车撞上了一辆劳斯莱斯

　　据了解，劳斯莱斯的价位在 400 万~1400 万之间，而且劳斯莱斯的配件也很贵，仅车前的小金人(如图 3-2 所示)就价值 24 万。曾经有一家武汉劳斯莱斯汽车维修店给出了一份报价单(如图 3-3 所示)，不看别的，单看工时费 14 万多就让人目瞪口呆了。各项材料费加起来，更是高达一百万，足够在二三线城市买一套房子了。其实很多汽车 4S 店都有不成文的规定，对豪车只换不修，这是因为大多数豪车的车身是全铝的材质，一旦发生碰撞，是无法进行修复的，只能更换配件，而且大多数好的配件都需要从国外进口。关税运输费用以及代理商层层加价，导致了豪车配件的价格惊人，维修的费用自然也就水涨船高了。可能有人会说，我买了保险，保险公司会赔我啊。可是，上百万的维修费，保险公司真的能全额支付吗？

图 3-2　劳斯莱斯小金人车标

劳斯莱斯汽车（武汉）报价单

工单号						
车主姓名			送修人	先生	电话	
底盘号	2522		车牌号	9999	车型	幻影
进店日期	2016/2/19		里程数	1506	服务顾问	盛欢
序号		维修项目		工时费		备注
1		拆装前杠		13500		
2		拆装左前大灯		3500		
3		拆装左前叶子板		25000		
4		前杠喷漆		27000		
5		左前叶子板喷漆		25000		
6		拆装水箱大框		50000		
		工时费合计		144000		
序号		配件名称		材料费		配件号
1		前杠		214230		7303447
2		左前叶子板		284870		7294067
3		左前大灯		114680		2210809
4		左前组合灯		59420		0405101
5		左前大灯主模块		32530		2297630
6		左前叶子板边灯		9700		2338031
7		左前叶子板内衬		25170		7303659
8		水箱大框		271860		7316465
		材料费合计		1012460		
合计	1156460		大写			

图 3-3　劳斯莱斯维修报价单

　　一般而言，对第三方造成的损伤是通过交强险与第三者责任险获赔的，但交强险在被保人责任的情况下，对受害方的赔偿最高只有 2000 元，而第三者责任险则是看你的具体保额，有人觉得无所谓选择最低 5 万元的，也有人买到 100 万的。100 万对于豪车维修费来说，也只够解燃眉之急，但实际上并没有多少车主会购买 100 万的保额，更别提有相当一部分车主只购买了交强险。如果不幸撞了豪车，扣掉三责险的保额与交强险的 2000 元，剩下的就只能自己负担了。

【理论知识】

3.1.1　汽车保险理赔的概念及特点

一、车险理赔的含义

按照有关《汽车保险条款》规定，交通事故发生后，投保人或被保险人依照合同可向保险人索赔。这里体现的是投保人或被保险人的权利，即向保险人请求赔偿损失的行为称为索赔。保险公司收到被保险人的赔偿申请后，根据保险合同的规定，从受理立案到对事故的原因和损失情况进行查勘并予以赔偿的行为称为理赔。

汽车事故损失有的属于保险责任，有的属于非保险责任，即使属于保险责任，因多种因素制约，被保险人的损失不一定等于保险人的赔偿额。所以说，汽车保险理赔涉及保险合同双方的权利与义务的实现，是保险经营中的一项重要内容。

二、车险理赔的意义

本质上：使汽车保险的基本职能得到实现。

对客户：能及时恢复生产，安定生活。

对保人：可检验承保质量，树立形象。

车险理赔质量关系到保险人的成本与信誉，也关系到被保险人的切身利益，是非常重要的一环。

三、汽车保险理赔的特点

1. 被保险人的公众性

我国的汽车保险理赔的被保险人曾经是以单位、企业为主，但是随着个人拥有车辆数量的增加，被保险人中单一车主的比例将逐步增加。这些被保险人的特点是购买保险具有较大的被动色彩，加上文化、知识和修养的局限，对保险、交通事故处理、车辆修理等知之甚少。另一方面，由于利益的驱动，检验和理算人员在理赔过程中的交流存在较大的障碍。

2. 损失率高且损失程度较小

汽车保险理赔的另一个特征是保险事故虽然损失金额一般不大，但是事故发生的频率高。保险公司在经营过程中需要投入的精力和费用较大，有的事故金额不大，但是仍然涉及对被保险人的服务质量问题，保险公司同样应予以足够的重视。另一方面，从个案的角度看，赔偿的金额不大，但是积少成多也将对保险公司的经营产生重要影响。

3. 标的流动性大

由于汽车的功能特点决定了其具有相当大的流动性，而车辆发生事故的地点和时间不确定，这就要求保险公司必须要拥有一个运作良好的服务体系来支持理赔服务，主体是一个全天候的报案受理机制和一个庞大而高效的检验网络。

4. 受制于修理厂的程度较大

在汽车保险的理赔中扮演重要角色的是修理厂，修理厂的修理价格、工期和质量均直接影响汽车保险的服务。因为大多数被保险人在发生事故之后，均认为只要有了保险，保险公司就必须负责将车辆修复，所以在车辆交给修理厂之后就很少过问。一旦因车辆修理质量或工期，甚至价格等出现问题，均将保险公司和修理厂一并指责。而事实上，保险公司在保险合同项下承担的仅仅是经济补偿义务，对于事故车辆的修理以及相关事宜并没有负责义务。

5. 道德风险普遍

在财产保险业务中，汽车保险是道德风险的"重灾区"。汽车保险理赔具有标的流动性强、户籍管理存在缺陷、保险信息不对称等特点，以及汽车保险理赔条款不完善、相关的法律环境不健全及汽车保险理赔管理中存在的一些问题和漏洞，给了不法之徒可乘之机，致使汽车保险理赔欺诈案件时有发生。

3.1.2　汽车保险理赔的原则

汽车保险理赔工作涉及面广，情况比较复杂。在赔偿处理过程中，特别是在对汽车事故进行查勘工作的过程中，必须提出应有的要求和坚持一定的原则。

1. 坚持实事求是

树立为保户服务的指导思想，坚持实事求是原则。在整个理赔工作过程中，体现了保险的经济补偿职能作用。当发生汽车保险事故后，保险人要急被保险人之所急，千方百计避免扩大损失，尽量减轻因灾害事故造成的影响，及时安排事故车辆修复，并保证基本恢复车辆的原有技术性能，使其尽快投入生产运营。及时处理赔案，支付赔款，以保证运输生产单位(含个体运输户)生产、经营的持续进行和人民生活的安定。

在现场查勘、事故车辆修复定损以及赔案处理方面，要坚持实事求是的原则，在尊重客观事实的基础上，具体问题作具体分析，既严格按条款办事，又结合实际情况进行适当灵活的处理，以使各方都比较满意。

2. 重合同，守信用

保险人是否履行合同，就看其是否严格履行经济补偿义务。因此，保险方在处理赔案时，必须加强法制观念，严格按条款办事，该赔的一定要赔，而且要按照赔偿标准及规定足额赔付；不属于保险责任范围的损失不滥赔，同时还要向被保险人讲明道理，拒赔部分要讲事实、重证据。要依法办事，坚持重合同，诚实信用，只有这样才能树立保险的信誉，扩大保险的积极影响。

3. 主动、迅速、准确、合理

"主动、迅速、准确、合理"是保险理赔人员在长期的工作实践中总结出的经验，是保险理赔工作优质服务的最基本要求。

(1) 主动：要求保险理赔人员对出险的案件积极、主动地进行调查、了解和勘察现场，掌握出险情况，进行事故分析，确定保险责任。

(2) 迅速：要求保险理赔人员查勘、定损处理迅速、不拖沓，抓紧赔案处理；对赔案要核的准确，赔款计算案卷缮制快捷，复核、审批快速，使被保险人及时得到赔款。

(3) 准确：要求从查勘、定损以至赔款计算，都要做到准确无误，不错赔、不滥赔、不惜赔。

(4) 合理：要求在理赔工作过程中，本着实事求是的精神，坚持按条款办事。在许多情况下，要结合具体案情确定性，尤其是在对事故车辆进行定损的过程中，要合理确定事故车辆维修方案。

理赔工作的"八字"原则是辨证的统一体，不可偏废。如果片面追求速度，不深入调查了解，不对具体情况作具体分析，盲目结论，或者计算不准确，草率处理，则可能会发生错案，甚至引起法律纠纷。当然，如果只追求准确、合理，忽视速度，不讲工作效率，赔案久拖不决，则会造成极坏的社会影响，损害保险公司的形象。所以，总的要求是从实际出发，为保户着想，既要讲速度，又要讲质量。

3.1.3　汽车保险理赔的运作模式

一、汽车保险理赔的模式

1. 检验与理算

检验是对损失情况进行现场和专业的调查和勘察，对损失及其程度进行客观专业的描述和记录，对修复的可能性进行判断，对于可以修复的，应确定修复的方式和费用。理算是根据检验报告提供的情况，结合保险合同条款和相关法律的有关规定，计算应支付的保险赔款，并将赔款划付给被保险人。

检验与理算是相互依赖、密不可分的。检验是理算的前提和基础，理算是检验的目的，理算对检验具有检验和监督的作用。

检验与理算是汽车保险理赔的关键环节。在实际操作中，异地出险的检验与理算可以由保险公司的分支机构完成，也可以委托当地的公估公司或其他保险公司的分支机构完成代理查勘和代理定损工作，或者只委托其他机构代理查勘，定损由保险公司自己完成。

2. 汽车保险理赔的模式

目前我国汽车保险理赔的模式主要有：

(1) 保险公司的理赔部门负责检验和理算。这种模式的公正性面临严峻挑战，也不利于加强保险公司内部业务的管理和经营核算。

(2) 公估公司负责检验工作，保险公司根据公估公司的检验报告进行理算。这种模式能体现保险合同公平的特点，避免了许多纠纷和争议；可减少保险公司为配备专职的检验人员而投入的费用开支，同时体现了社会分工的专业化，有利于公估的发展，完善保险市场结构。这种模式是我国汽车保险理赔模式的发展趋势，目前平安保险公司等保险公司的理赔模式正在朝这个方向发展。公估公司及其检验人员的信用是这种模式存在和发展的关键因素。

二、汽车保险理赔的监督

1. 监督的目的

对理赔工作监督的目的是确保和全面提高保险产品的质量，强化保险公司内部的经营管理，提高公司和行业的总体水平。

对于理赔案件的监督是保险经营管理的一个重要内容。由于保险合同是一种射幸合同，大多数的保险合同保险人提供的仅仅是一种承诺和保障，只有少数出险的保险合同保险人才真正履行补偿的义务，为此对于理赔工作的质量应予以充分的重视。一方面理赔工作是保险人实际履约的过程，是被保险人感受和体验保险产品使用价值的过程，无疑理赔工作的质量将形成被保险人对保险以及保险人的认识，对保险人的信誉将产生直接且重要的影响；另一方面理赔工作也是保险人控制经营风险的一个重要环节，严格地按照保险合同进行理赔是防止滥赔和骗赔、确保公平的一个重要的前提条件。同时，通过理赔还可以发现承保中可能存在的种种问题，并且可以有针对性地采取改进措施，这些对保险人的经营业绩将产生重要的影响。

2. 监督的原则

(1) 合法原则。对于理赔工作的监督过程应遵照合法原则。保险合同是经济合同的一种，在合同的执行过程中关键是应严格按照法律和合同的有关规定执行。首先，应确保在合同的执行过程中符合国家的有关法律和法规，在汽车保险业务中应包括《合同法》《保险法》和国家有关交通事故处理的有关法律和法规。其次，应严格按照保险合同的有关条款执行，因为合同对当事人而言就是"法律"，当事人双方应严格按照合同规定履行相应的义务。

(2) 公平原则。公平原则是经济活动的基本原则，在保险合同的执行过程中，也应遵循公平原则。在我国由于被保险人的保障意识淡薄，往往不能很好地维护自身的合法权益，有时保险公司的工作人员从自身的利益出发，有意无意地利用了被保险人的这一缺陷，在理赔工作中任意降低赔付标准和水平，侵害了被保险人的利益。这种行为无疑是短视的和不公平的，从长远的角度看，这种现象将对我国的保险业产生极其不良的影响。

(3) 强化管理原则。保险公司在经营过程中均制定了一系列管理制度和规定，但是这些制度和规定的执行情况如何，大多数可以在理赔环节予以反映。承保工作的质量，包括条款的制定、费率的厘定和风险的评估等工作质量均将在理赔环节集中反映出来。同时，理赔工作的质量，包括理赔的正确性和时效性以及服务水平，更是理赔工作监督和管理的重要内容。通过对理赔工作的监督和管理，可以有效地强化保险公司的内部管理，提高产品质量和服务水平。

(4) 改善经营原则。保险公司是以经营风险为主业的机构，其生存和发展的前提条件是对于风险的科学经营和管理。对理赔工作的监督和管理，可以确保保险公司经营的科学性和目的性，能够通过理赔工作及时地发现经营中存在的问题，包括价格确定和业务管理。同时，一旦经营出现了问题，也可以通过对理赔工作的监督和管理及时予以研究和分析，并制定相应的对策及时地调整经营策略，确保经营的稳定。

3. 监督的方式

车险理赔的监督可以采用外部监督和内部监督两种模式。

(1) 外部监督。外部监督模式即通过保险监督管理委员会或者行业公会(协会)的监督，也包括委托外部的审计机构对自身的业务进行专项审计，有的保险公司还委请社会人士对公司的经营情况进行监督。

外部监督的优点是能够保证监督的透明度，真正形成压力，同时能够在消费者心目中塑造良好的企业形象，增强消费者对企业的信心和信任。

(2) 内部监督。内部监督模式则是通过在保险公司内部建立监控和管理体系，通过业务、财务和审计，定期和不定期的检查和监督，建立保险公司内部的监督和管理机制。业务部门是进行汽车保险业务的经营和管理部门，同时也是制定规则的部门，有时甚至是承受经营成果的部门。所以，业务部门对于业务的监督和管理专业性较强，具有责任和利益的双重压力。但是从另一个角度看，这种监督和管理可能存在"护短"和维护"小团体利益"的现象。可见，通过财务和审计部门对于汽车保险业务进行监督和管理是十分必要的。通过财务数据的采集和分析，可以从经营成果、成本结构等宏观方面了解和控制经营情况，审计部门可以结合年终、专项和离任审计等形式，对汽车保险经营的一个局部进行深入的审计，从而了解经营中可能存在的问题，包括个性和共性两个方面的问题。

3.2　汽车保险理赔流程

 【导入案例：出险后的注意事项】

出险后应及时保护现场

案例：车主张先生在开车出小区大门时与侧面驶来的车发生碰撞，因为堵住了小区出口，为了不影响其他车辆进出，他们将车辆挪到了三米之外的地方。但随后赶来的保险公司查勘人员无法从事故现场的驰迹判断事故责任归属，于是双方发生了争执。

专家解读：有时候车辆碰撞后，有些车主担心交通堵塞，在未能标明事故现场状况的情况将车驶离现场，然后再商讨事故责任的划分，这样往往会导致纠纷的产生。对于事故损失较大的，车主想要顺利理赔，一定要谨记汽车保险理赔流程中很重要的一点，及时保护出险现场。不要急于驶离现场，应当先用粉笔划出事故现场两车轮胎位置，或者用相机、手机摄像功能拍下事故照片。这样既能保证道路交通不会拥堵，也使车主理赔有了根据。

车主擅自修车费用不等同于定损费用

案例：王小姐车子被撞后，附近正巧有一家修理厂，于是她没等保险公司派人定损就先去修车了。可是后来保险公司并不按照修车的费用来赔付，王小姐很气愤："车险不就是参照修车单据与事故证明书给予理赔吗？现在资料都收集齐全了，为什么不全赔啊？"

专家解读：定损单上的维修价格是保险公司根据汽车完全修理的情况下所需要支付的维修价来预先设定的，除非汽车维修过程中发现新的故障需要重新定损，否则定损单的维修价就作为确定理赔款的唯一有效依据。案例中的王小姐不懂得汽车保险理赔流程，擅自修理，而保险公司缺乏客观的事故查勘定损过程，为了规避少数人故意夸大事故损失而非法牟利，只能按照这类修车项目的市场均价赔偿。

所以，车主一定要等待定损员查勘现场并出示权威的定损单据后，再离开现场，这样才能顺利得到理赔。

🎓【理论知识】

3.2.1　汽车保险理赔的流程

根据车险理赔的操作流程，可将理赔工作分为六个主要的步骤，即受理案件—现场查勘—责任、损失确定—赔款理算—核赔—赔付结案，如图 3-4 所示。

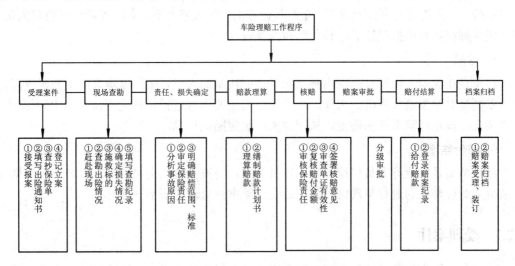

图 3-4　汽车保险理赔工作流程图

1. 受理案件

受理案件是指保险人接受被保险人的报案，并对相关事项做出安排。受理案件是汽车保险理赔工作的第一步，各保险公司均非常重视。为此，各保险公司均设置了报案受理部门，开通了多种报案方式，并对报案的内容进行详细记录。

2. 现场查勘

现场查勘是指运用科学的方法和现代技术手段，对保险事故现场进行实地勘察和查询，将事故现场、事故原因等内容完整而准确地记录下来。现场查勘是查明保险事故真相的重要手段，是分析事故原因和认定事故责任的基本依据，也为事故损害赔偿提供了证据。所以，各保险公司均建立了合理的服务网络，配备了完善的交通工具，有一定数量且经验丰富的查勘人员，予以保证现场查勘工作的快速、有效。

3. 责任、损失确定

责任、损失确定是根据保险合同的规定和现场查勘的实际损失记录，在尊重客观事实的基础上，确定保险责任，然后开展事故定损和赔款计算工作。损失确定包括车辆损失、人身伤亡费用、其他财产损失等。车辆损失主要是确定维修项目的工时费和换件项目的价格，人身伤亡费用按道路交通事故的相关规定进行计算即可；其他财产损失一般按实际损失通过与受害人协商确定。

4. 赔款理算

赔款理算是保险公司按照法律和保险合同的有关规定，根据保险事故的实际情况，核定和计算应向被保险人赔付金额的过程。理算工作决定保险人向被保险人赔偿数额的多少与准确性，因而保险公司理赔人员应本着认真、负责的态度做好理算工作，确保既维护被保险人的利益，又维护保险公司的利益。理算工作的开展需以被保险人提供的单证为基础，首先核对单证的真实性、合法性和合理性，然后理算人员对车辆损失险、第三者责任险、附加险及施救费用等分别计算赔偿金额。计算完赔款后，要缮制赔款计算书。赔款计算书应该分险别项目计算，并列明计算公式。赔款计算应尽量用计算机出单，做到项目齐全、计算准确。业务负责人审核无误后，在赔款计算书上签署意见和日期，然后送交核赔人员。在完成各种核赔和审批手续后，转入赔付结案程序。

5. 核赔

核赔是在保险公司授权范围内独立负责理赔质量的人员，按照保险条款及公司内部有关规章制度对赔案进行审核的工作。核赔工作的主要内容包括，核定保险标的出险原因、损失情况；核定保险责任的确定，核定损失；核定赔款计算。

6. 赔付结案

赔付结案是指业务人员根据核赔的审批金额，向被保险人支付赔款，对理赔的单据进行清分并对理赔案卷进行整理的工作，这是理赔案件处理的最后一个环节。

3.2.2 受理案件

机动车辆发生保险事故后，被保险人应及时向保险公司报案。除不可抗拒力外，被保险人应在保险事故发生后 24 小时之内通知派出所或者刑警队，48 小时内通知保险公司。我国《保险法》第二十二条规定，投保人、被保险人或者受益人知道保险事故发生后，应当及时通知保险人。否则，造成损失无法确定或扩大的部分，保险人不承担赔偿责任。保险公司及时受理案件，早期进行调查，容易掌握事故真实原因，利于尽快确定案件损失，履行赔偿责任。

一、报案的方式

报案是指被保险人在发生了保险事故之后以各种方式通知保险人，要求保险人进行事故处理的意见表示。同时，及时报案也是被保险人履行合同义务的一个重要内容。为此，保险人应当向被保险人提供一个便捷和畅通的报案渠道。通常被保险人通过上门或电话、电报、传真向保险人的理赔部门、保险人的经营单位或者业务人员或保险人的代理人进行报案，还可以通过保险人的全国统一报案电话报案(如人保的"95518"全国统一报案电话)。

对于在外地出险的事故，如果保险人在出险当地有分支机构，被保险人可以直接向保险人的当地分支机构进行报案。通常一些全国性保险公司的内部均建立了相互代理的制度，能够迅速向这些被保险人提供案件受理的服务。如果保险人在当地没有分支机构，被保险人就应向保险公司报案，并要求保险公司对事故的处理提出具体意见，并要求保险公司尽快指定检验人进行检验。

二、受理案件

1. 接受报案

理赔人员在接到报案后，应详细询问被保险人名称，保险单号码，出险险别、出险日期、地点、原因和预估损失金额等情况，并立即填写报案登记表(见表 3-1)，还要将报案人的姓名、工作单位及详细住址、联系电话，报案时间，车型，牌照号码和出险时间，登入报案登记簿(见表 3-2)，同时要求被保险人尽快填报出险通知书(见表 3-3)一份，便于及时立案处理。

表 3-1 报案登记表

被保险人		保单号码	
厂牌型号		牌照号码	
报案人		出险地点	
出险时驾驶员		出险原因	
出险时间	年 月 日 时 分	报案时间	年 月 日 时 分
报案形式		联系电话	
事故车目前位置			
事故经过及损失情况	报案人：		
处理意见			
查勘定损员		立案人	
处理结果		结案日期	
备注			

说明：本表一式两份，一份附入案卷，一份留底存档。

表 3-2 报案登记簿

报案序号	报案方式				报案日期				被保险人	驾驶员	保单号	保险期限						厂牌型号	牌照号码	出险日期				出险地点	出险原因	损失估计	报案人	联系电话	联系人	记录人
	来人	电话	网络	信函	年	月	日	时				起			止					年	月	日	时							
												年	月	日	年	月	日													

表 3-3　汽车保险出险通知书

赔案编号：

被保险人			保单号码				
牌照号码			厂牌型号				
驾驶员			驾证号码				
出险时间			出险地点				

出险经过及损失情况：

被保险人　　（签章）　年　月

联系人：　　　电话：　　　地址：　　　　　　　　邮编：

　　本被保险单从即日起向保险公司正式申请索赔，并提供以下打"(0)"材料，下述材料如有虚假，愿承担一切法律责任，请保险公司据此核损赔付。

单证	页数	单证	页数	单证	页数
()保险单正本		()损失清单		()护理证明	
()事故责任认定书		()修理发票		()交通费原始发票	
()损害赔偿调解书		()施救费单据		()住宿费原始发票	
()驾驶证复印件		()伤者医疗费票据		()死亡证明	
()行驶证复印件		()伤者门诊、住院病历		()尸检报告	
()估价单		()伤者诊断证明		()销户证明	
()公安派出所证明		()误工证明		()残具用据报告	
()火灾责任认定书				()购车发票	
()伤残鉴定报告				()车钥匙	
()被抚养人状况证明				()附加费凭证	
				()盗抢证明	
				()车报停手续	
				()营业执照	
				()身份证复印件	
				()法院判决调解书	
				()起诉书	
				()仲裁书	
				()仲裁协议书	
				()仲裁申请书	

2. 查抄单底

　　(1) 报案人员或理赔人员接案后应依据报案登记表立即从电脑中调出出险车辆保险单及批单，核对被保险人名称、车型、号牌、承保险别、保险期限等资料，确认出险车辆是否是保险标的，出险险别是否是承保险别，出险日期是否在保险期限内，是否批改及批改的时间内容等。

　　(2) 核对出险车辆是否交费，如未交费是否另有分期付费协议等。抄单用电脑打单，并盖上"抄单"字样。抄单及复核人应签字，以明确责任。对私自更改保险单内容，抄"伪单"的，要严肃查处。

(3) 填写出险通知书。理赔人员在受理报案的同时，应向被保险人提供保险车辆出险通知书和索赔须知，并指导其据实详细填写保险车辆通知书。

3. 立案

(1) 立案的基本条件：确属保险标的，确在保险有效期内，确属保险责任。符合立案条件的，应在汽车理赔登记簿(见表 3-4)上立案并编上赔案号，编号应按报案的先后冠以各地简称和年份。

表 3-4　汽车理赔登记簿

报案日期			立案日期			赔案编号	保单号码	保险期限						被保险人	牌照号码	运输工具		保险金额/赔偿金额	出险时间			出险地点	出险原因
								起			止					类型	t/座						
年	月	日	年	月	日			年	月	日	年	月	日						年	月	日		

出险险别										伤亡人数		损失估计	赔付日期			保品损失	施救费用	勘查费用	赔付第三者	收回损余	第三者责任追回	实赔金额	付追偿金额
车损	三责	盗抢	车责	免赔	无过	自燃	货掉	免赔	停驶	伤	亡		年	月	日								

拒赔				注销				备注			
时间			理由	时间			理由	诉讼	双代	逃逸	追偿
年	月	日		年	月	日					

(2) 接到出险通知后，理赔内勤应将已编赔案编号填在出险通知书上，送业务部门负责人签注处理意见，然后将抄单一并交分管赔外勤签收处理，并用专袋或专夹保管。

(3) 公司承保车辆在外地出险，接到出险地公司通知后，应将查勘公司名称登录报案、立案登记簿。若是被保险人直接通知的，登记后可视情况立即安排查勘或委托出险当地公司代查勘，还应填写代理查勘委托书(见表 3-5)，一式两份，一份自留，今后作为理赔材料放入赔案存档，一份连同抄单交客户或以传真、信函等形式通知双代公司，还应将委托权限、注意事项等明确告知对方。

表 3-5 代理查勘委托书

No.

兹有我公司保护 (单位或个人)驾驶的 车辆于 年 月 日在贵市(县)境内肇事。该车系属我公司承包车辆,保单号码 ,牌照号码 ,该车 t/座,客户联系电话 。

投保险种如下:

险 种	保 额	限 额	其 他 说 明
车损险			
第三者责任险			
全车盗抢险			
车上责任险			
无过失责任险			
车载货物掉落责任险			
玻璃单独破碎险			
车辆停驶损失险			
自燃损失险			
新增加设备损失险			
不计免赔特约险			

保险期限自 年 月 日至 年 月 日24时。为了及时勘察现场,利于理赔结案,烦请贵公司代为处理,并提供以下资料,及时函告我公司:

1. 提供公安交通部门事故协议书。
2. 属于保险范围内的各项责任收费凭证。
3. 有关照片和查勘资料。
4. 贵公司理赔处理情况函。
5. 损失金额超过 元,请与我司 联系,电话: 传真:

(4) 对不属于保险范围内的报案,应在出险通知书和保险报案、立案登记簿上签注"因 x x(原因)不予以立案",并向报案人作出解释。

【例 3-1】

汽车保险"48 小时报案"条款被判无效

司机史某出车祸后,未能按照合同规定在 48 小时内报知保险公司,平安保险公司以此为由拒保。近日,市一中院认定,保险公司以此拒赔没有道理,判决平安保险公司赔偿 1.2 万余元损失。这也是保险行业 48 小时报案条款首次被判无效。

某年 12 月 22 日,史某与平安公司签订机动车辆保险合同。史某为车辆投保了车辆损失险、第三者综合责任险和两项附加保险。次年 8 月 12 日,史某驾驶该车与另一车辆发生了交通事故,造成车辆损坏。经房山交通支队认定,史某负次要责任。

3 天后,史某向平安保险公司电话报案。9 月 18 日,平安公司向史某发出拒赔通知书,称:在双方签订的保险合同中,有条款规定"被保险人应当在保险事故发生的 48 小时内通知平安公司，否则保险公司有权拒绝赔偿"。由于史某在 3 天后报案，故该公司不承担保险责任。

史某对此不服，将平安公司告上法院。

法院审理后认定，从公平角度以及整个合同的规定来考虑，要求司机及时报案是为了查明案情、确定责任。具体到本案，在保险事故发生后，交通支队对该交通事故的基本事实、现场勘查情况、形成原因及当事人的责任，作出了认定，并出具了交通事故认定书。根据上述认定，史某虽未履行及时通知义务，但并未导致平安公司无法核实保险事故的性质、原因和损失程度等。该保险条款属于免除自己责任、加重对方责任、排除对方主要权利的格式条款，应当认定为无效。平安公司以此为由拒绝赔付，于法无据。

车险理赔案例：报案凭证并非必需

投保车辆出险后，车主向保险公司索赔，保险公司以车主在事故发生后未及时向其报案为由拒绝理赔。近日，法院作出一审判决，被告保险公司应赔付原告周先生事故理赔款 10 万元。

保险公司与周先生签订了为期一年的车险合同，其中车辆损失险 11.2 万元、第三者责任险 10 万元。之后，周先生的司机张先生驾驶车辆在行驶途中与骑自行车的胡先生车前轮左侧处相撞，造成胡先生倒地受伤及两车物损的交通事故。经交警部门认定，胡先生承担主要责任，周先生一方承担次要责任。由于双方对赔偿未能达成一致，胡先生以损害赔偿为由诉至法院，经法院判决后，周先生一方赔付了胡先生 12.6 万元。今年 8 月，周先生诉至法院要求保险公司支付理赔款。

周先生称自己车辆发生交通事故后，已赔付了胡先生 12.6 万元，因在赔偿完毕后向保险公司索赔未果，故要求保险公司支付理赔款 10 万元。保险公司则认为，周先生在事故发生后未及时报案，在索赔时，保险公司才知道这起事故的发生，发生保险事故及时报案是被保险人应当履行的义务，如果没有履行此义务，保险公司当然可以依合同约定拒绝赔偿。

庭审中，保险公司坚持认为未查到周先生当时的报案记录，周先生没有履行报案义务，公司有权拒绝赔偿。而周先生坚持自己的主张，认为在事故发生后已通过原代办购买保险合同的汽车销售公司向其进行了报案，保险公司查不到报案记录不能据此推定自己没有报案。

法院认为，首先，保险公司对于受理所有报案时均不出具已接受报案的凭证，在对是否报案发生争议时，被保险人处于很不利的举证地位，所以在保险公司存在此种受理报案工作程序前提下，适用此条款免除赔偿责任不尽合理；其次，保险合同中设置此条款的目的应该是在于防止人为扩大损失、预防出现制造假事故等道德风险，而本案所述事故及损失已是法院生效判决所确认，并不存在条款所要避免的风险。现保险公司仅以周先生未及时报案而拒绝承担赔偿责任的依据不足，法院不予支持。

3.2.3　汽车保险的查勘

承保的车辆出险以后，需要查勘人员及时进行现场查勘，并依据查勘结果进行定损。查勘定损人员所采用的现场查勘技术是否科学、合理，是现场查勘工作成功与否的关键，直接关系到事故原因的分析与事故责任的认定。

查勘人员接到查勘任务后，应迅速做好查勘准备，尽快赶赴事故现场，协同被保险人及有关部门进行事故现场查勘工作。现场查勘应由两位以上人员参加，并应尽量查勘第一现场。如果第一现场已改变或清理，要及时调查了解有关情况。

一、事故现场

出险现场指发生交通事故地点遗留的车辆、树木、人、畜等与事故有关的物体及其痕迹与物证等所占有的空间。

1. 现场分类

根据出险现场的实际情况，一般可以分为原始现场和变动现场。

(1) 原始现场。原始现场即完整地保留着事故发生后的变化状态的事故现场，可较好地为事故原因的分析与责任鉴定提供依据，是最理想的现场。

(2) 变动现场。变动现场指由于自然或人为原因，致使出险现场的原始状态发生改变的事故现场。

2. 现场状态改变的原因

事故现场原始状态发生改变的原因分析：

1) 正常原因

(1) 抢救伤者；

(2) 保护不善：被过往的车辆、行人破坏；

(3) 自然因素：风吹、雨淋、日晒、下雪；

(4) 疏通交通阻塞：主要干道、繁华地段；

(5) 因任务需要而驶离现场：消防、救护、警备、工程救险车、首长、外宾、使节乘坐车；

(6) 其他正常原因：当事人没有发觉。

2) 伪造原因

伪造原因指当事人为逃避责任、毁灭证据或嫁祸于人，有意或唆使他人改变现场遗留物原始状态，或故意布置现场。

3) 逃逸原因

逃逸原因指当事人为逃避责任而驾车逃逸，导致事故现场变动。

3. 恢复现场

恢复现场指基于事故分析或复查案件的需要，为再现出险现场的面貌，根据现场调查记录资料重新布置恢复的现场。

二、查勘准备

1. 查阅抄单

查阅保险期限、承保的险种、保险金额、责任限额、交费情况。

2. 阅读报案记录

(1) 被保险人名称、保险车辆车牌号。

(2) 出险时间、地点、原因、处理机关、损失概要。

(3) 被保险人、驾驶员及当事人联系电话。

3. 携带查勘资料及工具

(1) 资料：出险报案表、报单抄件、索赔申请书、报案记录、现场查勘记录、索赔须知、询问笔录、事故车辆损失确认书。

(2) 工具：定损笔记本电脑、数码相机、手电筒、卷尺、砂纸、笔、记录本等。

三、查勘内容

1. 查明出险时间

了解确切出险时间是否在保险有效期内，对接近保险起讫期出险的案件，应特别慎重，需认真查实；对出险时间和报案时间进行比对，看其是否超过 48 小时。

2. 查明出险地点

查明出险地点，并查验出险地点与保险单约定的行驶区域范围是否相符。对擅自移动现场或谎报出险地点的，要查明原因。

出险地点分为高速公路、普通公路、城市道路、乡村便道和机耕道、场院及其他。

3. 查明出险车辆的情况

查实肇事保险车辆及第三方车辆的车型、车牌号码、发动机号码、VIN 码/车架号码、行驶证，详细记录双方车辆已行驶公里数、车身颜色，并核对与保险单、证(或批单)、行驶证是否相符。

4. 查实车辆的使用性质

查实保险车辆出险时的使用性质与保单载明的使用性质是否相符，以及是否运载危险品，车辆结构有无改装或加装。

对在保险期限内，因保险车辆改装、加装或非营业用车辆从事营业运输等导致保险车辆危险程度增加，且未及时书面通知保险人而发生的保险事故，保险公司不承担赔偿责任。

5. 查清驾驶员的情况

查清驾驶员姓名、驾驶证号码、准驾车型、初次领证日期等。注意检查驾驶证是否有效，驾驶员是否为被保险人或其允许的驾驶员或保险合同中约定的驾驶员；对特种车辆的驾驶员要检查其是否具备国家有关部门核发的有效操作证；对驾驶营业性车辆的驾驶员要查验其是否具有国家有关行政管理部门核发的有效资格证书。核验完相关证件后，拍摄证件照片。

6. 查明出险的原因

要深入调查了解，广泛收集证据，查明出险原因。应查明事故原因是客观因素，还是人为因素；是车辆自身因素，还是受外界影响；是严重违章，还是故意行为或违法行为。凡是与案情有关的重要情节，都要尽量收集、记载，以反映事故全貌。

对有驾驶员饮酒、吸食或注射毒品，被药物麻醉后使用保险车辆或无照驾驶、驾驶车辆与驾驶证准驾车型不符、超载等嫌疑的，应立即协同公安交通管理部门获取相关证人证言和检验证明。

对于重大、复杂或有疑问的案件，要走访有关现场见证人或知情人，了解事故真相，做出询问记录，载明询问日期和被询问人地址并由被询问人确认签字。

7. 施救整理受损财产

查勘定损人员到达事故现场后，如果险情尚未得到控制，应立即会同有关部门共同研究、确定施救方案，并采取合理、有效的措施施救，以防损失进一步扩大。

保险车辆受损后，如果当地的修理价格合理，应安排就地修理，不得带故障行驶。如果当地修理费用过高需要拖回本地修理的，应采取防护措施，防止再次发生事故。如果无法修复，应妥善处理汽车的残值部分。

8. 确定损失的情况

查清受损车辆、承运货物和其他财产的损失程度，对于无法进行施救的货物及其他财产，必要时应在现场进行定损。注意查清在投保车辆的标准配置以外是否还有新增设备；注意查明各方人员伤亡情况，并估计损失金额。

9. 查明责任划分的情况

查清事故各方所承担的责任比例，同时还应注意核查保险车辆有无重复保险的情况，以便理赔计算时按责任和其他保险公司分摊赔款。

10. 拍摄事故现场和受损标的的照片

凡涉及车辆和财产损失的案件，必须进行现场拍照。现场照片应为清晰的彩色照片，应能反映事故现场全貌、制动痕迹、现场遗留物、碎片、撞击点等，还应能反映事故车辆牌照号、车架号、发动机号、损失部位及损失程度、人员伤亡、物品损失等。

11. 核查是否属于重复报案

对于接报案中心告知需认真查实的同一保险车辆出险时间接近的案件，必须认真核查两起(或多起)案件的详细情况，尤其要核对事故车辆的损失部位和损失痕迹。对于相关案件痕迹相符或相似的情况，一方面应立即查验相关案件的事故现场、修理情况记录等；另一方面，应向上起案件的现场查勘定损人员了解有关情况，以最终确定是否属于重复报案。

现场查勘结束后，查勘人员应按照上述内容及要求认真填写现场查勘记录。如果有可能，应力争让被保险人或驾驶员确认签字。

四、查勘方法

现场查勘所采用的主要方法有沿车辆行驶路线查勘法、由内向外查勘法、由外向内查勘法、分段查勘法四种。

1. 沿车辆行驶路线查勘法

沿车辆行驶路线查勘法要求事故发生地点的痕迹必须清楚，以便能顺利取证、摄影、丈量与绘制现场图，进而能准确确定事故原因。

2. 由内向外查勘法

由内向外查勘法适用于范围不大、痕迹与物件集中且事故中心点明确的出险现场。一般可由事故中心点开始，按由内向外顺序取证、摄影、丈量与绘制现场图，进而确定事故原因。

3. 由外向内查勘法

由外向内查勘法适用于范围较大、痕迹较为分散的出险现场。一般可按由外围向中心的顺序取证、摄影、丈量与绘制现场图，进而确定事故原因。

4. 分段查勘法

分段查勘法适用于范围大的事故现场。一般先将事故现场按照现场痕迹、散落物等特征分成若干的片或段，分别取证、摄影、丈量与绘制现场图，进而确定事故原因。

五、查勘工作

现场查勘工作主要包括收取物证、现场摄影、现场丈量、绘制现场图、车辆检查、填写现场查勘记录等。

1. 收取物证

物证是再现交通事故发生过程和分析事故原因与责任的最为客观的依据。收取物证是现场查勘的核心工作，各种查勘技术、方法、手段均为收取物证服务。物证的收取过程实际上就是认识物证、发现物证和用科学的方法与手段取得物证的过程。

2. 现场摄影

现场照片应为清晰的彩色照片，应有四个角度(45°角)全方位事故现场全貌照片。拍摄的照片应能反映事故现场全貌、制动痕迹、现场遗留物、碎片、撞击点等，并能反映事故车辆牌照号、车架号、发动机号、损失部位及损失程度、人员伤亡、物品损失等。

现场摄影是指对事故发生地点及有关事物，用照相的纪实方法，并按照现场查勘的要求，将现场的状况、痕迹、物证、物与物之间的位置和相互关系，迅速、准确、真实、无误地拍摄下来。

1) 现场摄影的原则

(1) 先拍原始现场，后拍变动现场；

(2) 先拍重点，后拍一般；

(3) 先从地面拍，后从高处拍；

(4) 先拍易破坏、易消失的，后拍不易破坏、不易消失的。

2) 现场摄影的要求

(1) 因为现场摄影的条件特殊，所以必须要有适应"全天候"拍摄要求的特殊摄影器材和拥有精湛摄影技术的拍摄人员。

(2) 要求用科学的方法如实记录物体的颜色、形状和细节特征，并且必须做到中心突出、主题明确、比例正确、影像清晰，不得采用任何艺术加工手段，严格按照比例摄影。

(3) 现场摄影要严格执行政策，按照法律程序办事，保证拍摄出来的照片与现场实际相互印证。

3) 现场摄影的方式

(1) 方位摄影，是指根据现场和周围环境的特点，采用不同的方位拍摄现场的位置、轮廓，以反映事故现场全貌的摄影方式。

采用方位摄影应反映出事故现场的地形、地貌、路况，以及事故车辆与人畜、建筑物、道路、山、树木、周边的其他物体之间的相互关系，也应反映出事故的时间、气候等。

(2) 中心摄影，是指以事故接触点为中心，拍摄事故接触点的各部位及其相关部位，以反映与事故相关的重要物体的特点、状态和痕迹的摄影方式。

中心摄影的重点工作应在被事故破坏的地方和遗留痕迹及物证的地方进行。

(3) 细目摄影，是指拍摄事故现场的各种痕迹、物证，以反映其大小、形状、特征的摄影方式。细目摄影的部位包括：事故车辆与其他物体接触部分的表面痕迹，用以反映事故原因；物证痕迹，如事故车辆的制动拖印痕迹、伤亡人员的血迹、机械故障的损坏痕迹等；事故车辆的牌号、厂牌和型号等；事故的损失、伤亡和物资的损坏情况等。

(4) 宣传摄影，是指为了宣传和收集资料的需要，运用各种技巧突出反映某一侧面(车辆损伤、伤亡者以及事故责任者等)的摄影方式。

4) 现场摄影的方法

(1) 相向拍摄法，即从两个相对的方向对现场中心部分进行拍摄，以较为清楚地反映现场中心的情况，如图 3-5 所示。

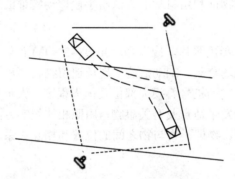

图 3-5　相向拍摄法

(2) 十字交叉拍摄法，即从四个不同的地点对现场中心部分进行交叉拍摄，以准确反映现场中心的情况，如图 3-6 所示。

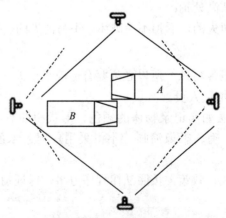

图 3-6　十字交叉拍摄法

(3) 连续拍摄法，即分段拍摄现场，然后将分段照片拼接为完整照片。这一拍摄方法适用于事故现场面积较大，一张照片难以包括全部情况的场合，一般分为回转连续拍摄法和平行连续拍摄法。

① 回转连续拍摄法：将相机固定在一处，通过转动相机的角度进行分段拍摄，适用于距离较远的拍摄对象。

② 平行连续拍摄法：将同一物距的平行直线分成几段，移动镜头逐段拍摄，每个摄影地点要求与被摄对象的距离相等，如图 3-7 所示。平行连续拍摄法适用于拍摄狭长的平面物体，例如车厢栏板和客车侧面较长的刮痕等。

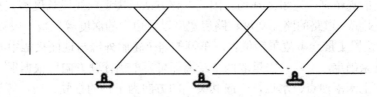

图 3-7　平行连续拍摄法

(4) 比例拍摄法，即将尺子或其他参照物放在被损物体旁边进行摄影，如图 3-8 所示。常常在痕迹、物证以及碎片、微小物摄影的情况下采用此法，以便根据照片确定被摄物体的实际大小和尺寸。

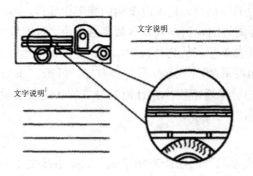

图 3-8　比例拍摄法

5) 现场摄影步骤

(1) 了解和观察现场情况，确定拍摄计划。

(2) 拍摄原始现场。进行现场方位摄影，要反映事故现场的位置和现场与周围环境的关系，要求人见到照片时应能认出或明了事故发生的地点。

(3) 拍摄详细勘察物。对现场的物体和痕迹进行细目摄影，要反映出保险车辆和其他受损财物变形的程度、范围、深度等细微特征。

3. 现场丈量

现场丈量必须准确，必要的尺寸不能缺少。现场丈量前，要认定与事故有关的物体和痕迹，然后逐项进行丈量并做好相应的记录。

(1) 确定事故现场方位。事故现场的方位以道路中心线与指北方向的夹角来表示。如果事故路段为弯道，以进入弯道的直线与指北方向夹角和转弯半径表示。

(2) 事故现场定位。事故现场的定位方法有三点定位法、垂直定位法、极坐标定位法等。三种定位方法首先都需要选定一个固定现场的基准点，基准点必须具有永久的固定性，比如可选有标号的里程碑或电线杆。

① 三点定位法是用基准点、事故车辆某一点以及基准点向道路中心线作垂线的三个交点所形成的三角形来固定现场位置。因此，该方法只需要量取三角形各边的距离即可。

② 垂直定位法是用经过基准点且平行于道路边线的直线与经过事故车辆某一个点且垂直于道路边线的直线相交所形成的两条线段来固定事故现场。因此，该方法只需要量取基准点与交点、交点与事故车辆某一点两条线段的距离即可。

③ 极坐标定位法是用基准点与事故车辆某一点连接形成线段的距离以及线段与道路边线垂直方向的夹角来固定事故现场。因此，该方法只需量取线段长度和夹角度数即可。

(3) 道路丈量。道路的路面宽度、路肩宽度以及边沟的深度等参数一般需要丈量。

(4) 车辆位置丈量。事故车辆位置用车辆的四个轮胎外缘与地面接触中心点到道路边缘的垂直距离来确定，所以只需量取四个距离即可。车辆行驶方向可根据现场遗留的痕迹判断，如从车上滴落油点、水点，一般其尖端的方向为车辆的行驶方向，等等。

(5) 制动印痕丈量。直线形制动印痕的拖印距离直接测量即可；弧形制动印痕的拖印距离量取，一般是先四等分弧形印痕，分别丈量等分点至道路一边的垂直距离，再量出制动印痕的长度即可。

(6) 事故接触部位丈量。事故接触部位的丈量，最关键的是先准确判定事故接触部位。事故接触部位是形成事故的作用点，是事故车辆的变形损坏点，因而可根据物体的运动、受力、损坏形状以及散落距离等因素科学判断事故接触部位。对事故接触部位丈量时，一般应测量车与车、车与人，或者车与其他物体接触部位距地面的高度、接触部位的形状大小等。

(7) 其他的丈量。如果事故现场还有毛发、血皮、纤维、车身漆皮、玻璃碎片、脱落的车辆零部件、泥土、物资等遗留物，并且他们对事故认定起着重要作用，则一并需要丈量它们散落的距离或黏附的高度等。

4. 绘制现场图

现场图是一张以正投影原理的绘图方法绘制，反映事故发生后，现场一切与事故有关的物体和痕迹的相对位置及状态的平面图。

现场草图应能给人以总体的印象，通常包括现场的位置和周围的环境以及遗留有痕迹、物证的地点、运动的关系、事故的情况等。绘制草图虽然可以粗糙些，但是内容必须完整、齐全，尺寸必须准确，同时必须与现场查勘笔录记载的内容相吻合。

根据现场查勘要求，必须迅速全面地把现场的各种交通元素、遗留痕迹、道路设施以及地物地貌，用一定的比例展现在图纸上。现场图应该能够表明：事故现场的地点和方位，现场的地物地貌和交通条件；各种交通元素以及与事故有关的遗留痕迹和散落物的位置；各种事物的状态；通过痕迹显示的事故过程，人、车、畜的动态。

所以说，现场图是研究分析出险原因、判断事故责任、准确定损、合理理赔的重要依据。现场草图是查勘定损人员在事故现场徒手绘制的事故现场平面图，要求在现场查勘工作结束前当场完成。要把事故现场复杂的情况在很短的时间内完整无误地反映在图纸上，就要求绘图者必须具有一定的绘图经验并遵循一定的步骤和方法。绘制现场草图一般按照下列步骤进行：

(1) 根据出险现场情况，选用适当比例进行草图的总体构思。

(2) 确定道路走向，按照近似比例画出道路中心线和分界线，在图的右上方画出指北标志，并标注道路中心线与指北线的夹角。

(3) 用同一近似比例绘制出险车辆，再以出险车辆为中心向外绘制有关图例。

(4) 根据现场具体条件选择基准点，应用定位法为现场出险车辆、物体及主要痕迹定位。

(5) 测量标注尺寸，必要时加注文字说明。

(6) 根据需要绘制立体图、剖面图和局部放大图。

(7) 核对，检查现场草图中各图例是否与现场相符，尺寸有无遗漏和差错。

(8) 签名，经核对无误后，查勘定损人员、见证人、绘图人、校核人应签名。

现场图是以现场草图为蓝本，按照绘图要求，工整准确地绘制而成的正式现场比例图，也是理赔或诉讼的依据。

5. 车辆检查

车辆的技术状况及成员、载重情况与交通事故有直接的关系，必须认真地进行检查和鉴定。车辆检查的内容主要包括转向、制动、挡位、轮胎、喇叭、灯光、后视镜、刮水器等，以及车辆的成员与载重情况。因为在现场查勘时没有台架检查的设备条件，所以在事故车辆允许的情况下，一般进行路试检查。如果必须进行台架试验鉴定，可到国家承认的有关车辆性能鉴定机构进行鉴定检查。

6. 填写现场查勘记录

现场查勘工作非常重要，而现场查勘的内容又非常多，为防止查勘员疏忽某些细节，同时为规范查勘工作，各保险公司一般都制定了《机动车辆保险现场查勘记录》(如表 3-6 所示)，查勘人员根据现场查勘情况，如实填写现场查勘记录表即可。

表 3-6　机动车辆保险现场查勘记录表

机动车辆保险现场查勘记录						
被保险人：		保单号码：				赔案编号：
保险车辆	号牌号码：	是否与底单相符：		车架号码(VIN)：		是否与底单相符：
	厂牌型号：	车辆类型：		是否与底单相符：		检验合格至：
	初次登记年月：	使用性质：		是否与底单相符：		漆色及种类：
	行驶证车主：　是否与底单相符：			行驶里程：		燃料种类：
	方向形式：	变速器类型：		驱动形式：		损失程度：□无损失 □部分损失 □全部损失
	是否改装：	是否具有合法的保险利益：				是否违反装载规定：
驾驶员	姓名：	证号：		领证时间：		审验合格至：
	准驾车型：	是否是被保险人允许的驾驶员： □是　　□否		是否是约定的驾驶员：□是　　□否 □合约未约定　　□不详		
	是否酒后：□是　　□否　　□未确定			其他情况：		
查勘时间	(1)　　　　是否第一现场：_____			(2)		(3)
查勘地点	(1)			(2)		(3)
出险时间：				保险期限：		出险地点：
出险原因：□碰撞　□倾覆　□火灾　□自燃　□外界物体倒塌、坠落　□自然灾害　□其他_____						

事故原因：□疏忽、措施不当　□机械事故　□违法装载　□其他_____
事故涉及险种：□车辆损失险　□第三者责任险　□附加险_____
专用车、特种车是否有有效操作证：□有　　　　□无
营业性客车有无有效的资格证书：□有　　　　□无
事故车辆的损失痕迹与事故现场的痕迹是否吻合：□是　　　　□否
事故为：□单方事故　□双方事故　□多方事故
保险车辆车上人员伤亡情况：□无　□有　　伤____人；亡____人。
第三者人员伤亡情况：□无　□有　　伤____人；亡____人。
第三者财产损失情况：□无　□有　□车辆损失　号牌号码：____车辆型号：____□非车辆损失____
事故经过：
施救情况：
备注情况：
被保险人签字：　　　　　　　　　　　　　查勘员签字：

缮制查勘记录时要注意：

(1) 根据查勘情况，认真填写《查勘报告》，肇事司机或报案人应在《查勘报告》上签字确认。

(2) 涉及人员伤亡的，要分别登记保险车辆车上人员和三者车辆、车外人员的死亡、受伤人数。

(3) 对于多车互碰的案件，应对所有三者车辆的基本情况逐车进行记录。

(4) 重大、复杂或有疑点的案件，应在询问有关当事人、证明人后，在《车险事故查勘询问笔录》中记录，并由被询问人签字确认。

(5) 重大、出险原因较为复杂的赔案应绘制事故现场草图。现场草图要反映出事故车辆在事故前、事故中及事故后的方位、道路情况及外界影响因素。

(6) 对查勘中发现的问题，需提醒下一步理赔环节注意的问题，应在《查勘报告》中详细注明。

【例3-2】不同险种查勘的要点及技巧

1. 交强险查勘定损基本原则

(1) 多方事故且各项损失在交强险赔偿责任限额范围内案件，由交强险的保险人查勘定损。

(2) 多方事故且损失超过交强险赔偿责任限额，以承担赔偿金额大的保险人查勘定损为主。

(3) 单方事故且不涉及第三者物损的案件，由车损险的保险人查勘定损。

(4) 单方事故涉及第三者物损且物损金额在交强险赔偿责任限额内，保险车辆的损失由车损险保险人查勘，三者物损由交强险的保险人查勘；如果三者物损超过交强险赔偿责任限额，以承担赔偿金额较大的保险人查勘定损为主。

(5) 对不涉及人员伤亡，当事人对事实及成因无争议，事故现场真实，事故各方的财产损失在交强险责任赔偿限额内的案件，完成勘查后及时现场出具车、物定损报告，要求事故各方当事人及参与查勘的其他保险公司理赔人员签字确认。

(6) 现场查勘时，如果涉及两家或两家以上的保险公司同时对同一车辆定损时，各方保险公司应本着实事求是、相互信任、相互尊重、友好协商的原则，共同确定损失金额。

(7) 交强险代查勘费的收取按保监会、各地保监局或同业公会(行业协会)的相关规定执行。

2. 盗抢案件查勘要点

(1) 接到报案后，调查人员应立即赶赴第一现场查勘，对当事人进行询问并做好询问笔录，进行现场拍照并检查现场有无盗抢痕迹，有无遗留作案工具。注意调查报案人所言有无自相矛盾之处，如停车场周围环境、当时的天气等有无可疑之处。

(2) 走访、调查现场有关人员，调查车辆停放、保管、被盗抢的情况，做好询问笔录，应特别注意了解车辆被盗前的使用及停放情况。对车辆在停车场被盗的，要求取证停车记录及停车场看车人员的有关书面材料，特别注意停车场收费情况，要求被保险人提供停车收费凭证，如该地点有人看管收费，应向保安、管理人员或物业了解情况，要求其出具相关证明并写明收费看管情况(由被保险人协助办理)，了解车辆丢失后追偿的可能性。

(3) 如果发现案件中存在某些疑点、牵涉到经济纠纷、非法营运等行为，应作进一步调查，向有关的个人或单位负责人了解情况，取得可靠证据，必要时可以通过公安部门进一步了解案件性质。

(4) 在做询问笔录时应注意的几点：

① 当事司机与被保险人关系，以及车辆为何由当事司机使用；

② 保险车辆丢失或被抢的详细经过，案件的线索可由公安机关或保险公司提供；

③ 是否存在营运行为或经济纠纷，以及这两种情况是否与此车被盗(抢)有直接联系；

④ 该车手续是否齐全；

⑤ 丢车地点是否有人看管收费，有无收费票据；

⑥ 车况如何，是否进行过修理。

(5) 对被保险人的财务状况进行调查，防止被保险人因财务状况恶化而进行保险诈骗。

(6) 调查车钥匙及修车情况。调查被盗车辆近期维修情况、被盗车辆的钥匙配备情况，对钥匙进行鉴定，判断是否曾经被配过。

(7) 调查车辆购置情况。调查被盗抢车辆的购置、入户上牌及过户等情况，如被盗抢车辆发生转让，应请被保险人及时提供有关转让证明。

(8) 了解车辆档案。到公安车辆管理部门核实档案记载的车牌号、车型、生产及上牌时间、车架及发动机号码等资料，核对被盗抢车辆是否已经挂失、封存档案。

(9) 调查报警情况。走访接报案公安部门的值勤民警，了解、记录接报案的详细情况。

(10) 调查案件侦破情况。调查人员应经常与公安机关刑侦部门联系，积极协助破案。在保险车辆被盗抢三个月后，应及时了解被盗抢车辆的侦破情况。

(11) 调查取证过程中若发现下列疑点，应深入细致地重点调查取证：

① 盗抢发生在一个不寻常的地方；

② 行驶证上车主与被保险人、使用人不一致；

③ 单位车辆按私人投保或私人车辆按单位投保；

④ 环境、时间似乎没有发生盗抢的可能；

⑤ 盗抢发生时间与起保日期或保险终止日期相近，投保金额异常高；

⑥ 报称车辆所有证件一起被盗抢；

⑦ 交上来的车钥匙有配过的痕迹或钥匙不齐；

⑧ 当事人反对某种调查；

⑨ 当事人行动反常，表现特别冷淡；

⑩ 当事人的叙述与已知的事实不相符，或证词相互矛盾。

(12) 根据现场查勘及案件调查情况和车辆实际使用年限，计算保险标的现有实际价值，及时在网上车险理赔系统内查勘和立案，将调查取证资料及时上传。

(13) 如发现有以上任何可疑问题，应立即上报调查员。

3. 火灾案件查勘要点

火灾案件的现场查勘需分析车辆起火原因，判断是碰撞事故引起燃烧，还是车辆自燃引起燃烧；标的是动态状态下起火，还是静态状态下起火；检查车辆燃烧痕迹，判断燃烧起火点及火源。

1) 现场查勘重点

(1) 查勘路面痕迹。若车辆着火现场的路面和车上的各种痕迹在着火过程中消失或在救火时被水、泡沫、泥土和沙等掩盖，查勘时首先对路面原始状态查看、拍照，并做好各项记录。施救后用清洁水将路面油污、污物冲洗干净，待暴露印痕的原状再详细勘察。方法是以车辆为中心向双方车辆驶来方向的路面寻查制动拖印、挫划印痕，测量其始点至停车位的距离及各种印痕的形态。

(2) 查勘路面上的散落物。查勘着火车辆在路面上散落的各种物品，伤、亡人员倒卧位置，以及碰撞被抛洒的车体部件、车上物品位置，根据它们与中心现场距离和实际抛落距离，推算着火车辆行驶速度。

(3) 对"火迹"及"过火时间"的勘查。火迹是指燃烧过程中留下的燃烧痕迹。过火时间是指某一部位燃烧时间的长短。通过观察"火迹"及"过火时间"可以判断车辆起火源、燃烧过程等信息。一般情况下，通过观察车辆上、下部位，内、外部位、前、后部位在燃烧后留下的损失大小情况、烟雾熏着情况判断燃烧过程。"过火时间"长的部位多损失严重，如铝铜件的融化、金属严重变形等。通过综合分析"火迹"、"过火时间"及燃烧物特性，初步判断可能的起火点及起火原因。

(4) 动态下着火燃烧的查勘。碰撞车辆着火的一般规律是将外溢的汽油点燃，查勘重点是汽油箱金属外壳表层有无碰撞洼陷痕和金属质擦划的条、片状痕迹。车体被燃烧后的接触部位痕迹容易受到破坏，查勘时就残留痕迹部位的面积与凹陷程度进行对比，以判断碰撞力大小、方向、速度、角度等；动态状态下发生车辆自燃主要是电器、线路、漏油原因造成，车体无碰撞损伤痕迹，但路面上一般都留有驾驶员发现起火本能反应的紧急制动痕；火势由着火源随着火时风向蔓延。火源大部分分布在发动机舱和车内仪表台附近，重点区分车辆自燃和车内人员导致失火。

(5) 静态下车辆着火查勘。重点要注意检查现场有无遗留维修、作案工具，有无外来火种、外来可燃物或助燃物等，有无目击者，同时调查报案人所言有无自相矛盾之处，如事故现场周围环境、当时的天气、时空等有无可疑之处。

2) 现场调查访问重点

(1) 车辆碰撞或翻车的具体情节及造成着火的原因。

(2) 车辆起火和燃烧的具体情节及后果。

(3) 车辆起火后驾驶员采取了哪些扑救的措施。

(4) 车辆着火时灭火及抢救的具体情况。

(5) 走访、调查现场有关人员，就其当时看到的情况做好询问笔录，并对笔录签名确定，留下联系电话。应特别注意了解车辆着火时驾驶员从车内出来时的言行举止。

(6) 在对当事人作现场笔录时应注意当事司机与被保险人关系；车辆为何由当事司机使用；保险车辆着火的详细经过，发现着火时当事人做了些什么应急处理；近来该车技术状况和使用情况如何，是否进行过修理，最近一次是在哪家修理厂维修的。

(7) 重点查勘事故地周围有无异常物、车上配件、工具，调查起火前、起火中、起火后的状况。特别注意，若通过认真调查访问后发现下列问题，应再深入细致地重点调查：

① 有几个起火点；

② 起火部位在一个不寻常的地方；

③ 火势突然而且过分猛烈；

④ 似乎没有合理的起火原因；

⑤ 发生火灾的时间与起保日期或保险终止日期相近；

⑥ 车辆上应有的物品已不在；

⑦ 车上物品、配件被移下，有被搜寻或拆装的证据；

⑧ 当事人反对某种调查；

⑨ 当事人行动反常，表现特别冷淡；

⑩ 当事人的叙述与已知的事实不相符，或证词相互矛盾。

3) 事故拍照及保险标的确认

确认保险内容：碰撞引起标的着火燃烧是属"车辆损失险"责任范围，而自燃引起标的损失是属"车辆自燃损失险"责任范围，人为失火引起火灾不属于保险责任。对于不属于保险责任的，一定要取得公安消防部门关于车辆火灾原因的分析报告或车辆火灾原因的相关证明后，会同查勘、调查取证形成的书面材料，上报分公司车险部审核后向被保险人下达拒赔通知，严禁主观判断就口头告知被保险人不属于保险责任或拒赔。

4) 调查取证

如果发现案件中存在某些疑点、牵涉故意行为或人为失火等情况，应作进一步调查，向有关的个人或单位负责人了解情况，取得可靠证据，必要时通过公安消防部门进一步了解案件性质、着火原因。

(1) 到车辆管理所核对车辆档案，查实档案记载的车型、牌照、制造年份、发动机号、车架号等与被保险人所述是否一致，以及车辆转让记录、年审记录。

(2) 对被保险人的单位性质、财务状况、经营情况进行调查，防止被保险人因经营不善等情况而进行保险欺诈。

(3) 到公安消防部门调查火灾原因，与自己通过查勘、访问、观察、提取、检验、清点等方法分析得出的火灾原因进行比较，发现疑问要及时沟通，提出自己观点，并做好笔录。

(4) 对燃烧车辆的购买情况进行调查，将购车发票复印留存；到当地较大的车行了解被烧车型的新车购置价，取得新车购置价证明。通过对保险金额、购买价和市场价的对比，分析被保险人有无利用价差进行欺诈的可能。

(5) 到火烧车辆进行维修保养的汽修厂进行有关情况调查，查明最后一次修车与燃烧事故在时空上有无关联；访问车辆实际车况。

(6) 调阅投保档案，查看验车照片，向验车人了解投保车时车辆的实际状况。

5) 定损核价、预估事故损失、缮制查勘报告及立案

(1) 根据查勘和调查取证情况，判定事故责任，推定全损时根据市场调查的车辆价值推算着火车辆现在实际价值，按照投保情况和免赔率预估事故损失进行立案处理。

(2) 着火车辆发生部分损失时应立即进行定损核价。在定损核价实际操作中要特别注意的是：火烧车辆定损时一定要分析着火源、燃烧范围、热传导范围，对燃烧范围和热传导范围的金属薄壳件、塑胶件、密封件、电器、线路、油液类要进行重点检查，对因高温引起的变形、变质件一定要予以更换。

(3) 及时在网上查勘平台进行查勘信息录入，在规定时间内及时立案。

6) 履行告知

(1) 火烧车辆案件应告知被保险人或当事人及时向公安消防部门报案，要求相关技术人员对火灾现场勘查、调查、取证，必要时提取检验，应取得县级以上公安消防部门出具的火灾原因分析报告或火灾原因证明，驾驶证、行驶证在火灾中烧失无法提供复印件的，需到车辆管理所查抄驾驶员、车辆登记底档。另外，除要求被保险人正常填写《机动车保险出险通知书》外，还应对当事司机及被保险人作询问笔录。

(2) 详细告知保户索赔时所需材料及单证，送交客户索赔单证一览表，并由被保险人签收。

3.2.4　汽车保险的定损

一、损失范围确认

损失范围确认应注意以下几点：

(1) 应注意区分本次事故和非本次事故造成的损失，即明晰事故损失和自然磨损的界限。

(2) 注意对保险车辆标准配置以外的新增设备进行区分，并分别确定损失项目和金额。

(3) 确认车物损失范围、项目，注意区分三者车外物损、三者车上物损，收集现场的相关证据资料。

(4) 了解并记录事故各方的人身伤亡情况，登记伤员的姓名、性别、年龄、救治医院和科室、伤情、抢救或垫付情况，并核实人伤类型；本车上人员、三者车上人员或三者车外人员，及时转医疗核损人员进行跟进处理。

(5) 查勘定损人员应对事故涉及的各类财产损失进行完整确认，即不论财产损失是否超过交强险的责任限额，都应分类确认全部的事故损失金额。

(6) 事故损失金额指事故造成的直接损失金额，即不考虑事故责任比例、免赔率、免赔额、赔偿比例等因素。

二、损失确定原则

事故损失的确定，需按照条款规定，会同被保险人对修复方式、修复价格进行协商，

并取得双方共同认可。对认可后的结果，需缮制定损报告。定损报告一车一份，由事故各方当事人共同签字确认；如果条件允许，参与事故处理的各保险公司理赔人员也应签字确认。在事故损失确定过程中，应坚持以下定损原则：

1. 修复为主原则

对于经修复可继续使用的部件，应坚持修复为主的原则。如车方提出扩大修理，或应修部件改为更换时，超出部分的费用应由其自行承担。

2. 残值扣除原则

更换部件价值在 200 元以上的，应将残值合理作价折归被保险人的，在定损金额中扣除；需保险公司收回残值的，按照保险公司《损余物资管理规定》做好登记、移交工作。

3. 拆解定损原则

对损失较大或不经拆解不能最终确定损失的案件，应在拆解后再出具全部损失核定报告。需拆解定损的车辆，定损员应全程跟踪车辆的拆检，并记录换件项目、待检项目和修理项目。同时，应注意妥善保管修换零配件和待检零配件。

4. 配件及工时定价原则

(1) 配件及工时的定价，原则上按照在车辆承修地购置其适用配件的最低价格为标准，上限不得超过系统内规定的配件价格。

(2) 涉及车辆的安全系统、行驶及转向系统的配件，其价格可按照市场上 OEM 配件价格确定。

(3) 承保时未进行"指定修理厂"加费的车辆，原则上不适用 4S 店价格。与 4S 店建立全面合作协议的或特殊情况下的 2 年以内新车，当客户强烈要求进站(4S 店)修理的，可适当参照与合作 4S 店协商后的价格和工时定损。

(4) 工时定价以保险公司下发的《工时费标准》执行。

5. 重新核定损失原则

未经保险公司同意，被保险人擅自对事故车辆进行修复或赔付的，保险公司有权对损失进行重新核定，因被保险人原因导致损失无法确定的部分，保险公司不承担赔偿责任。

6. 非现场查勘定损

因故未能参与事故查勘定损的，要求事故当事人出具能够证明事故各方损失情况的相关资料和单证(如事故证明、现场/车/物损照片、损失清单、其他相关保险公司出具的查勘报告和定损报告、向受害人进行赔偿而取得的赔偿凭证、医疗发票、维修发票等)，原则上应认可其他相关保险公司已经出具的查勘、定损意见，遇到异议或单证不完善的可要求事故当事人进行补充或及时与相关承保公司沟通、协调，不能与客户发生冲突。

三、损失确定中的修换标准

1. 定损修换总原则

事故车辆损失应掌握"以修为主、能修不换"的总原则，在实际定损过程中应掌握以下具体原则：

(1) 对既不影响使用性能又不影响外观质量，且利用简单工艺即可恢复的，应以修复为主。

(2) 以二类以上维修企业技术水平无法修复或在工艺上无法保证修后质量的,应更换。

(3) 当配件修复费用超过或等于该配件更换费用时,应更换。

(4) 所有更换件定损规格不得高于原车事故前装配的品牌、规格。

2. 车身件损伤修换原则

1) 钣金件修换原则

钣金件修换的基本原则:损坏以弯曲变形(弹性变形)为主就进行修复;损坏以折曲变形(塑性变形)为主就进行更换。

(1) 弹性变形的特点及修复方法。

弯曲变形(弹性变形)特点:损伤部位与非损伤部位的过渡平滑、连续;通过拉拔矫正可使其恢复到事故前的形状,且不会留下永久性的变形。

弯曲变形(弹性变形)修复方法:先对车身结构的整体变形和钣金件上间接损伤进行拉拔、矫正;然后对钣金件表面,特别是直接损伤的撞击点进行整平作业。即使撞损不是很严重,车身没有整体变形,也要修理间接损伤,再修理直接损伤部位。如果间接损伤中有挤缩变形(隆起或卷曲变形),应先进行拉拔使之展开,然后在折曲部位进行整平作业,待弹性变形得以恢复后,再对直接损伤的撞击点进行整平处理。

(2) 塑性变形的特点及更换原则。

折曲变形(塑性变形)特点:弯曲变形剧烈,曲率半径很小,通常在很短的长度上弯曲90°度以上;矫正后,零件上仍有明显的裂纹和开裂,或者出现永久变形带,不经高温加热处理不能恢复到事故前的形状。

折曲变形(塑性变形)更换原则:

如果损伤发生在平面内,则矫正工作比棱角处严重起皱和折曲的矫正工作可能容易得多。几乎可以肯定,在轮廓分明的棱角处发生了折曲变形,只能采取更换的方法,如车门玻璃框折曲。

如果损伤部位处于纵梁的端部附近,而且压偏区并未受到影响或变形的范围影响不大,通过拉拔即可矫正的,则必须修复;如果压偏区已出现折曲,并将碰撞力传递到后部,造成后部也变形,则必须予以更换。

如果损伤位置在发动机或转向器安装位置附近,重复性载荷会造成疲劳破坏(重复震动力或应力会加重并产生二次变形)。这些安装位置发生折曲变形后,必须更换,如紧抱转向器的广州本田前桥发生折曲变形。

由于严重冷作硬化而造成的严重折叠起皱变形,必须更换。

如果只有一个未曾完全修复的轻微折曲变形,其解决方法就不能与在大面积上有多个折曲变形的解决方法相同,应采取挖补法修复。

2) 塑料件修换原则

塑料件修换的基本原则:热塑性塑料件损伤以修复为主,热固性塑料件损伤需更换。

热塑性塑料件特点:

(1) 反复加热而变软,其外观及化学成分并不发生变化,冷却后即变硬,可用塑料焊机焊接,太阳灯加热修复变形。

(2) 在受到热、催化剂或紫外线的作用后会产生化学变化的，其固化后的形状是永久性的，再加热和使用催化剂也不会使其变形，无法焊接，但可用无气流焊机进行"黏结"。

车身塑料件鉴别方法：

(1) 查看 ISO 识别码：此码常在注塑时模压在塑料件上，常标在注模号或零件码前面，通常需要拆下该零件查看。

(2) 热塑性常用汽车塑料件名称：AAS、ABS、ABS/PVC、PC、PE、PP、PS、TPUP、PVC 等，以上配件在不影响外观的情况下可以修复。

(3) 热固性常用汽车塑料件名称：ABS/MAT、PA、PPO、PUR、SAN。

(4) 玻璃钢件在变形破损不严重的情况下可以修复。

3) 机械配件修换原则

机械配件修换的基本原则：超过配合尺寸，通过加工也无法得到装配技术要求，或变形通过矫正无法保证使用性能和安全技术要求的，或断裂无法焊接或焊接后无法保证使用性能和安全技术要求的，原则上必须更换。

(1) 事故造成发动机损伤。

① 事故碰撞造成发动机缸体、缸盖的外部损伤。

发动机缸体、缸盖常用的材料为铸铁或铸铝，这些材料目前许多机械专业加工厂均可焊接，定损时主要查看其损伤部位。固定安装位，或只是表面裂纹，或裂纹只延伸至发动机冷却水道边的，通过焊接工艺可以恢复正常使用；发动机冷却水道与油道间损伤，或发动机冷却水道或油道与缸筒(气门座)间损伤，或外部裂纹延伸至缸筒(气门座)等处，通常需更换缸体或缸盖。

② 事故引起发动机"飞车"造成烧瓦、拉缸等发动机内部损伤。

烧瓦：可以通过修理尺寸法按级磨曲轴，并更换加大尺寸轴瓦即可。

拉缸：若活塞未损伤，可通过镶缸套或换缸套和活塞环修理法即可；若活塞也拉伤，则通过修理尺寸法加大缸筒、活塞，更换活塞及活塞环即可。

注意：这种现象一般只有发生在柴油发动机因事故翻车机油倒灌燃烧室才会形成，汽油发动机是绝对不会发生的，在定损中一定要区分。这部分损伤一定要有现场测量并能清晰反映损伤尺寸的照片。

(2) 事故造成独立悬挂损伤。

现在轿车的前后悬挂基本都是麦弗逊式或其变型款，主要结构即由螺旋弹簧加上减震器组成，可避免螺旋弹簧受力时向前、后、左、右偏移的现象，限制弹簧只能作上下方向的振动，并可用减震器的行程长短及张力来设定悬挂的软硬程度及性能。由于这种结构相互间连接基本为活动缓冲式连接，对碰撞力传导有明显阻止作用，所以在定损核价时要认真检查。

① 注意仔细研究碰撞着力点位置、碰撞力传递方向、明显被碰撞损坏的器件。

② 仔细研究悬挂各连接点松动量，检查连接点磨损情况，判断松动是自然磨损还是碰撞造成，从而推断碰撞力传导距离。

③ 注意连接点有无变形夹紧，有变形夹紧则碰撞力有可能通过该连接点传导相连件损坏，应重点检查。

④ 可以肯定非碰撞力传导件也绝非事故损坏件。

⑤ 检查减震器有无漏油，区分是事故造成漏油还是机件磨损渗油(通过查看油痕迹即可区分)，事故造成漏油，则应更换；拆下减震器，检查有无变形、弯曲，有则予以更换；用手握住减震器两端，将其拉伸和压缩，若拉伸或压缩时用力都极小，表明减震器功能减退，与事故损坏无关。

4) 电子元件损伤修换原则

(1) 车辆上除安全气袋电子元件、控制单元外，其他电子元件、控制单元事故受损均必须有明显被撞击痕迹和因撞击造成变形、损伤、烧蚀(注意区分事故与非事故引起的烧蚀)，才必须更换。

(2) 所有伤、断线路均采取对接锡焊法修复。

(3) 事故中造成安全气袋爆炸的，应认真检查有无外装碰撞传感器，若有，则安全气袋系统控制电脑一般通过解码可重复使用 3 至 4 次；若无，则内置碰撞传感器控制电脑一定要更换。

(4) 座椅安全带关系驾驶者和乘客的生命安全，是车辆使用过程中经常损坏的器件，只有气爆式安全带发生碰撞并造成安全气袋爆炸时才有可能是保险责任(注意区分)。

(5) 更换电控系统控制电脑(必须为原厂件)不需解码仪检测解码，只有单换感应器(传感器)才需解码仪检测解码。

5) 易耗材料修换原则

(1) 油脂类(如机油)和工作液类(如制动液、蓄电池液、冷却液等)具有润滑、冷却、防锈等作用，与发动机、变速箱、离合器、制动装置、蓄电池的正常运作息息相关。这些油液在使用过程中会渐少和劣化，从而降低汽车配件的性能并可导致发动机和其他装置产生烧蚀、不良运作等故障。定(核)损中要严格区分是事故造成损耗，还是原车自然损耗。

(2) 汽车上的各种橡胶皮带均与行车安全性密切相关。正时皮带、转向助力泵皮带、冷却风扇皮带、制动软管和散热器软管等均以橡胶制成，但橡胶会随着使用时间的延长而逐步老化。当皮带龟裂甚至断开时，会导致配件受损或方向盘沉重等问题。定损中要重点检查是保养不善导致龟裂、磨损等损坏，还是事故直接造成损坏。

(3) 由于汽车中的制动摩擦片、制动蹄片、离合器片、轮胎等部件会在工作中不断磨损，本身有一定的使用寿命，所以事故中造成损坏，核价时应折旧。

四、事故车辆修复费用组成与计算标准

1. 事故车辆修复费用组成

事故车辆修复费用包括事故损失部分维修工时费、事故损失部分需更换的配件费(包含管理费)和残值。

1) 事故损失部分维修工时费

(1) 事故相关部件拆装工时费。

(2) 事故部分钣金修复工时费(包辅助材料费)。

(3) 事故部分配件修复工时费(含外加工费项目)。

(4) 事故相关的机修工时费。

(5) 事故相关的电工工时费。

(6) 事故部分喷漆费(包含原材料费用)。

(7) 事故修复所需的附料费。

2) 事故损失部分需要更换的配件费(包含管理费)

(1) 配件费。目前，配件市场上主要有三种价格形式：

① 由汽车生产厂家对其特约售后服务站规定的配件销售价格——厂家指导价；

② 当地大型配件交易市场上销售的原装零配件价格——市场零售价；

③ 符合国家及汽车厂家质量标准，合法生产及销售的装车件、配套件(OEM)价格——生产厂价格。

保险公司确定事故车辆修复中需更换的配件价格一般采用市场零售价为基础，再加一定的管理费为原则。

(2) 配件管理费。配件管理费是指保险公司针对保险车辆发生保险责任事故时，保险人对维修企业因维修需更换的配件在采购过程中发生的采购、装卸、运输、保管、损耗等费用以及维修企业应得的利润和出具发票应缴的税金而给出的综合性补偿费用。

3) 残值

残值是指车辆或其他财物因保险事故遭受损失后残余部分或损坏维修更换下来的配件，其自身所具有的可再利用价值或自然价值。保险公司对残值的确认可按照维修行业惯例和维修市场运作方式进行客观合理估算。残值原则上划归被保险人所有，但遇有特殊情况，保险公司可将旧件收回。

2. 事故车辆修复费计算标准

1) 事故损失维修工时费计算

(1) 车身钣金：车门、车顶维修时需有内饰及附件拆装工时费；后侧翼子板重大变形维修与更换隐含拆装后挡风玻璃。

(2) 机修：独立式前悬挂只有事故损坏更换上/下悬挂、拉杆等相关附件才需电脑前轮定位(注意：不是四轮定位)；刹车只有拆装或更换油管路件才需检修和调整；吊装发动机工时已包含了拆装与发动机相连的散热系统、变速箱及传动系统工时；发动机只有更换汽缸体才可定损大修工时(内部磨损件需更换非保险责任，为配合原部件需对汽缸体加工，属保险责任)；更换新汽缸盖隐含铰削气门座和研磨气门工时。

(3) 电工：更换前大灯隐含调整灯光工时；空调系统中更换任何涉及雪种泄漏件均需查漏、抽空、加/补雪种工时；更换电控系统电脑(必须为原厂件)不需解码仪检测解码，只有单换感应器(传感器)才需解码仪检测解码。

(4) 所有维修工时费均包含辅助材料费(消耗材料费、钣金焊接材料费)和管理费(利润、税金)。

(5) 喷漆工时费应包含喷漆需要的原子灰、漆料、油料、辅助剂料等材料费，工时定额以实色油漆材料为基准工时费；原车辆使用珍珠油漆，工时费可适当上浮；如果使用实色漆不需要罩树脂的，工时费应适当下浮。

(6) 外加工费：事故车辆维修过程中本厂以外协作方式由专业加工企业进行加工、维修而发生的费用。外加工费确定原则：索赔时可直接提供外加工费发票，本厂不得再加收管理费；凡是已含在维修工时定额范围内的外加工费，不得另行列项重复收费。

2) 事故损失需要更换的配件费

配件费计算公式：

$$配件费 = 配件进货价 \times (1 + 管理费比例) - 残值$$

配件进货价：以该配件的市场零售价为准。

配件定价的原则：

(1) 配件报价以该配件的市场(北京、广州)零售价为准。

(2) 配件价格严格按照总公司关于配件核价的相关规定执行。

(3) 老旧车型更换配件以换型替代件或通过与被保险人协商按照拆车件价格定价，原车损坏时是副厂件按副厂件价格定价。

配件管理费确定的原则：根据维修厂技术类别、专修车型综合考虑进行确定，维修站没有配件管理费。

残值以当地维修行业通行标准为计算基础：

(1) 所有残值归被保险人所有，保险人在维修费用中扣减。

(2) 事故车辆更换的配件由保险人收回后，不计入残值之内。

五、核价及核损上报

(1) 根据车辆零部件损失金额，确定是否属上一级核价和核损范围。

(2) 属上一级核价和核损范围的，应履行逐级上报原则；不属上一级管辖范围的，根据当地报价规定，核定配件价格。

(3) 上一级核价核损人对于管辖范围内的案件进行核准操作；对于核定金额高于本级报价金额的，应向上一级核价核损人申请核价或核损操作。经最终核价或核损后的结果，应及时通知上报人，且上报人不得随意修改。

六、增补定损

(1) 受损车辆原则上采取一次定损。如在修复中发现确属定损失遗漏的项目，需要增加修理的，在修复或更换前，由被保险人立即通知保险公司。增项后如损失金额超过原定损或机构权限的，应履行逐级核定程序，经核实审批后，可追加修理项目和修理费用。

(2) 增补定损项目时，应注意区分零部件损坏是在拆检过程中、保管过程中、施救过程中发生，还是保险事故造成的。

(3) 须在修车或着车过程中检验的待检项，应在检验结束后填制《保险车辆增加修理项目申请单》，上报核审后方可增补定损。

(4) 由于承修方在修理时造成的损失扩大部分，不予做增项处理。

七、车辆送修

(1) 定损人员不得强行指定事故车辆的维修厂家。需拆解定损的，保险公司可指定拆解修理厂，但需向客户做好解释工作。拆解定损结束后，客户可自行选择承修单位。

(2) 客户主动要求保险公司推荐承修厂家时，应向被保险人推荐与保险公司建立合作关系并有承修受损车辆资质的协作修理厂。

(3) 投保人在投保时选择了"指定修理厂"加费的，可推荐具有保险车辆专修资格的修理厂。

(4) 有条件的地区，对损失较大的车辆可采用承修招标的方式确定承修厂家。推荐和招标的修理厂应尽量选择维修资质较高的汽车修理厂或专业汽车维修站，无承修资质的汽车修理厂不得推荐其参与招标。

八、修复车辆的复检

对损失较大的事故车辆，在其修复完工客户提取车辆之前，可选择安排车辆复检，即对维修方案的落实情况、更换配件的品质和修理质量进行检验，以确保修理方案的实施，零配件修理、更换的真实性，防范道德风险的发生，保证被保险人的利益。复检的结果应在定损单上注明。如发现未更换定损换件或未按定损价格更换正厂件，应在定损单上扣除相应的差价。

九、简易案件处理

标的车、三者车和其他三者财物损失较小，无需拆检，且当事人对事实、成因及损害赔偿金额无争议的案件，可按简易案件处理。

十、疑难案定损的处理

(1) 对车辆损失金额较大，保险双方协商难以达成一致意见，或受损车辆技术要求高，难以确定损失的，可聘请专家或专业机构定损。

(2) 对保险事故车辆损失原因、损失程度进行鉴定的费用可以负责赔偿。

十一、非车辆财产损失的确定

第三者财产和车上货物的损失，应会同被保险人和有关人员逐项清点。确定损失数量、损失程度和损失金额，同一保险标的要注意避免重复赔偿；超过本级处理权限的，应及时报上级进行定损或核损；制作《机动车辆保险财产损失确认书》一式两份，由被保险人签字确认，保险人、被保险人各执一份。财产损失的确定应注意以下几点：

1) 损失修复原则

(1) 第三者财产和车上货物的恢复以修复为主。

(2) 无法修复和无修复价值的财产可采取更换处理。

(3) 更换时应注意品名、数量、制造日期、主要功能等。

(4) 对于能更换零配件的，不更换部件；能更换部件的，不更换总成件。

2) 确定物损数量

交通事故中常见的财产损失有普通公路路产、高速公路路产、供电通信设施、城市与道路绿化等。

相关财产的品名和数量可参照当地物价部门列明的常见品名和配套数量。受损财物的数量确定还必须注意计算方法的科学性、合理性。

3) 损失金额的确定

(1) 简单财产损失应会同被保险人一起根据财产价值和损失程度确定损失金额，必要时请生产厂家进行鉴定。

(2) 对受损财产技术性强、定损价格较高、难度较大的物品，如较难掌握赔偿标准可聘请技术监督部门或专业维修部门鉴定，严禁盲目定价。

(3) 根据车险条款规定，损失残值应协商折价折归被保险人，并由被保险人进行处理。

(4) 其他物资查勘定损：

① 市政和道路交通设施：如广告牌、电灯杆、防护栏、隔离桩、绿化树等，在定损中按损坏物产的制作费用及当地市政、路政、交管部门的赔偿标准核定。

② 房屋建筑：了解房屋结构、材料、损失状况，然后确定维修方案，最后请当地数家建筑施工单位对损坏部分及维修方案进行预算招标，确定最低修复费用。

③ 农田庄稼：在青苗期按青苗费用加上一定的补贴即可，成熟期的庄稼可按当地同类农作物平均产量测算定损。

④ 家畜、牲畜：牲畜受伤以治疗为主，受伤后失去使用价值或死亡的，凭畜牧部门证明或协商折价赔偿。

⑤ 车上货物及其他货品：应根据不同的物品分别定损，对一些精密仪器、家电、高档物品等应核实具体的数量、规格、生产厂，可向市场或生产厂了解物品价格。另外，对于车上货物还应取得运单、装箱单、发票，核对装载货物情况，防止虚报损失。

(5) 对于出险时市场已不生产销售的财产，可按客户原始购置发票数额为依据，客户不能提供发票的，可根据原产品的主要功能和特性，按照当前市场上同类型产品推算确定。

(6) 定损金额以出险时保险财产的实际价值为限。

4) 维修方案的确定

根据损失项目、数量、维修项目和维修工时及工程造价确定维修方案。对于损失较大的事故或定损技术要求较高的事故，可委托专业人员确定维修方案。

十二、施救费用的确定

1. 施救费用的界定

施救费用是指当保险标的遭遇保险责任范围内的灾害事故时，被保险人或其代理人、雇佣人员等为防止损失的扩大，采取措施抢救保险标的而支出的必要的、合理的费用。必要、合理的费用是指施救行为支出的费用是直接的、必要的，并国家有关政策规定。

2. 施救费用的确定原则

施救费用的确定要严格依照有关条款规定，并按照以下原则处理：

(1) 被保险人使用他人(非专业消防单位)的消防设备，施救保险车辆所消耗的费用及设备损失可以赔偿。

(2) 保险车辆出险后，雇用吊车和其他车辆进行抢救的费用，以及将出险车辆拖运到修理厂的运输费用,在当地物价部门颁布的收费标准内负责赔偿。

(3) 在抢救过程中,因抢救而损坏他人的财产,如果应由被保险人承担赔偿责任的,可酌情予以赔偿。但在抢救时,抢救人员个人物品的丢失,不予赔偿。

(4) 抢救车辆在拖运受损保险车辆途中发生意外事故造成的损失和费用支出,如果该抢救车辆是被保险人自己或他人义务派来抢救的,应予赔偿;如果该抢救车辆是有偿服务的,则不予赔偿。

(5) 保险车辆出险后,被保险人赶赴肇事现场处理所支出的费用,不予负责。

(6) 只对保险车辆的救护费用负责。

保险车辆发生保险事故后,涉及两车以上的,应按责分摊施救费用。受损保险车辆与其所装货物(或其拖带其他保险公司承保的挂车)同时被施救,其救货(或救护其他保险公司承保的挂车)的费用应予剔除。如果它们之间的施救费用分不清楚,则应按保险车辆与货物(其他保险公司承保的挂车)的实际价值进行比例分摊赔偿。

(7) 保险车辆为进口车或特种车发生保险责任范围的事故后,当地确实不能修理的,经保险公司同意去外地修理的移送费可予负责,并在定损单上注明送修地点和金额,但护送车辆者的工资和差旅费不予负责。

(8) 施救、保护费用与修理费用应分别理算。当施救、保护费用与修理费用相加,估计已达到或超过保险车辆的实际价值时,可按推定全损予以赔偿。

(9) 车辆损失险的施救费是一个单独的保险金额,但第三者责任险的施救费用不是一个单独的责任限额。第三者责任险的施救费用与第三者损失金额相加不得超过第三者责任险的责任限额。

(10) 施救费应根据事故责任、相对应险种的有关规定,扣减相应的免赔率。

(11) 重大或特殊案件的施救费用应委托专业施救单位出具相关施救方案及费用计算清单。

3. 记录施救情况

(1) 事故车辆及其他财产需要施救的,应记录被施救财产的名称、数量、重量、价值、施救方式、施救路程。

(2) 被施救财产已经施救的,应在查勘记录中记录已发生的施救费用。

(3) 保险标的与其他财产一同施救的,应与被保险人说明施救费的分摊原则并在查勘记录中注明。

十三、人身损害费用的确定

受害人遭受人身损害,因就医治疗支出的各项费用以及因误工减少的收入,包括医疗费、误工费、护理费、交通费、住宿费、住院伙食补助费、必要的营养费,赔偿义务人应当予以赔偿。

受害人因伤致残的,其因增加生活上需要支出的必要费用以及因丧失劳动能力导致的收入损失,包括残疾赔偿金、残疾辅助器具费、被扶养人生活费,以及因康复护理、继续治疗实际发生的必要的康复费、护理费、后续治疗费,赔偿义务人也应当予以赔偿。

受害人死亡的，赔偿义务人除应当根据抢救治疗情况赔偿本条第一款规定的相关费用外，还应当赔偿丧葬费、被扶养人生活费、死亡补偿费以及受害人亲属办理丧葬事宜支出的交通费、住宿费和误工损失等其他费用。

受害人或者死者近亲属遭受精神损害，赔偿权利人向人民法院请求赔偿精神损害抚慰金的，适用《最高人民法院关于确定民事侵权精神损害赔偿责任若干问题的解释》予以确定。

1. 医疗费

医疗费根据医疗机构出具的医药费、住院费等收款凭证，结合病历和诊断证明等相关证据确定。医疗费的赔偿数额，按照一审法庭辩论终结前实际发生的数额确定。器官功能恢复训练所必要的康复费、适当的整容费以及其他后续治疗费，赔偿权利人可以待实际发生后另行起诉。但根据医疗证明或者鉴定结论确定必然发生的费用，可以与已经发生的医疗费一并予以赔偿。

2. 误工费

误工费根据受害人的误工时间和收入状况确定。

误工时间根据受害人接受治疗的医疗机构出具的证明确定。受害人因伤致残持续误工的，误工时间可以计算至定残日前一天。

受害人有固定收入的，误工费按照实际减少的收入计算。受害人无固定收入的，按照其最近三年的平均收入计算；受害人不能对其最近三年平均收入状况举证的，可以参照受诉法院所在地相同或者相近行业上一年度职工的平均工资计算。

3. 护理费

护理费根据护理人员的收入状况和护理人数、护理期限确定。

护理人员有收入的，参照误工费的规定计算；护理人员没有收入或者雇佣护工的，参照当地护工从事同等级别护理的劳务报酬标准计算。护理人员原则上为一人，但医疗机构或者鉴定机构有明确意见的，可以参照确定护理人员人数。

护理期限应计算至受害人恢复生活自理能力时止。受害人因残疾不能恢复生活自理能力的，可以根据其年龄、健康状况等因素确定合理的护理期限，但最长不超过二十年。

受害人定残后的护理，应当根据其护理依赖程度并结合配制残疾辅助器具的情况确定护理级别。

4. 交通费

交通费根据受害人及其必要的陪护人员因就医或者转院治疗实际发生的费用计算。交通费应当以正式票据为凭；有关凭据应当与就医地点、时间、人数、次数相符合。

5. 住院伙食补助费

住院伙食补助费可以参照当地国家机关一般工作人员的出差伙食补助标准予以确定。受害人确有必要到外地治疗，因客观原因不能住院，受害人本人及其陪护人员实际发生的住宿费和伙食费，合理部分应予赔偿。

6. 必要的营养费

营养费根据受害人伤残情况参照医疗机构的意见确定。

7. 残疾赔偿金

残疾赔偿金根据受害人丧失劳动能力程度或者伤残等级，按照受诉法院所在地上一年度城镇居民人均可支配收入或者农村居民人均纯收入标准，自定残之日起按二十年计算。但六十周岁以上的，年龄每增加一岁减少一年；七十五周岁以上的，按五年计算。

受害人因伤致残但实际收入没有减少，或者伤残等级较轻但造成职业妨害严重影响其劳动就业的，可以对残疾赔偿金作相应调整。残疾等级补偿比例如 3-7 所示。

残疾赔偿金的计算公式：

残疾赔偿金 = 发生地全省年平均生活费 × 赔偿年限 × 残疾等级补偿比例

　　　　　　× 事故责任比例 × (1−免赔率)

表 3-7　残疾等级补偿比例表

残疾等级	1	2	3	4	5	6	7	8	9	10
赔偿比例 / %	100	90	80	70	60	50	40	30	20	10

8. 残疾辅助器具费

残疾辅助器具费按照普通适用器具的合理费用标准计算。伤情有特殊需要的，可以参照辅助器具配制机构的意见确定相应的合理费用标准。辅助器具的更换周期和赔偿期限参照配制机构的意见确定。

9. 丧葬费

丧葬费按照受诉法院所在地上一年度职工月平均工资标准，以六个月总额计算。

10. 被扶养人生活费

被扶养人生活费根据扶养人丧失劳动能力程度，按照受诉法院所在地上一年度城镇居民人均消费性支出和农村居民人均年生活消费支出标准计算。被扶养人为未成年人的，计算至十八周岁；被扶养人无劳动能力又无其他生活来源的，计算二十年。但六十周岁以上的，年龄每增加一岁减少一年；七十五周岁以上的，按五年计算。

被扶养人是指受害人依法应当承担扶养义务的未成年人或者丧失劳动能力又无其他生活来源的成年近亲属。被扶养人还有其他扶养人的，赔偿义务人只赔偿受害人依法应当负担的部分。被扶养人有数人的，年赔偿总额累计不超过上一年度城镇居民人均消费性支出额或者农村居民人均年生活消费支出额。

11. 死亡赔偿金

死亡赔偿金按照受诉法院所在地上一年度城镇居民人均可支配收入或者农村居民人均纯收入标准，按二十年计算。但六十周岁以上的，年龄每增加一岁减少一年；七十五周岁以上的，按五年计算。

另外，赔偿权利人举证证明其住所地或者经常居住地城镇居民人均可支配收入或者农村居民人均纯收入高于受诉法院所在地标准的，残疾赔偿金或者死亡赔偿金可以按照其住所地或者经常居住地的相关标准计算。被扶养人生活费的相关计算标准，也依照本款原则确定。超过确定的护理期限、辅助器具费给付年限或者残疾赔偿金给付年限，赔偿权利人向人民法院起诉请求继续给付护理费、辅助器具费或者残疾赔偿金的，人民法院应予受理。赔偿权利人确需继续护理、配制辅助器具，或者没有劳动能力和生活来源的，人民法院应当判令赔偿义务人继续给付相关费用五至十年。

上述所称"城镇居民人均可支配收入"、"农村居民人均纯收入"、"城镇居民人均消费性支出"、"农村居民人均年生活消费支出"、"职工平均工资"，按照政府统计部门公布的各省、自治区、直辖市以及经济特区和计划单列市上一年度相关统计数据确定。"上一年度"，是指一审法庭辩论终结时的上一统计年度。

【小知识】道路交通事故受伤人员伤残评定 GB 18667－2002 (节选)

根据道路交通事故受伤人员的伤残状况，将受伤人员伤残程度划分为 10 级，其中 I 级伤残包括：

1. 颅脑、脊髓及周围神经损伤致：

a) 植物状态；

b) 极度智力缺损(智商 20 以下)或精神障碍，日常生活完全不能自理；

c) 四肢瘫(三肢以上肌力 3 级以下)；

d) 截瘫(肌力 2 级以下)伴大便和小便失禁。

2. 头面部损伤致：

a) 双侧眼球缺失；

b) 一侧眼球缺失，另一侧眼严重畸形伴盲目 5 级。

3. 脊柱胸段损伤致严重畸形愈合，呼吸功能严重障碍。

4. 颈部损伤致呼吸和吞咽功能严重障碍。

5. 胸部损伤致：

a) 肺叶切除或双侧胸膜广泛严重粘连或胸廓严重畸形，呼吸功能严重障碍；

b) 心功能不全，心功Ⅳ级；或心功能不全，心功能Ⅲ级伴明显器质性心律失常。

6. 腹部损伤致：

a) 胃、肠、消化腺等部分切除，消化吸收功能严重障碍，日常生活完全不能自理；

b) 双侧肾切除或完全丧失功能，日常生活完全不能自理。

7. 肢体损伤致：

a) 三肢以上缺失(上肢在腕关节以上，下肢在踝关节以上)；

b) 二肢缺失(上肢在肘关节以上，下肢在膝关节以上)，另一肢丧失功能 50%以上；

c) 二肢缺失(上肢在腕关节以上，下肢在踝关节以上)，第三肢完全丧失功能；

d) 一肢缺失(上肢在肘关节以上，下肢在踝关节以上)，第二肢完全丧失功能，第三肢丧失功能 50%以上；

e) 一肢缺失(上肢在腕关节以上，下肢在踝关节以上)，另二肢完全丧失功能；

f) 三肢完全丧失功能。

8. 皮肤损伤致瘢痕形成达体表面积 76%以上。

3.2.5　汽车碰撞事故的查勘定损

一、汽车碰撞事故分类及特证

汽车碰撞事故可分为单车事故和多车事故，其中单车事故又可细分为翻车事故和与障碍物碰撞事故。

翻车事故一般是驶离路面或高速转弯造成的，其严重程度主要与事故车辆的车速和翻车路况有关，既可能是人车均无大恙的局面，也可能造成车毁人亡的严重后果，图 3-9 列举了翻车的几种典型案例。

与障碍物碰撞事故主要可分为前撞、尾撞和侧撞，其中前撞和尾撞较常见，而侧撞较少发生。与障碍物碰撞的前撞和尾撞又可根据障碍物的特征和碰撞方向的不同再分类，图 3-10 为几种典型的汽车与障碍物碰撞案例。尽管在单车事故中，侧撞较少发生，但当障碍物具有一定速度时也有可能发生，如图 3-11 所示。

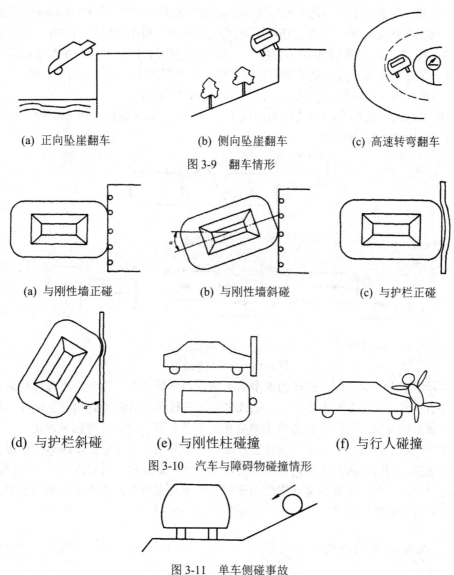

(a) 正向坠崖翻车　　　　　(b) 侧向坠崖翻车　　　　　(c) 高速转弯翻车

图 3-9　翻车情形

(a) 与刚性墙正碰　　　　　(b) 与刚性墙斜碰　　　　　(c) 与护栏正碰

(d) 与护栏斜碰　　　　　(e) 与刚性柱碰撞　　　　　(f) 与行人碰撞

图 3-10　汽车与障碍物碰撞情形

图 3-11　单车侧碰事故

单车事故中，汽车可受到前、后、左、右、上、下的冲击载荷，且对汽车施加冲击载荷的障碍物可以是有生命的人体或动物体，也可以是无生命的物体。显然，障碍物的特性和运动状态与汽车事故的后果息息相关，这些特性包括质量、形状、尺寸和刚性等。这些特性参数的实际变化范围很大，如人体的质量远比牛这类动物体的质量小，而路面和混凝土墙的刚性远比护栏和松土的刚性大。障碍物特性和状态的千变万化导致的结果是对事故车辆及乘员造成不同类型和不同程度的伤害。

多车事故为两辆以上的汽车在同一事故中发生碰撞，如图 3-12 所示。尽管多车事故中，可能有两辆以上的汽车同时相撞，但讨论其特征时可只考虑两辆车相撞的情形，如图 3-13 所示。图 3-13(a)所示的正面相撞和图 3-13(c)所示的侧面相撞都是具有极大危险性的典型事故案例，且占事故的 70 %以上。追尾事故在市内交通中发生时，一般相对碰撞速度较低，但由于追尾可造成被撞车辆中乘员颈部的严重损伤和致残，其后果仍然十分严重。从图 3-12 不难看出，在多车事故中，不同车辆所受的碰撞类型是不一样的。如图 3-13(a)所示的正面碰撞中，两辆车均受前撞；图 3-13(b)所示的追尾事故中，前面车辆受到尾撞，而后面车辆却受前撞；图 3-13(c)所示的侧撞事故中，一辆汽车受侧碰，而另一辆汽车却受前撞。在多车事故中，汽车的变形模式也是千变万化的，但与单车事故比，有以下两个明显的特征：

(1) 在多车事故中一般没有来自上、下方向的冲击载荷；

(2) 给事故汽车施加冲击力的均为其他车辆，尽管不同车辆的刚性不一样，但没有单车事故中障碍物的刚性变化大。

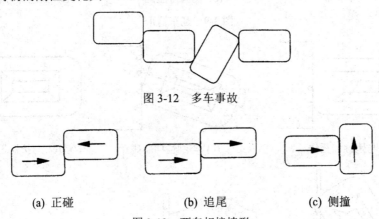

图 3-12　多车事故

(a) 正碰　　　　　　　(b) 追尾　　　　　　　(c) 侧撞

图 3-13　两车相撞情形

在实际生活中，除了以上描述的典型单车事故和典型多车事故外，还有这两类典型事故的综合型事故，如在多车事故中，一辆或多辆车与行人或其他障碍物发生碰撞。对于这类综合型事故的分析，可结合典型单车事故和典型多车事故的分析方法来讨论。

在实际生活中，汽车事故发生的状态和结果千差万别，很难用有限的篇幅描述全部可能出现的情况。同时，从上述分析可以看出，尽管单车事故看上去只涉及单一车辆，似乎情况相对简单，但车辆本身可能造成的损伤比多车事故更复杂，因为单车事故包括了上、下受冲击载荷的情形，而多车事故中一般不包括这些情形。

二、汽车碰撞损伤类型

1. 按碰撞行为分类

按碰撞行为分，汽车碰撞损伤可分为直接损伤(一次损伤)和间接损伤(二次损伤)。

1) 直接损伤

　　直接损伤是指车辆直接碰撞部位出现的损伤。若直接碰撞点为车辆左前方，推压前保险杠车辆左前翼子板、散热器护栅、发动机罩、左车灯等导致其变形，称为直接损伤。

　　2) 间接损伤

　　间接损伤是指二次损伤，且离碰撞点有一段距离的损伤。间接损伤是因碰撞力传递而导致的变形，如车架横梁、行李舱底板、护板和车轮外壳等，因弯曲变形和各种钣金件的扭曲变形等。

　　2. 按碰撞后损伤现象不同分类

　　按碰撞后导致的损伤现象不同，汽车碰撞损伤可归纳为五大类，即侧弯、凹陷、折皱或压溃、菱形损坏、扭曲等，如图 3-14 所示。

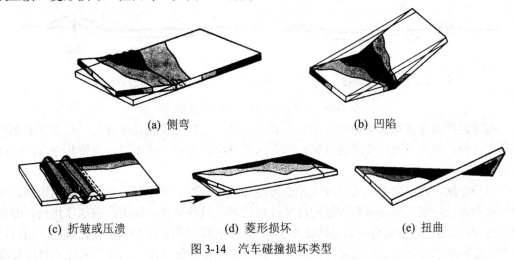

(a) 侧弯　　　　　　　　　　　　　　　(b) 凹陷

(c) 折皱或压溃　　　　　　(d) 菱形损坏　　　　　　(e) 扭曲

图 3-14　汽车碰撞损坏类型

　　1) 侧弯

　　汽车前部、汽车中部或汽车后部在冲击力的作用下，偏离原来的行驶方向发生的碰撞损坏称为侧弯。图 3-14(a)所示为汽车的前部侧弯，冲击力使"汽车"的一边伸长，一边缩短。侧弯也有可能在汽车中部和后部发生。侧弯可以通过视觉观察和对汽车侧面的检查判别出来，在汽车的伸长侧面会留下一条的刮痕，而在另一缩短侧面会有折皱。发动机罩不能正常开启等情况都是侧面损坏的明显特征。对于非承载式车身汽车，折皱式侧面损坏一般发生在汽车车架横梁的内部和相反方向的外部。承载式车身汽车也能够发生侧面损坏。

　　2) 凹陷

　　凹陷就是出现汽车的前罩区域比正常规定低的情况。损坏的车身或车架背部呈现凹陷形状。凹陷一般是由于正面碰撞或追尾碰撞引起的，有可能发生在汽车的一侧或两侧，如图 3-14(b)所示。当发生凹陷时，可以看到在汽车翼子板和车门之间顶部变窄，底部变宽，也可以看到车门闩眼处过低。凹陷是一种普通碰撞损坏类型，大量出现在交通事故中。尽管折皱或扭结在汽车车架本身并不明显，但是一定的凹陷将破坏汽车车身的钣金件的结合。

　　3) 折皱或压溃

　　折皱就是在车架上(非承载式车身汽车)或侧梁(承载式车身汽车)微小的弯曲。如果仅考虑车架或侧梁上的折皱位置，常常会是另一种类型损坏。例如，在车架或在车架边纵梁内侧有折皱，表明有向内的侧面损坏；折皱在车架或在车架边梁外侧，表明有向外的侧面损坏；在车架或在车架边梁的上表面有折皱，一般表明是向上凹陷类型；如果折皱在相反的方向即位于车架的下表面，则一般为向下凹陷类型。

压溃是一种简单且具有广泛性的折皱损坏，这种损坏使得汽车框架的任何部分都比规定值短，如图 3-14(c)所示。压溃损坏一般发生在前罩板之前或后窗之后，车门没有明显的损坏痕迹，然而在前翼子板、发动机罩和车架棱角等处会有折皱和变形，在轮罩上部车身框架常向上升，引起弹簧座损坏，如图 3-15 所示。伴随压溃损坏，保险杠的垂直位移很小。发生正面碰撞或追尾碰撞，会引起压溃损坏。

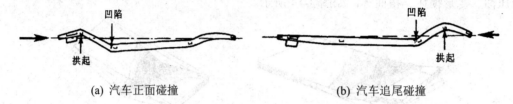

(a) 汽车正面碰撞　　　　　　　　　　　　　(b) 汽车追尾碰撞

图 3-15　车架的压溃、折皱和凹陷损坏

在决定严重压溃损坏的修理方法时，必须记住一点：在承载式车身上，高强度钢加热后易于拉伸，但这种方法要严格限制，因为这些钢材若加热处理不当，会使其强度、刚度降低。

另一方面，对弯曲横梁采用冷法拉直可能导致板件撕裂或拉断。然而对小的撕裂，可用焊接的方法修复，但必须合理地考虑零件是修理还是换新件。如果结构部件扭绞，即弯曲超过 90°，则应该换新件。如果弯曲小于 90°，可能拉直并且能够满足设计强度，则可以修理。用简单的方法拉直扭绞零部件可能会使汽车结构性能下降，当这种未达到设计标准的汽车再发生事故时，气囊可能会无法正常打开，进而危及乘客的生命。

4) 菱形损坏

菱形损坏就是一辆汽车的一侧向前或向后发生位移，使车架或车身不再是方形。如图 3-14(d)所示，汽车的形状类似一个平行四边形，这是由于汽车碰撞发生在前部或尾部的一角或偏离质心方向所造成的。菱形损坏明显的迹象就是发动机罩和车尾行李舱盖发生了位移，在驾驶室后侧围板的后轮罩附近或在后侧围板与车顶盖交接处可能会出现折皱，折皱也可能出现在乘客室或行李舱地板上。通常，压溃和凹陷会带有菱形损坏。

菱形损坏经常发生在非承载式车身汽车上，车架的一边梁相对于另一边梁向前或向后运动。可以通过量规交差测量方法来验证菱形损坏。

5) 扭曲

扭曲即汽车的一角比正常的要高，而另一角要比正常的低，如图 3-14(e)所示。当一辆汽车以高速撞击路边或高速公路中间分界之安全岛时，有可能发生扭曲型损坏。后侧车角发生碰撞也常发生扭曲损坏，仔细检查能发现板件不明显的损坏，然而真正的损坏一般隐藏在下部。由于碰撞，车辆的一角向上扭曲，同样，相应的另一角向下扭曲。由于弹簧弹性弱，所以如果汽车的一角凹陷到接近地面的程度，应该检查是否有扭曲损坏。当汽车发生滚翻时，也会发生扭曲损坏。

只有非承载式车身汽车才能真正发生扭曲，车架的一端垂直向上变形，而另一端垂直向下变形，从一侧观察，可以看到两侧纵梁在中间处交叉。

承载式车身汽车前后横梁并没有连接，所以并不存在真正意义上的"扭曲"。承载式车身损坏相似的扭曲是前部和后部元件发生相反的凹陷。例如：右前侧向上凹陷，左后侧向下凹陷，左前侧向下凹陷，而右后侧向上凹陷。

确定损伤类型时，一定要区别车架扭曲和车身扭曲，因为它们的修理方法和修理工时是不同的。对于承载式车身汽车而言，在校正每一端的凹陷时应对汽车的拉伸修理进行评估。对于非承载式车身汽车，需要两方面的拉伸修理，即汽车前沿的拉伸修理和汽车后端的修理。

三、汽车碰撞损伤鉴定

1. 汽车碰撞损伤鉴定注意事项

在进行碰撞损伤鉴定评估之前应当注意以下安全事项：

(1) 在查勘碰撞受损的汽车之前，先要查看汽车上是否有破碎玻璃棱边，以及是否有锋利的刀状和锯齿状金属边角。为安全起见，最好对危险的部位标注安全警示，或进行处理。

(2) 如果有汽油泄漏的气味，切忌使用明火和开关电器设备。当事故较严重时，为保证汽车的安全，可考虑切断蓄电池电源。

(3) 如果有机油或齿轮油泄漏，要当心滑倒。

(4) 在检验电器设备状态时，注意不要造成新的设备和零部件损伤。在车门变形的情况下，检验电动车窗玻璃升降功能时，切忌盲目升降车窗玻璃。

(5) 应在光线良好的场所进行碰撞诊断，如果损伤涉及底盘件或需在车身下进行细致检查，务必使用汽车升降机，以保证评估人员的安全。

2. 汽车碰撞损伤鉴定步骤

(1) 了解车身结构的类型。

(2) 目测确定碰撞部位。

(3) 目测确定碰撞的方向及碰撞力大小，并检查可能有的损伤。

(4) 确定损伤是否限制在车身范围内，是否还包含功能部件或零配件(如车轮、悬架、发动机及附件等)。

(5) 沿着碰撞路线系统地检查部件的损伤情况，直到没有任何损伤痕迹的位置。例如立柱的损伤可以通过检查门的配合状况来确定。

(6) 测量汽车的主要零部件，通过比较维修手册中车身尺寸图表上的标定尺寸和实际汽车的尺寸来检查汽车车身的是否产生变形量。

(7) 用适当的工具或仪器检查悬架和整个车身的损伤情况。

一般而言，汽车损伤鉴定按图 3-16 所示的步骤进行。

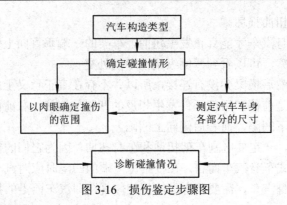

图 3-16　损伤鉴定步骤图

3. 目测确定碰撞损伤的程度

在大多数情况下，碰撞部位能够显示出结构变形或者断裂的迹象。用肉眼进行检查时，先要后退离开汽车，对其进行总体观察。从碰撞的位置估计受撞范围的大小及方向，并判断碰撞如何扩散。同样先从总体上查看汽车上是否有扭转、弯曲变形，再查看整个汽车，设法确定出损伤的位置以及所有损伤是否都是由同一起事故引起。

碰撞力沿着车身扩散，并使汽车的许多部位发生变形。碰撞力具有穿过车身坚固部位抵达并损坏薄弱部件，最终扩散并深入至车身部件内的特性。因此，为了查找出汽车损伤，必须沿着碰撞力扩散的路径查找车身薄弱部位(碰撞力在此形成应力集中)。沿着碰撞力的扩散方向一处一处地进行检查，确认是否损伤和损伤程度。具体可从以下几个方面来加以识别：

(1) 钣金件的截面突然变形。

碰撞造成的钣金件的截面变形与钣金件本身设计的结构变形不一样，钣金件本身设计的结构变形处表面油漆完好无损，而碰撞所造成的钣金件的截面变形处油漆起皮、开裂。车身设计时，要使碰撞产生的能量能够按照一条既定的路径传递并在指定的地方被吸收。钣金件损伤容易出现的部位图 3-17 所示。

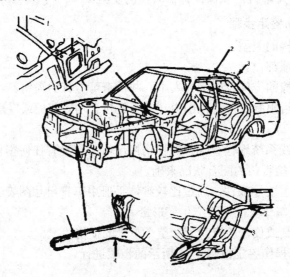

图 3-17　钣金件损伤容易出现的部位

(2) 零部件支架断裂、脱落及遗失。

发动机支架、变速箱支架、发动机各附件支架是碰撞应力吸受处。发动机支架、变速箱支架、发动机各附件支架在汽车设计时就有保护重要零部件免受损伤的功能，所以在碰撞事故中常有各种支架断裂、脱落及遗失的现象出现。

(3) 检查车身每一部位的间隙和配合。

车门是以铰链装在车身立柱上的，通常立柱变形就会造成车门与车闩、车门与立柱的间隙不均匀，如图 3-18 所示。

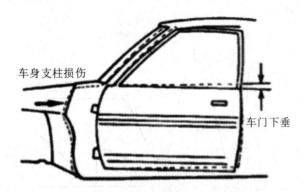

图 3-18 通过车门下垂检查支柱是否损伤

另外还可通过简单地开关车门，查看车门锁机与锁扣的配合，从锁机与锁扣的配合可以判断车门是否下沉，从而判断立柱是否变形；查看铰链的灵活程度可以判断主柱及车门铰链处是否变形。

在汽车前端碰撞事故中，检查后车门与后翼子板、门槛、车顶侧板的间隙并做左右对比是判断碰撞应力扩散范围的主要手段。

(4) 检查汽车本身的惯性损伤。

当汽车受到碰撞时，一些质量较大的部件(如装配在橡胶支座上的发动机附离合器总成)在惯性力的作用下会造成固定件(橡胶垫、支架等)及周围部件和钢板发生移位、断裂，需进行检查。对于承载式车身结构的汽车，还需检查车身与发动机及底盘结合部是否变形。

(5) 检查来自乘员及行李的损伤。

乘客和行李在碰撞中由于惯性力作用还能引起车身的二次损伤，损伤的程度因乘员的位置及碰撞的力度而异，其中较常见的损伤涉及方向盘、仪表工作台、方向柱护板及座椅等，行李箱中的常见损伤如 CD 机、音频功率放大器等设施的损伤。

四、承载式车身结构钣金件修与换的掌握

碰撞受损的承载式车身结构件是更换还是修复？这是汽车评估人员几乎每间天都必须要面对的问题。实际上，做出这种决定的过程就是一个寻找判断理由的过程。为了帮助汽车评估人员做出正确的判断，美国汽车撞伤修理业协会经过大量的研究，终于得出关于损伤结构件的修复与更换的一个简单的判断原则，即"弯曲变形就修，折曲变形就换"。

1. 弯曲变形和曲折变形的特点

为了更加准确地了解折曲和弯曲这两个概念，必须记住下面的内容：

1) 弯曲变形的特点

零件发生弯曲变形后，其特点是：

(1) 损伤部位与非损伤部位的过渡平滑、连续。

(2) 通过拉拔矫正可使变形处恢复到事故前的形状，而且不会留下永久的塑性变形。

2) 折曲变形的特点

(1) 弯曲变形剧烈，曲率半径小于 3 mm，通常在很短的长度上弯曲 90 度以上，如图 3-19 所示。

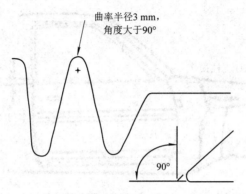

曲率半径3 mm，
角度大于90°

90°

图 3-19　折曲变形图例

(2) 矫正后，零件上仍有明显的裂纹或开裂，或者出现永久变形带，不经过调温加热处理不能恢复到事故前的形状。

2. 撞伤评估人员注意事项

虽然美国汽车撞伤修理业协会的"弯曲与折曲"原则是判断承载式车身结构件是更换还是修复的依据，但撞伤评估人员必须懂得：

(1) 在折曲和随后的矫正过程中钢板内部发生了什么变化。

(2) 为什么那些仅有一些小的折曲变形或有裂纹的大结构件也必须裁截或更换。

(3) 当决定更换结构板件时，应完全遵照制造厂的建议，这一点非常重要。当需要切割或分割板件时，厂方的工艺要求必须遵守，一些制造厂不允许反复分割结构板件。另一些制造厂规定只有在遵循厂定工艺时，才同意分割。所有制造厂家都强调，不要割断可能降低乘客安全性的区域、降低汽车性能的区域或者影响关键尺寸的地方。然而，根据笔者对我国碰撞修理业的了解，几乎未见汽车修理业完全按制造厂工艺要求更换车身结构件。所以笔者认为，在我国应采用"弯曲变形就修，折曲变形就可以换，而不是必须更换"，从而避免可能产生的更大的车身损伤。

(4) 高强度钢在任何条件下，都不能用加热来矫正。

五、非结构钣金件修与换的掌握

非结构钣金件又称覆盖钣金件，承载式车身的覆盖钣金件通常包括可拆卸的前翼子板、车门、发动机盖、行李箱盖和不可拆卸的后翼子板、车顶等。

1. 可拆卸件修与换的掌握

1) 前翼子板修与换的掌握

(1) 损伤程度没有达到必须将其从车上拆下来才能修复的，如整体形状还在，只是中部的局部凹陷，一般不考虑更换。

(2) 损伤程度达到必须将其从车拆下来才能修复，并且前翼子板的材料价格低廉、供应流畅，材料价格达到或接近整形修复工费的，应考虑更换。

(3) 如果每米长度超过 3 个折曲、破裂变形，或已无基准形状，应考虑更换(一般来说，当每米折曲、破裂变形超过 3 个时，整形和热处理后很难恢复其尺寸)。

(4) 如果每米长度不足 3 个折曲、破裂变形，且基准形状还在，应考虑整形修复。

(5) 如果修复工费明显小于更换费用，应考虑以修理为主。

2) 车门修与换的掌握

(1) 如果车门门框产生塑性变形，一般来说是无法修复的，应考虑以更换为主。

(2) 许多汽车的车门面板是可以作为单独零件供应的(如奥迪 100 型)，面板的损坏可以单独更换，不必更换门壳总成。

(3) 其他情况同前翼子板。

3) 发动机盖和行李箱盖修与换的掌握

绝大多数汽车的发动机盖和行李箱盖是用两个冲压成形的冷轧钢板经翻边胶粘制而成的。

(1) 判断碰撞损伤变形的发动机盖或行李箱盖是否要将两层分开进行修理，如果不需将两层分开，则不应考虑更换。

(2) 需要将两层分开整形修理，应首先考虑工费加辅料与其价值的关系，如果工费加辅料接近或超过其价值，则不应考虑修理；反之，应考虑整形修复。

(3) 其他情况同车门。

2. 不可拆卸件修与换的掌握

碰撞损伤的汽车中最常见的不可拆卸件就是三厢车的后翼子板(美国教科书称作 1/4 车身面板)。更换三厢车的后翼子板需从车身上将其切割下来，而国内绝大多数汽车修理厂在切割和焊接上满足不了制造厂提出的工艺要求，如果更换可能会造成车身结构新的修理损伤。所以，笔者认为，在国内现有的修理设备和工艺水平下，后翼子板只要有修理的可能性就应采取修理的方法修复，而不应像前翼子板一样考虑值不值得修理的问题。

六、塑料件修与换的掌握

1. 塑料的种类、塑料的鉴别和塑料的修理方法本书不作介绍

2. 塑料件修与换的掌握

塑料件修与换的掌握应从以下几个方面来考虑：

(1) 对于燃油箱及要求严格的安全结构件，必须考虑更换。

(2) 整体破碎应以更换为主。

(3) 价值较低、更换方便的零件应以更换为主。

(4) 应力集中部位,如富康车尾门铰链、撑杆锁机处,应以更换为主。

(5) 基础零件且尺寸较大,受损以划痕、撕裂、擦伤或穿孔为主的,拆装麻烦、更换成本高或无现货供应,应以修理为主。

(6) 一般来说,表面无漆面的、不能使用氰基丙烯酸酯黏结法修理且表面美光要求较高的塑料零件,由于修理处会留下明显的痕迹,应考虑更换。

七、机械类零件修与换的掌握

1. 悬挂系统、转向系统零件修与换的掌握

在阐述悬挂系统中零件修与换的掌握之前,我们必须说明悬挂系统与车轮定位的关系。在承载式车身中,正确的车轮定位的前提是正确的车身定位尺寸(如图 3-20 所示),这一点容易被人们忽视。车身定位尺寸的允许偏差一般在 1~3 mm,可见要求之高。

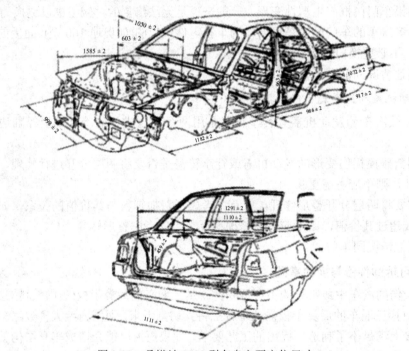

图 3-20　桑塔纳 2000 型车身主要定位尺寸

我们知道,汽车悬挂系统中的任何零件都是不允许用校正的方法进行修理的。当车轮定位仪器(前轮定位或四轮定位仪器)检测出车轮定位不合格时,用肉眼和一般量具又无法判断出具体的损伤和变形的零部件时,不要轻易做出更换悬挂系统中某个零件的决定。

车轮外倾、主销内倾、主销后倾,都与车身定位尺寸密切相关。车轮外倾、主销内倾、主销后倾的不对,首先分析是否是碰撞造成的,由于碰撞事故不可能造成轮胎的不均匀磨损,可通过检查轮胎的磨损是否均匀,初步判断事故前的车轮定位情况。

例如桑塔纳车的车轮外倾角,下摆臂橡胶套的磨损、锁板固定螺栓的松动,都会造成车轮外倾角的增大。检查车身定位尺寸,在消除了如摆臂橡胶套的磨损等原因、校正好车身,使得相关定位尺寸正确后,再做车轮定位检测。如果此时车轮定位检测仍不合格,再

根据其结构、维修手册判断具体的损伤部件，逐一更换、检测，直至损伤部件确认为止。上述过程通常是一个非常复杂而繁琐的过程，而且是一个技术含量较高的过程，由于悬挂系统中的零件都是安全部件，而零件的价格又较高，所以鉴定评估工作切不可轻率马虎。

图 3-21 所示为某奔驰车左前部撞击。前轮定位失准，且部分在调整范围之外。修理人员首先更换了可能影响定位失准的部分悬挂部件，前轮定位仍失准。校正车身后，前轮定位正常。从这个案例中我们可以看出，碰撞会造成车身变形，必须首先校正车身，待车身定位尺寸恢复后再进行定位检测，这时的检测结果才能作为更换悬挂件的前提。

图 3-21 某奔驰车左前部撞击图

另外，转向机构中的零件也有类似问题。

2. 铸造基础件修与换的掌握

汽车的发动机缸体、变速器、主减速和差速器的壳体往往用球墨铸铁或铝合金铸造而成，在遭受冲击载荷时，常常会造成固定支脚的断裂。我们知道，球墨铸铁或铝合金铸件都是可以焊接的。

一般情况，对发动机缸体、变速器、主减速和差速器的壳体的断裂是可以进行焊接修理的。图 3-22 所示为桑塔纳普通型轿车在遭受正面或左侧正面碰撞时，汽缸盖发电机固定处常见的碰撞断裂，这种断裂通过焊接，其强度、刚度和使用性能都可以得到满足。桑塔纳普通型轿车的汽缸体的空调压缩机固定处，同样会遭受类似的碰撞损伤，也可以用类似方法修复。

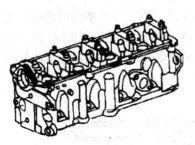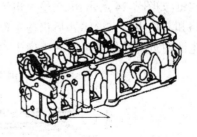

(a) 完好的汽缸盖   (b) 常见的碰撞断裂(箭头所指处)

图 3-22 桑塔纳普通型轿车汽缸盖常见的碰撞断裂

但是，不论是球墨铸铁或铝合金铸件，焊接都会造成变形，这种变形肉眼通常看不出来。由于焊接部位的附近对形状尺寸要求较高(如发动机汽缸壁，变速器、主减速和差速器的轴承座)，所以如发动机汽缸壁，变速器、主减速和差速器的轴承座这些部位附近如果产生断裂，用焊接的方法修复是不行的。如果这些部位产生断裂，一般来说应考虑更换。

八、电器件修与换的掌握

有些电器件在遭受碰撞后，虽然其外观没有损伤，但是表现出的"症状"是"坏了"，然而它是否真的"坏了"，还是系统中的电路保护装置工作了呢？一定要认真检查。

如果电路过载或短路就会出现大电流，导线发热、绝缘损伤，可能会酿成火灾。因此，电路中必须设置保护装置。熔断器、熔丝链、大限流保险丝和断路器都是过流保护装置，它们可以单独使用，也可以配合使用。碰撞会造成系统过载，相应的熔断器、熔丝链、大限流保险丝和断路器会因过载而工作，出现断路，电器表现出的"症状"就是"坏了"。

各种电路保护装置的具体介绍如下：

1. 熔断器

现代汽车使用较多的是熔片式熔断器，如图 3-23 所示。

(a) 已烧断　　　　　　　　　　(b) 完好

图 3-23　熔片式熔断器

检查时将熔断器从熔断器板(俗称保险丝盒)上拉出来，透过透明塑料壳查看里边的熔丝有没有烧断以及塑料壳有没有变色。如果烧断，应更换同一规格(电流量)的熔断器。

许多欧洲产的汽车采用陶瓷熔断器，它的中间是一个陶瓷绝缘体，一侧绕着一根金属丝。检查时，可查看绕在陶瓷绝缘体外的金属丝有没有烧断。

无论哪种类型的熔断器都可以用万用表进行断路检测。

2. 熔丝链

熔丝链(如图 3-24 所示)用在最大电流限制要求并不十分严格的电路中，通常装在点火开关电路和其他拔出点火钥匙后仍在工作的电路的蓄电池正极一侧，位置一般在发动机舱内的蓄电池附近。熔丝链也用在不便于将导线从蓄电池引至熔断器板再引回负载的场合。

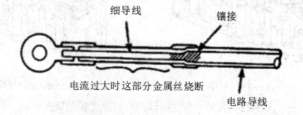

图 3-24　常见的熔断链

熔丝链是装在一个导体里的一小段细金属丝，通常靠近电源。由于熔丝链比主导线细，所以能在电路中其他部分损坏之前熔断并形成断路。熔断器表面有一层特殊的绝缘层，过热时会冒泡，表明保险丝已经熔化。如果绝缘表面看起来没问题，轻轻往两边拉拉电线，这时若能拉长，则说明熔丝链已经熔化。如果拿不准它是否熔化，可以用测试灯或万用表进行断路检测。

3. 大限流保险丝

有些新的电器系统用大限流保险丝取代了常规的熔丝链。大限流保险丝的外观和用法有些像双熔片式熔断器，但外形比较大，电流的额定值也更高(一般要高于普通电流额定值的 4~5 倍)。大限流保险丝装在单独的保险丝盒内，位于发动机罩下。

大限流保险丝的熔丝便于检查和更换，检查时透过彩色塑料壳可以看到熔丝，如果熔丝断了，将保险丝从保险丝盒里抽出来更换即可。

大限流保险丝的另一个优点是可以将汽车的电器系统分成几个较小的电路，方便诊断和检查。例如，有些汽车上用一个熔丝链控制大半个整机电路，如果这个熔丝链断了，许多电器装置都不能工作；若换成若干个大限流保险丝，则因一个保险丝烧断而停机的电器装置的数目会显著减少，这样可以快速准确地找到故障源。

4. 断路器

有的电路用断路器作保护装置。断路器它可以集中装在保险丝盒上，也可以分散串联在电路中。跟熔断器一样，断路器也是以电流值来定等级的。

断路器分循环式(如图 3-25 所示)和非循环式(如图 3-26 所示)两种。

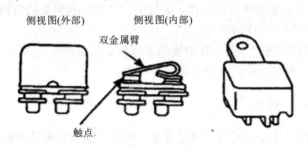

图 3-25　典型的循环式断路器

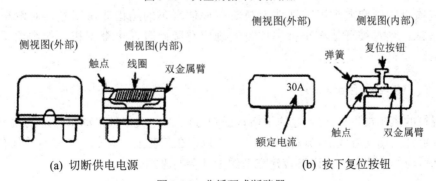

(a) 切断供电电源　　　　　　　　(b) 按下复位按钮

图 3-26　非循环式断路器

1) 循环式断路器

循环式断路器常由两面金属膨胀率相差较大的金属薄片制成(俗称双金属保险丝)，当流过双金属臂的电流过大时，金属臂发热，由于两种金属的膨胀率相差较大，金属臂产生弯曲变形面断开触点，切断电流。电流停止后，金属冷却，恢复到原来的形状，触点闭合，恢复供电。如果电流仍过大，电路又切断，如此反复。

2) 非循环式断路器

非循环式断路器有两种。一种是停止给电路供电即可复位的，这种断路器的双金属臂上绕有线圈(如图 3-26(a)所示)，过流时触点断开，有小电流流过线圈，小电流不能驱动负载，但可以加热双金属臂，使金属臂保持断路状态，直到停止供电。另一种要按下复位按钮才能复位，其金属臂由一弹簧顶住，保持触点接通(如图 3-26(b)所示)，电流过大时，双金属臂发热，弯曲到一定程度，克服弹簧阻力而断开触点，直到按下复位按钮才能重新闭合(如 EQ1091 大灯线路采用)。

九、更换项目的确定

一般地，需要更换的零部件归纳为以下四种：

(1) 无法修复的零部件。如严重损毁的灯具、破碎的玻璃等都属于无法修复的零部件。

(2) 工艺上不可修复后使用的零部件。工艺上不可修复后使用的零部件主要有胶贴的各种饰条，如胶贴的挡风玻璃饰条、胶贴的门饰条、翼子板饰条等。这些往往会在汽车保险损失评估中产生争议，专业汽车评估人员时常要向保险人说明这一点。

(3) 安全上不允许修理后使用的零部件。安全上不可修复后使用的零部件是指那些对汽车安全起重要作用的零部件，如行驶系统中的车桥、悬架，转向系中的所有零部件(如方向横拉杆)，以及制动系中的所有零部件。这些零部件在受到明显的机械性损伤后，从安全的角度出发，基本上都不允许再使用。

(4) 无修复价值的零部件。无修复价值的零部件是指从经济上讲无修复价值的零部件，即那些修复价值接近或超过零部件原价值的零部件。

十、拆装项目的确定

有些零部件或总成并没有损伤，但是更换、修复、检验其他部件需要拆下该零部件或总成后重新装回。

拆装项目的确定要求汽车评估人员对被评估汽车的结构非常清楚，对汽车修理工艺了如指掌。当对被评估汽车拆装项目的确定有疑问时，可查阅相关的维修手册和零部件目录。

十一、修理项目的确定

在现行的汽车损失评估(各地的价格认证中心)以及绝大多数机动车保险条款中，受损汽车在零部件的修理方式上仍以修复为主。所以，在工艺上、安全上允许的且具有修复价值的零部件应尽量修复，这也符合建立节约型社会的思想。

十二、待查项目的确定

在车险查勘定损工作中，经常会遇到一些零件用肉眼和经验一时无法判断其是否受损、是否达到需要更换的程度，甚至在车辆未修复前，就单独某零件用仪器都无法检测(除制造厂外)。例如转向节、悬挂臂、副梁等,这些零件在定损工作中常被列为"待查项目",这些"待查项目"在车辆修理完工后大都成了更换项目。"待查项目"中到底有多少确实需要更换,又确实更换了多少,其中到底有多少道德风险,这些问题始终困扰着保险公司和保险公估公司的理赔定损人员。

有一些经验和措施,在一定程度上能够减少"待查项目"中的大量道德风险,具体如下:

(1) 认真检验车辆可能受损的零部件,尽量减少"待查项目"。例如,汽车发电机在受碰撞后经常会造成散热叶轮、皮带轮变形。变形后的散热叶轮、皮带轮在旋转时,很容易产生发电机轴弯的错觉,要搞清楚轴到底弯没弯、径向跳动量是多少,只要做一个小小的试验即可。用一根细金属丝,一端固定在发电机机上,另一端弯曲后指向发电机前端轴心,旋转发电机,注意观察金属丝一端与轴心的间隙变化,即发电机轴的径向跳动量,轴的弯曲程度一目了然。用这种方法,可以解决空调压缩机、方向助力泵、水泵等类似问题。

(2) 在确定需要待查的零件上做上记号,拍照备查,并告之被保险人和承修厂家。

(3) 车辆初步修理后,定损人员必须参与对"待查项目"进行检验、调试、确认的全过程。例如转向节待查,汽车初步的车身修理后,安装上悬挂等零部件后做四轮定位检验,四轮定位检验不合格且超过调整极限,修理厂提出要求更换转向节,定损人员同意更换转向节。至于更换转向节后四轮定位检验是否合格,是否是汽车车身校正不到位等其他原因,理赔定损人员往往不再深究。

(4) "待查项目"确实损坏需要更换,定损人员必须将做有记号的"待查项目"零件从汽车修理厂带回。

用上述方法解决"待查项目"问题,汽车修理厂也无法获得额外利益,遵循了财产保险的补偿原则,最大限度地杜绝"待查项目"中的道德风险。

汽车修理工时包括更换、拆装项目工时,修理项目工时和辅助作业工时。工时费的确定是根据损失项目的确定而确定的,可以从评估基准地的《汽车维修工时定额与收费标准》中查到相应的工时数量或工时费标准。

十三、更换、拆装项目的工时费确定

汽车修理中更换项目与拆装项目的工时绝大多数是相似的,有时甚至是相同的,所以通常将更换与拆装作为为同类工作处理。

汽车碰撞损失的更换、拆装项目工时的确定可以从评估基准地的《汽车维修工时定额与收费标准》中查找,然而在我国绝大多数地区没有相应的工时定额与收费标准。所以,通常我们可以先查阅生产厂有无相应的工时定额,如果有再根据当地的工时单价计算相应的工时费。在我国,几乎没有一家汽车生产厂在卖车时向汽车购买者明示告之碰撞损失后的修理费用,发生事故后汽车所有者与生产厂的售后服务站和保险公司往往会因价格差异较大而产生矛盾。部分进口乘用车可以从《MITCHELL 碰撞估价指南》中查到各项目的换件和拆装工时。

十四、修理项目工时费确定

零件的修理工时范围的确定比更换工时的确定要复杂得多,其原因主要有以下几点:

(1) 一般说来，零件的价格决定着零件修理工时的上限，同样一个名称的零件，不同的汽车价格差距甚远，造成同样一个名称的零件修理工时差距非常之大。例如同是发动机盖，零件价格从 300 元至 10000 元不等，造成其修理工时从 2 小时～100 小时不等。

(2) 由于地域的差异，同样一个零件在甲地的市场价格是 100 元，而在乙地的市场价格是 200 元，同样的损失程度，在乙地被认为应该修理，而甲地则认为已不值得修理。所以，同样这个零件在甲地的修理工时范围可能是(1～2)小时，而在乙地的修理工时范围可能是(1～4)小时。

(3) 由于修理工艺的差异，如碰撞致车门轻微的凹陷，如果修理厂无拉拔设备，校正车门就必须拆下车门内饰板，这样车门的校正工时差距就会很大。又如桑塔纳普通型的发动机缸盖因碰撞经常造成发电机支架处断裂，按正常的修理工艺是可以采取亚弧焊工艺焊接的，但是实际评估时会发现当地根本就没有亚弧焊设备，送到有亚弧焊设备的地方加工又往往因时间、运费等原因而无法现实。

由于上述原因造成汽车零件的修理工时定额的制定相当困难，美国 MITCHELL 国际公司在《MITCHELL 碰撞估价指南》中对修理工时的描述也未做出明确的规定。笔者认为，汽车评估人员应根据自己的理论知识和实践经验，结合评估基准时点的实际情况与当地的《汽车维修工时定额与收费标准》，较准确地确定修理工时，同时呼吁汽车制造商编制本企业生产的汽车的碰撞估价指南。

十五、辅助作业工时确定

在汽车修理作业中除包括更换件工时、拆装件工时、修理工时外，还应包括辅助作业工时。辅助作业通常包括：

(1) 把汽车安放到修理设备上并进行故障诊断。

(2) 用推拉、切割等方式拆卸撞坏的零部件。

(3) 相关零部件的矫正与调整。

(4) 去除内漆层、沥青、油脂及类似物质。

(5) 修理生锈或腐蚀的零部件。

(6) 松动锈死或卡死的零部件。

(7) 检查悬挂系统和转向系统的定位。

(8) 拆去打碎的玻璃。

(9) 更换防腐蚀材料。

(10) 修理作业中当温度超过摄氏 60 度时，拆装主要电脑模块。

(11) 拆卸及装回车轮和轮毂罩。

上述辅助作业虽然每项工时不大，但对于较大的碰撞事故，各作业项的累计通常是不能忽视的。

最后必须注意：将各类工时累加时，若各损失项目在修理过中有重叠作业，必须考虑将劳动时间减少。

十六、面积的计算方法

汽车修理中的做漆收费标准在全国各地的标准都不尽相同，有的是以每平方米多少元计算，有的是以每幅多少元计算，但是基本上都是按面积乘以漆种单价作为计价基础。

根据全国大多数地区的计价方法，我们总结出这样一个计算方式，即以每平方米为计价单位，不足一平方米按一平方米计价，第 2 平方米按 0.9 平方米计算，第 3 平方米按 0.8 平方米计算，第 4 平方米按 0.7 平方米计算，第 5 平方米按 0.6 平方米计算，第 6 平方米以后，每平方米按 0.5 平方米计算。

十七、漆种单价的确定

1. 确定漆种

根据汽车修复中使用的面漆的价格差异，我们可以将汽车面漆分为以下五类：

(1) 硝基喷漆。

(2) 单涂层烤漆(常为色漆)。

(3) 双涂层烤漆(常为银粉漆或珠光漆)。

(4) 变色烤漆。

(5) 环保水漆。

现场用醮有硝基漆稀释剂(香蕉水)的白布摩擦漆膜，观察漆膜的溶解程度，如果漆膜溶解并在白布上留下印迹，则是喷漆，反之则为烤漆；如果是烤漆，再用砂纸在损伤部位的漆面轻轻打磨几下，鉴别是否漆了透明漆层，如果砂纸磨出白灰，就是透明漆层，如果砂纸磨出颜色，就是单级有色漆层；最后借光线的变化，用肉眼看一看颜色有无变化，如果有变化为变色漆。通过上述方法，我们可以对汽车面漆加以区分。

2. 确定漆种的单价

市场上所能购买的面漆大多为进口和合资品牌，世界主要汽车面漆的生产厂家，如美国的杜邦和 PPG、英国的 ICI、荷兰的新劲等，每升单价都不一样，估价时常采用市场公众都能够接受的价格。

我们知道，每平方米的做漆费用中有材料费和工时费。在经济相对发达的地区，材料费较低而工时费较高，经济相对落后的地区，材料费较高而工时费较低，结合起来，每平方米做漆费用差别不大。本书制定了一个汽车做漆收费参考价，见下表(表 3-8)。

表 3-8　汽车做漆收费参考表

单价(元) 单位 项目		轿　车					客　车		货　车	
		微型	普通型	中级	中高级	高级	普通	豪华	车厢	驾驶室
硝基喷漆	/(元/m²)						100		50	
单涂层烤漆	/(元/m²)	200	250	300	400	500	200	300		250
双涂层烤漆	/(元/m²)	300	350	400	500	600		400		
变色烤漆	/(元/m²)			600	700	800				

3. 汽车塑料件做漆

由于塑料与金属薄板的物理性能不同，塑料的做漆与金属薄板表面做漆有一些差异。由于漆对塑料有很好的附着性，多数硬塑料不需要使用塑料底漆，而柔性塑料由于易膨胀、收缩和弯曲，应在漆层的底层喷涂塑料底漆，并在面层漆中加入柔软剂，否则会产生开裂和起皮现象。所以，柔性塑料做漆的成本会略有增加，可考虑增加 5 %～10 %的费用。

把材料费、工时费、表面涂饰费用、材料管理费和税收相加，可得到修理总费用。

【例 3-3】 下面以一辆桑塔纳 2000 型汽车的典型碰撞为例(如图 3-27～图 3-32 所示)，说明查勘、检验步骤以及损失评估单的制作过程。

图 3-27 桑塔纳 2000 前部偏左侧碰撞受损全景图

图 3-28 桑塔纳 2000 前部偏左侧碰撞受损局部图

图 3-29 桑塔纳 2000 前部偏左侧碰撞受损局部图

图 3-30　桑塔纳 2000 前部偏左侧碰撞受损局部图

图 3-31　桑塔纳 2000 前部偏左侧碰撞受损拆检图

图 3-32　桑塔纳 2000 前部偏左侧碰撞受损局部图

步骤如下：

(1) 填写汽车受损查勘记录表，如表 3-9 所示。

认真填写汽车受损查勘记录表是做好评估工作的必要条件，所以必须认真对待。漏项是评估水平较差的表现，切不可马虎。

表 3-9　汽车受损现场查勘记录

委托人：XXX				委托书编号：2014122603	

号牌号码：苏 A XXXXX			车架号码(VIN)：WVW77733ZTW*000XXX*		
厂牌型号：上海大众 SVW7180GLI		车辆类型：轿车		检验合格至：2015 年 5 月	
初次登记年月：2006 年 8 月		使用性质：家庭自用		漆色及种类：红、双涂层烤漆	
行驶证车主：XXX		行驶里程：20.5 万公里		燃料种类：汽油	车身结构：承载式
方向形式：左	变速器类型：五挡手动	驱动形式：前驱		损失程度□无损失■部分损失□全部损失	
查勘时间	(1) 2014 年 12 月 26 日	(2)		(3)	
查勘地点	(1) XXX 修理厂	(2)		(3)	
受损时间：2014 年 12 月 25 日	保险期限：2014-04-31～2014-05-31			出险地点：XXXXXXXX	

损	失	清	单		
序号	损失项目	数量	损失情况	修复方式	备注说明
0101	前保险杠	1	破损	更换	
0102	前保险杠骨架	1	严重变形	更换	
0103	前保险杠左支架	1	严重变形	更换	
0104	前保险杠右支架	1	轻微变形	校正	
0105	左右雾灯	各 1	破碎	更换	
0201	前护栅	1	破碎	更换	
0202	前徽标	1	破碎	更换	
0301	左右大灯	各 1	破碎	更换	
0302	左右角灯	各 1	破碎	更换	
0303	左大灯下饰条	1	破碎	更换	
0401	散热器框架	1	中度变形	更换	
0402	前横梁	1	轻度变形	校正	
0403	扭力梁	1	断裂	更换	
0501	冷凝器	1	变形	修理	未漏
0502	回收加注 R134 冷媒		回收后加注	修理	
0601	水箱	1	严重变形	更换	
0602	冷却液		加注	加注	
0603	风扇护罩	1	中度变形	更换	
0604	主风扇及电机	1	破损	更换	
0605	水泵皮带	1	破损	更换	
0701	发动机盖	1	中度变形	校正	
0702	发动机盖锁	1	轻度变形	修理	
0801	左前翼子板	1	轻度变形	校正	
0901	左前纵梁	1	轻度变形	校正	
1001	事故处	2m^2		做漆	

当事人签字：XXX	查勘员签字：YYY

(2) 制作汽车损失评估单。

通常评估基准时点为事故时点，即 2014 年 12 月 26 日，南京。损失评估的方法为重置成本法。材料价格来自市场，均为正厂件；材料管理费标准取自《江苏省汽车修理工时定额与收费标准》；工时单价取自市场平均水平；涂饰费用取自市场价；税收标准取自《江苏省汽车修理工时定额与收费标准》；残值定价来自废旧材料市场行情以及与承修厂协调的结果。该汽车损失评估单如表 3-10 所示。

表 3-10　汽车损失评估单

编号：2014122601

车主：×××		牌照号码：苏 A××××××		事故日期：20141226
厂牌型号：上海大众 SVW7180GLI		车辆类型：轿车		结构特征：承载式车身
颜色、漆种：红、双涂层烤漆		VIN (车架号)：WVW77733ZTW*000000*		

序号	损 失 项 目 零 件 编 号(视情况)	数量	修理方式	材料费	工时费	备注
0101	前保险杠	1	更换	340		
0102	前保险杠骨架	1	更换	90		
0103	前保险杠左支架	1	更换	10	1.5×80	
0104	前保险杠右支架	1	校正			
0105	左右雾灯	各1	更换	2×160		
0201	前护栅	1	更换	60	0.2×80	
0202	前徽标	1	更换	13		
0301	左右大灯	各1	更换	2×350	0.7×80	
0302	左右角灯	各1	更换	2×60		
0303	左大灯下饰条	1	更换	5		
0401	散热器框架	1	更换	320		
0402	前横梁	1	校正		1×80	
0403	扭力梁	1	更换	25		
0501	冷凝器	1	修理		3×80	事故后未漏
0502	回收加注 R134 冷媒		修理			
0601	水箱	1	更换	500		
0602	冷却液		加注	60	3×80	已漏
0603	风扇护罩	1	更换	70		
0604	主风扇及电机	1	更换	250		
0605	水泵皮带	1	更换	15	0.2×80	
0701	发动机盖	1	校正		3×80	
0702	发动机盖锁	1	修理		0.2×80	
0801	左前翼子板	1	校正		1×80	
0901	左前纵梁	1	校正		2×80	
1001	事故处	2m²	做漆		2×400	
1101	辅助作业			80	1×80	

材料费合计：2978	材料管理费合计(12%)：357		工时费合计：1584
涂饰费：800(含税)	外加工费：0	税金：836	修理工期：
修理费总计(RMB)：陆仟伍佰伍拾伍元正(6555.00)		残值：伍拾伍元(约)	

所有人：XXX　　　　　　　承修厂：　　　　　　评估员：YYY

修理工期只在承保了车辆停驶损失险时需加以确定。

通常修理评估单一式三份，两份交委托人，一份留存。评估结论有效期限为 30 天，限定时间的原因一是零件的价格可能会变，二是汽车的损伤也会变化。

原则上以事故时点为评估基准时点，如不以事故时点为评估基准时点，则必须在评估单中加以说明。

3.2.6　车辆损失核定

核损是指由核损人员对保险事故中涉及的车辆损失和其他财产损失的定损情况进行复核的过程，包括事中、事后核损和远程同步核损。核损的目的是提高定损质量，保证定损的准确性、标准性和统一性。

一、核损工作的原则

定损核价工作总原则："以我为主"，掌握定损主动权。

(1) 修理范围仅限于本次事故所造成的车身损失。

(2) 事故车辆以修复为主，能修的配件尽量修复，不能随便更换新的配件。

(3) 可局部修复的不可按总成大修计算工时费，可更换配件的不能按更换总成计算费用。

(4) 配件价格、修理工时定额(或工时费)分开计算，只有更换的配件才有管理费，被更换的配件要计算残值。

(5) 管理费原则控制在 8%左右，特殊情况最高不得超过 15%。

(6) 配件价格按相关规定上报核价，配件费遵循"有价有市"和"报供结合"的原则。

(7) 残值应处理给被保险人或维修厂，并从总维修费中扣除，保险人收回的配件残值不在总维修费中扣除。

(8) 查出属于客户自修的部分应在定损报告中列明，并要求客户确认。

二、核损工作的内容

(1) 根据抄单信息、查勘录入信息、行驶证信息、受损车辆照片信息，了解受损车辆型号、规格、年款及车身构造的类型，比对上述资料提供的车牌号码、发动机号和车架号(VIN 码)是否一致。

(2) 通过抄单信息、报案信息、查勘情况说明，了解事故发生的时间、地点、原因及碰撞过程等情况，确定保险责任范围。

(3) 翻看现场照片记录、损失照片痕迹记录，核对出险原因、经过及大概损失情况是否相符，有无扩大损失部分；如上述资料不能完整反映事故损失的各项内容，或照片不能完整反映事故损失部位和事故全貌，应通知定损员补充相关资料。

(4) 查看所有受损车辆照片，目测碰撞位置、碰撞方向，判断碰撞力大小、走向，初步确定事故损失范围，并估计可能有的损伤。

(5) 沿着碰撞力传递路线，系统地检查车辆配件的损伤情况，直到没有任何损伤痕迹的位置，以防遗漏间接损失(间接损失是由碰撞力的冲力沿着车身传输和惯性力的作用在车身其他部位引起的损坏。间接损失较难全面地确定和分析，但是无论碰撞力来自哪个方向，都会使车架或车身变形,所以定 / 核损人员在定 / 核损时必须设法找出各个部位变形的痕迹,并检查所有螺栓、垫片或其他紧固件有没有发生移动或离位,有没有露出未涂漆的金属面,内涂层有无开裂或出现裂纹等),同时还要注意间接损失和非事故损失的区分(例如:车顶褶皱、弯曲与顶平面凹陷,发动机机脚胶、悬挂、转向、底盘等部位机件机械磨损、老化与外力撞击损伤)。

(6) 注意观察里程表数和车内各种开关、设施及轮胎的磨损。

(7) 确定损伤是否限制在车身范围内,是否还包含功能部件、元件或隐藏件(如车轮、悬架、发动机、仪表台内藏件等),根据碰撞力传导范围、损伤变形情况和配件拆出来后的损失照片区分事故损伤与拆装损伤。

(8) 严格按拆装、钣金修复、机修、电工、喷漆分类确定修理项目,按碰撞线路和碰撞力传导线路确定换件项目,并及时记录照片中反映出的零配件型号、规格及零配件上的配件编码。

(9) 根据型号、规格、年款及配件编码向市场询价,按"有价有市"的原则确定配件价格,并根据维修当地工时费标准确定维修工时价。

三、核损工作中的审核重点

1. 车辆损失

1) 资料完整性的审核

审查定损员上传的(初估)定损清单及事故照片的完整性。

2) 换件项目的复核

审核换件项目的重点是:

(1) 剔除应予修复的换件项目(修复费用超过更换费用的除外)。

(2) 剔除非本次事故造成的损失项目。

(3) 剔除可更换零部件的总成件。根据市场零部件的供应状况,对于能更换零配件的,不更换部件;能更换部件的,不更换总成件。

(4) 剔除保险车辆标准配置外新增加设备的换件项目(加保新增设备损失险的除外)。

(5) 剔除保险免除责任部分的换件项目。如车胎爆裂引起的保险事故中所爆车胎,发动机进水后导致的发动机损坏,自燃仅造成电器、线路、供油系统的损失等。

(6) 剔除超标准用量的油料、辅料、防冻液、冷媒等。如需更换汽车空调系统部件的,冷媒未漏失,可回收重复使用。

3) 车辆零配件价格的审核

(1) 车辆零配件价格的复核应根据定损系统价格,参考当地汽配市场价格核定。

(2) 对于保单有特别约定的,按照约定处理,如专修厂价格,国产或进口玻璃价格等。

(3) 残值归被保险人的,对残值作价金额进行复核。

4) 维修项目和方式的审核

(1) 应严格区分事故损失和非事故损失的界限,剔除非本次事故产生的修理项目。

(2) 应正确掌握维修工艺流程,剔除不必要的维修、拆装项目。

5) 维修工时和单价的审核

(1) 对照事故照片及修理件的数量、损坏程度，剔除超额工时部分。

(2) 以当地的行业维修工时标准为最高上限，参照出险地当时的工时市场单价，剔除超额单价部分。

2. 车辆全损或推定全损的审核

1) 全损/推定全损的条件

(1) 事故车辆无法施救。

(2) 保险车辆的施救费用达到或超过保险事故发生时车辆的实际价值。

(3) 事故车辆修理费用达到或超过保险事故发生时事故车辆的实际价值。

(4) 当事故车辆修理费用与施救费用之和达到或超过保险事故发生时事故车辆的实际价值时，可以与被保险人协商采取推定全损处理。

2) 全损或推定全损的计算

(1) 被保险人收回残余物资：

$$定损金额 = 实际价值 - 残值$$

(2) 保险人收回残余物资：

$$定损金额 = 实际价值$$

3. 其他财产损失的审核

其他财产主要包括第三者非车辆财产和承运的货物。

其他财产的核损主要包括损失项目和数量、损失单价，维修方案/造价的核损，可参照《非车险理赔实务指南》的定损规范处理。

四、核损结果的处理

1. 核准定损

当核损人员核准定损员(初估)定损清单后，签署核准意见，将定损单传至相关定损员。

2. 修订定损

当核损人员修订或改变定损员(初估)定损方案和定损金额之后，将相关要求和修订意见通知相关定损员。

核损权限超过本级核损人权限的，向上一级核损人上报。经最终核损人审核确定的核损结果，为最终结果，不得擅自更改。

3.2.7　人伤案件调查及损失核定

一、医疗调查

医疗调查是指保险车辆发生事故造成人身伤亡的，由人伤调查员对伤亡人员的抢救、治疗过程，死亡原因的鉴定和伤残等级的评定，以及相关费用的使用情况进行跟踪调查的过程。

医疗调查的主要内容是：

(1) 了解受害人情况、伤情程度。

(2) 跟踪伤者治疗过程，协调对伤者的抢救和治疗方案。

(3) 告知保险人可承担的医疗费用范围。

(4) 对死亡原因的鉴定和伤残等级的评定进行跟踪和调查。

二、医疗调查前期准备

(1) 承保信息：接到派工后应及时了解交强险、商业第三者责任险、车上人员责任险等涉及人员伤亡险种的承保信息，以及各险种的免赔率及特别约定等。

(2) 事故经过：联系被保险人、受害人了解事故经过、事故伤亡人数及各伤者与机动车之间的保险险种关系、事故是否涉及其他物损等情况。

(3) 仅涉及人员伤亡且未经车辆查勘的案件应核验承保标的。

三、医疗案件调查内容

对于轻伤未住院的，可通过电话调查并告知被保险人理赔须知或对客户提供的人伤索赔材料进行核定。对于伤势较重或因伤住院治疗的，人伤调查员应到医院对伤者进行调查。

1. 伤残案件调查

(1) 了解人伤案件基本信息、伤者门诊治疗医院、伤者诊断情况和实际已发生医疗费、事故经过及责任认定情况、伤者治疗效果、下一步治疗方案、伤者既往疾病史等。

(2) 对于涉及整容、治牙、引发既往病症、评残等复杂案件，应重点核实整容、治牙、引发的既往病症、伤残与交通事故创伤的关联性及合理性。

(3) 向伤者核实并记录出险经过和原因，注意核实是否属交强险责任免除或垫付医疗费义务的交通事故；事故涉及的机动车辆牌号、交强险投保信息；肇事司机出险时的状况，事故导致人、车、物的损失情况。

(4) 伤者个人基本信息、创伤诊疗信息、既往疾病史(有既往疾病史者，需详细记录疾病名、创伤前是否服药治疗及治疗效果)。

(5) 伤者及护理人员的职业状况、收入情况，护理人数及护理时段。

(6) 伤者实际已发生的医疗费，住院押金缴交情况。

(7) 向主管医生咨询伤者具体诊断、治疗方案、后续治疗等医疗专业问题，预计达到伤残评定标准的，估评伤残等级。

(8) 复印伤者病历/诊断证明或其他治疗及费用资料。

(9) 告知按照道路交通事故人员创伤诊疗指南和抢救当地的社会基本医疗保险的标准诊治。

(10) 拍摄病房内伤者病床卡等相关照片。

(11) 对需垫/支付医疗费的案件，向医院索取伤者病历/诊断证明、抢救费用单据和明细，收集治疗医院交强险医疗费用专用账号、医疗费管理部门及其联系人和联系方式。

(12) 制作人伤查勘报告。绘制人体损伤部位图，描述具体损伤部位。

2. 死亡案件调查

(1) 送医院抢救无效死亡及治疗出院后由于交通事故创伤原因导致死亡的案件，应先按上述住院案件要求进行查勘，核实交通事故创伤或创伤所致并发症是否为导致死亡的主要原因。对于死亡原因不明确的案件，尤其是伤者有严重既往疾病史者或怀疑医源因素时，应要求被保险人方尽快向司法部门申请鉴定死亡原因。

(2) 死亡案件调查时应注意记录死者籍贯、户籍、常住地及居住时间、被扶养人、赡养人信息。

(3) 收集死者在常住地的收入情况、实际年龄等信息。

(4) 死亡案件可能涉及的其他赔偿项目。

(5) 其他信息调查按伤残案件的相关要求执行。

四、人伤案件告知内容

(1) 伤者为被保险人且未履行书面报案手续的，应指导被保险人填写《索赔申请书》，提示客户阅读《机动车交通事故责任强制保险索赔告知书》并签字确认。对客户不明白的内容或容易发生问题的部分，应进行详细说明。

(2) 按照《最高人民法院〈关于审理人身损害赔偿案件适用法律若干问题的解释〉》规定的赔偿范围、项目和标准，公安部颁布的道路交通事故受伤人员伤残评定(GB 18667—2002)，以及《道路交通事故人员创伤临床诊疗指南》和治疗医疗所在地的社会基本医疗标准核定人身伤亡的赔偿金额。

(3) 误工时间结合医院出具的病休证明及实际日误工损失计算；日误工金额明显高于同行业标准的，需提供完税证明。

(4) 门诊治疗案件，需做好门诊病历记录，索赔的门诊医疗发票必须有对应门诊病历记录治疗措施。

(5) 伤者病情发生恶化由门诊转住院治疗，需进行伤残评定或发生其他费用的，请及时与医疗核损员联系。

(6) 向伤者告知医疗核损员的联系方式。

五、协议赔偿

对于伤情轻微或经治疗后病情已进入康复期的人伤，尤其是同一保险公司同时承保交强险及商业性三者险的案件，应建议并协助事故各方当事人采取协议一次性赔偿，缩短结案周期。凡采用协议赔偿的案件，应充分做好医疗案的前期调查工作，搜集齐全前期治疗的有关证据，合理确定后期将要发生的医疗及康复费用。赔偿金额较大的案件，应缮制"协议赔偿说明"，并逐级上报上级机构。

六、人伤案件赔偿标准及审核

医疗审核是指保险事故发生后，对受害人的医疗费用，按条款约定进行核审的过程。医疗费用主要包括医药费、诊疗费、住院费、住院伙食补助费、后续治疗费、整容费、必要的营养费、植入性材料费等。

1. 医疗审核的依据

(1) 保险条款的约定。

(2) 国务院卫生主管部门组织制定的《交通事故人员创伤临床诊疗指南》。

(3) 国家基本医疗保险标准。

2. 医疗审核的内容

1) 医药费审核

医药费参照医保标准，根据医保用药范围审核。

(1) 审核医疗费票据是否与事故发生时间相符，检查治疗费用是否与事故相关。

(2) 剔除非医保类药(或丙类药)部分和甲、乙类药品的自费部分。

(3) 剔除治疗非本次保险事故导致的创伤而发生的医药费。

(4) 剔除无原医院证明的擅自住院、转院、再诊、外购药品的费用。

2) 诊疗费审核

(1) 剔除超过医保标准范围的诊疗费。

(2) 剔除超过当地物价管理部门核定标准的会诊费。

3) 住院费审核

(1) 剔除超过医保标准的床位费，床位费按住院天数和当地医保标准的单价计算。

(2) 剔除非赔偿项目及费用，如陪床费、伙食费、空调费等。

(3) 剔除住院期间的门诊发票，除专科单独核算的特殊费用外。

4) 住院伙食补助费审核

(1) 住院伙食补助费参照当地国家机关一般工作人员的出差伙食补助标准确定。受害人确有必要到外地治疗，因客观原因不能住院的，受害人本人及其陪护人员实际发生的住宿费和伙食费，其合理部分应予赔偿。

(2) 剔除超过标准的伙补费，伙补费按住院天数和当地日补助标准计算。

5) 后续治疗费审核

后续治疗费是指受害人身体尚未痊愈，确需继续治疗产生的费用，如二次手术费等。后续治疗费根据受害人伤情和医院意见核定。

6) 整容费审核

剔除非为恢复生理功能而产生的整容费。

7) 必要的营养费审核

根据受害人伤残情况，参照医疗机构的意见确定。

8) 植入性材料费审核

植入性材料是指骨科、脑外科、口腔科及其他相关学科以恢复功能(非美容或整形)为目的而永久或临时性植入人体内的材料。

植入性材料分国产普通材料、国产特殊材料、进口材料等。

(1) 按当地医保标准，剔除国产普通材料、国产特殊材料、进口材料的自负比例部分。

(2) 剔除治疗非本次保险事故导致的创伤而植入的材料费用。

(3) 剔除非以器官功能恢复为目的的整容、整形植入材料费用。

(4) 剔除烤瓷牙费用以及超过普通种植牙费用部分。

七、其他费用审核

其他费用主要是指死亡伤残费用，包括丧葬费、死亡补偿费、受害人亲属办理交通事故支出的合理交通费用、残疾赔偿金、残疾辅助器具费、护理费、交通费、被扶养人生活费、住宿费、误工费，以及被保险人依照法院判决或者调解承担的精神损害抚慰金等。

1. 审核的依据

其他费用根据《最高人民法院关于审理人身损害赔偿案件适用法律若干问题的解释》规定的标准审核。

1) 丧葬费

按照受诉法院所在地上一年度职工月平均工资标准，以六个月总额计算。

2) 死亡赔偿金

按照受诉法院所在地上一年度城镇居民人均可支配收入或者农村居民人均纯收入标准，按二十年计算。但六十周岁以上的，年龄每增加一岁减少一年；七十五周岁以上的，按五年计算。

3) 交通费

根据受害人及其必要的陪护人员因就医或者转院治疗实际发生的费用计算。交通费应当以正式票据为凭；有关凭据应当与就医地点、时间、人数、次数相符合。

4) 误工费

根据受害人的误工时间和收入状况确定。误工时间根据受害人接受治疗的医疗机构出具的证明确定。受害人因伤致残持续误工的，误工时间可以计算至定残日前一天。受害人有固定收入的，误工费按照实际减少的收入计算。受害人无固定收入的，按照其最近三年的平均收入计算；受害人不能举证证明其最近三年平均收入状况的，可以参照受诉法院所在地相同或者相近行业上一年度职工的平均工资计算。

5) 被扶养人生活费

根据扶养人丧失劳动能力程度，按照受诉法院所在地上一年度城镇居民人均消费性支出和农村居民人均年生活消费支出标准计算。

被扶养人为未成年人的，计算至十八周岁；被扶养人无劳动能力又无其他生活来源的，计算二十年。但六十周岁以上的，年龄每增加一岁减少一年；七十五周岁以上的，按五年计算。被扶养人是指受害人依法应当承担扶养义务的未成年人或者丧失劳动能力又无其他生活来源的成年近亲属。被扶养人还有其他扶养人的，赔偿义务人只赔偿受害人依法应当负担的部分。被扶养人有数人的，年赔偿总额累计不超过上一年度城镇居民人均消费性支出额或者农村居民人均年生活消费支出额。

6) 残疾赔偿金

根据受害人丧失劳动能力程度或者伤残等级，按照受诉法院所在地上一年度城镇居民人均可支配收入或者农村居民人均纯收入标准，自定残之日起按二十年计算。但六十周岁以上的，年龄每增加一岁减少一年；七十五周岁以上的，按五年计算。

受害人因伤致残但实际收入没有减少，或者伤残等级较轻但造成职业妨害严重影响其劳动就业的，可以对残疾赔偿金作相应调整。

7) 残疾辅助器具

按照普通适用器具的合理费用标准计算。伤情有特殊需要的，可以参照辅助器具配制机构的意见确定相应的合理费用标准。辅助器具的更换周期和赔偿期限参照配制机构的意见确定。

8) 护理费

根据护理人员的收入状况和护理人数、护理期限确定。

护理人员有收入的，参照误工费的规定计算；护理人员没有收入或者雇佣护工的，参照当地护工从事同等级别护理的劳务报酬标准计算。护理人员原则上为一人，但医疗机构或者鉴定机构有明确意见的，可以参照确定护理人员人数。

护理期限应计算至受害人恢复生活自理能力时止。受害人因残疾不能恢复生活自理能力的，可以根据其年龄、健康状况等因素确定合理的护理期限，但最长不超过二十年。受害人定残后的护理，应当根据其护理依赖程度并结合配制残疾辅助器具的情况确定护理级别。

9) 精神损害抚慰金

受害人或者死者近亲属遭受精神损害，赔偿权利人向人民法院请求赔偿精神损害抚慰金的，适用《最高人民法院关于确定民事侵权精神损害赔偿责任若干问题的解释》予以确定。机动车交通事故责任强制保险在死亡伤残责任限额内，最后赔付精神损害抚慰金。

2. 审核中应注意的问题

1) 死亡补偿费审核

(1) 属地原则：事故发生地或受诉法院所在地。

(2) 区分城镇居民和农村居民。对于在城镇已暂住满一年的农村居民，可以按城镇居民人均纯收入标准计算。对于无暂住证明的农村居民，仍按户口簿上标明的性质处理。

(3) 注意死者实足岁数，上一年度标准在当地执行时限，满 60 岁及 75 岁死者的计算年限等。

2) 受害人亲属办理丧葬事宜支出的交通费、误工费、住宿费审核

(1) 剔除交通费的不合理部分：交通工具超过公共汽车普通票、火车普通硬席票的部分，或者到达的站点不是最近站点的超过部分。

(2) 剔除误工人次、时间不合理的部分，即误工费超过前述误工费计算标准的部分。

(3) 剔除住宿人次、时间不合理的部分，即住宿标准超过国家机关一般工作人员的出差标准部分。

3) 残疾赔偿金审核

(1) 按国家标准(GB 18667－2002)《道路交通事故受伤人员伤残评定》中的计算公式计算：

a) 单等级伤残计算：

残疾赔偿金 = 伤残补偿年数 × 居民人均可支配收入 × (11－伤残等级)/ 10

b) 多等级伤残的综合计算：

多等级伤残的综合计算是按伤者的最高伤残等级加上其他伤残级别系数加以计算的，有下列计算式：

多级伤残实际赔偿金额 = 伤残赔偿总额 × 赔偿责任系数 × (最高级伤残赔偿系数 + 其他伤残等级系数之和)，其中其他伤残系数之和按不高于 10% 计算。

(2) 按事故发生日的居民人均可支配收入或人均纯收入标准计算。

4) 残疾辅助器具费审核

残疾辅助器具费是指因残疾而造成全部或部分功能丧失需要配制补偿功能的器具的费用。根据普通适用器具价格乘以核定更换次数的器具费用与更换器具的维护费用之和计算。

(1) 剔除配制的奢侈型、豪华型辅助器具与同类普通型中间价或合资型器具最低价之间的差价。

(2) 剔除超过出险地交管部门标准的器具更换价格和更换年限标准的部分。

5) 误工费审核

(1) 误工时间审核。

① 住院期间的误工时间以实际住院的天数为准，转院后住院时间交叉重叠的部分应剔除。

② 剔除无医疗机构出具证明的误工时间。

③ 剔除超过《交通事故人员创伤临床诊疗指南》确定的标准，又无合理证明的误工时间。

④ 剔除伤残评定后的误工时间。

(2) 收入证明审核。

① 受害人有收入证明的，应提供完税证明，或提供由工作单位加盖公章的包括其他人在内的工资发放表(内有扣除个人所得税的内容)。

② 受害人无收入证明(包括家庭主妇、无业人员等)的，参照出险地相同或者相近行业上一年度职工的平均工资标准计算。

③ 剔除受害人在事故发生前为无劳动能力人、16 岁以下的未成年人、在校学生、按国家规定已退休人员的误工费。

3.3　汽车保险的赔款计算

在汽车保险理赔中，查勘定损结束后就要进行赔款的计算了，那么各种各样的车祸情况到底应该如何赔付呢？

 【导入案例】

单车事故，车损险、三者险、交强险，全责，涉及车外人员伤亡，标的车损失。

出险概要：文静驾驶标的车京 K95401 于某年 6 月 13 日 10 小时 00 分在大兴区亦庄同

仁医院外的 976 车站发生碰撞事故，导致标的车京 K95401 前部受损；三者死亡 1 人；由交警处理。

事故经过及描述:行驶中撞到人，本车负全部责任，本车前部受损。

标的车定损金额及项目：1820.00 元；医疗费用：520.00 元；死亡伤残补助：190 660.00元；三者险限额：50000.00 元。

(一) 交强险赔款计算书

1. 医疗费用

出险人员：史天保

核定赔偿金 = 医药费 = 520.00 元

医疗核定赔偿金 = 史天保核定赔偿金 = 520.00 元

医疗赔款金额 = 医疗核定赔偿金 = 520.00 元

2. 死亡伤残费用

出险人员：史天保

核定赔偿金 = 死亡补偿费 = 110 000.00 元

死亡伤残核定赔偿金 = 史天保核定赔偿金 = 110 000.00 元

死亡伤残赔款金额 = 死亡伤残核定赔偿金 = 110 000.00 元

3. 本案实赔金额

实赔金额 = (财产赔款金额 + 医疗赔款金额 + 死亡伤残赔款金额)

　　　　 = (0.00 + 520.00 + 110 000.00) = 110520.00 元

(二) 商业险赔款计算书

1. 车辆损失险

赔款 = (核定赔偿金额 - 强制险赔款 - 残值) × 事故责任比例 × (1 - 免赔率之和) - 免赔额

　　 = (1 820.00 - 0.00 - 0.00) × 100% × (1 - 15.00%) - 0.00 = 1547.00 元

2. 第三者责任险：

三者人伤赔付：

车辆号牌号码为京 K95401 的出险人员：史天保

本项赔款金额 = (死亡补偿费 - 强制险赔款) × 事故责任比例 × (1 - 免赔率之和)

　　　　　　 = (191 180.00 - 110 520.00) × 100% × (1 - 20%) = 64 528.00 元

因按事故责任比例应承担的赔偿金额超过三者险的赔偿限额，所以：

本险别实赔金额 = 赔偿限额 × (1 - 免赔率之和) = 50 000.00 × (1 - 20%) = 40 000.00 元

本案实赔金额 = 车损险赔款 + 第三者责任险赔款 - 已预付赔款

　　　　　　 = 1547.00 + 40 000.00 - 0.0 = 41 547.00 元

🎓【理论知识】

一、交通事故赔偿办法

1. 事故责任认定

交通事故发生后，应保护现场，并立即通知保险公司，作交通事故责任认定。

保险公司是谁？第三者强制责任险是多少？

当事人根据交通大队出具的交通事故认定书(如无责任、部分责任、同等责任、大部分责任或全部责任)，确定应当承担损害赔偿的机动车驾驶员、非机动车驾驶员或行人。

【律师提示】发生道路交通事故后，当事人应当采取合理的抢救措施，及时报警，保护现场，通知保险公司，以免因延误时间导致道路交通事故的责任无法认定或难以认定，并在事故发生地就近的医院对受害人进行抢救，以免延误最佳治疗时机。作为受害人，应当到交通大队及时调取驾驶员基本信息、车主基本信息和保险公司基本信息，准确确定被告和第三人，为以后的调解和诉讼做准备。

2. 治疗终结和鉴定时机的确定

(1) 治疗终结：临床医学一般所认可的损伤后病理变化经临床治疗后得到完全或部分恢复并维持稳定的时期。对治疗终结意见不一致时，可由当事人委托律师事务所进行伤残鉴定，确定其是否治疗终结。

(2) 鉴定时机：鉴定时机应以事故直接所致的损伤的治疗终结之时，或确因损伤所致并发症的治疗终结之时为准。交通事故当事人因伤致残的，在治疗终结后 15 日内，可以委托律师事务所进行伤残鉴定。

【律师提示】由于受害人遭受的伤残程度不一，导致住院时间有长有短。受害人做伤残鉴定的，一般以三个月为限，病情严重的需要更长时间。受害人需要定残的，应当在三个月之后提出，由律师事务所委托有伤残鉴定资质的司法鉴定机构进行。

3. 鉴定材料的确定

很多当事人在委托律师事务所做伤残鉴定时丢三落四，往往由于材料不全，导致伤残鉴定无法进行。

当事人做伤残鉴定应当携带本人的身份证或居民户口簿(学生证、军官证、士兵证或驾驶证、诊断证明书、加盖院章的病历复印件和当事人原始的和最近的医疗片子(如 X 光片、CT 片)。

【律师提示】带齐鉴定材料至关重要，这是做伤残鉴定的保障。司法鉴定机构一般在接受委托后的十个工作日内出具伤残鉴定书。如果司法鉴定机构认为不构成残疾或不构成较高等级的残疾的，代理人可以另行委托其他司法鉴定机构。代理人必须充分重视司法鉴定工作的重要性，鉴定结论作为一项重要的证据，其公正性、权威性、客观性和科学性不容质疑。代理人应当掌握一些司法鉴定常识，熟悉司法鉴定工作的原则、依据、流程、收费标准和技巧，从"打官司就是打关系"的思想转变为"打官司就是打证据"，让证据说话，让正义永存。

4. 司法鉴定机构的确定

在 2005 年 10 月 1 日前，道路交通事故伤残鉴定主要由交通大队委托公安机关的法医中心做道路交通事故伤残评定，当事人据此进行调解或提起诉讼。

但是，2005 年 2 月 28 日第十届全国人民代表大会常务委员会第十四次会议通过、2005年 10 月 1 日起实施的《全国人大常委会关于司法鉴定管理问题的决定》第七条明确规定："侦查机关根据侦查工作的需要设立的鉴定机构，不得面向社会接受委托从事司法鉴定业务。人民法院和司法行政部门不得设立鉴定机构。"

据此，我国对争议已久的司法鉴定管理问题做出了决定，厘清了有关因部门利益导致的一定程度上的司法鉴定各自为政、管理混乱的痼疾，为司法鉴定走向法制化、规范化提供了强有力的法律支持。

限制侦查机关即公安机关、国家安全机关和检察机关等鉴定的范围，即仅限于侦查工作需要，不得对外开展鉴定活动；不允许人民法院和司法行政管理部门设立鉴定机构，以体现司法公正和行政公正。

法律明确规定"侦查机关根据侦查工作的需要设立的鉴定机构，不得面向社会接受委托从事司法鉴定业务"，但是，一些交通大队出于某种利益的考虑，仍然置国家的法律于不顾，还是让当事人到公安机关的法医中心做道路交通事故伤残评定，由于其不具备鉴定资质，导致败诉的案例时有发生。

【律师提示】对于道路交通事故伤残鉴定，一般是当事人委托律师事务所进行，律师事务所再委托有鉴定资质的司法鉴定机构做伤残鉴定。如果案件进入诉讼程序，伤残鉴定则在法院的主持下，由当事人双方共同指定有鉴定资质的法医中心进行鉴定。司法鉴定机构依据《道路交通事故受伤人员伤残评定》的国家标准，对当事人的伤残情况进行综合评定。委托人领取伤残鉴定结论后，根据伤残等级与肇事人进行调解或提起诉讼。伤残鉴定结论由委托机构(如公安机关、法院或律师事务所)领取。如果当事人或代理人对鉴定结论有异议的，可以申请重新鉴定或补充鉴定，相关鉴定费用(如会诊费、鉴定费)由异议方支付，最终由败诉方承担。

5. 残疾赔偿金的确定

伤残鉴定结果直接关系到损害赔偿数额，不容忽视，如果能够定残，则意味着数额较大的赔偿；如果不能定残，则进入诉讼程序的意义不大，受害人除了支付诉讼费外，还要承担鉴定费和律师代理费。

以北京地区为例，假设某年北京地区城镇居民年人均可支配收入为 19 978 元，某年北京地区农村居民年人均可支配收入为 8620 元。受害人为十级伤残(赔偿系数为 10%)的，如果受害人是城镇户口，则残疾赔偿金为 39 956 元(19 978 元 × 20 年 × 10%)；如果受害人是农村户口，则残疾赔偿金为 17 240 元(8620 元 × 20 年 × 10%)。

受害人为九级伤残(赔偿系数为 20%)的，如果受害人是城镇户口，则残疾赔偿金为 79 912 元(19 978 元 × 20 年 × 20%)；如果受害人是农村户口，则残疾赔偿金为 34 480 元(8620 元 × 20 年 × 20%)。

受害人为八级伤残(赔偿系数为 30%)的，如果受害人是城镇户口，则残疾赔偿金为 119 868 元(19 978 元 × 20 年 × 30%)；如果受害人是农村户口，则残疾赔偿金为 51 720 元(8620 元 × 20 年 × 30%)。

受害人为七级伤残(赔偿系数为 40%)的，如果受害人是城镇户口，则残疾赔偿金为 159 824 元(19 978 元 × 20 年 × 40%)；如果受害人是农村户口，则残疾赔偿金为 68 960 元(8620 元 × 20 年 × 40%)。

受害人为六级伤残(赔偿系数为 50%)的，如果受害人是城镇户口，则残疾赔偿金为 199 780 元(19 978 元 × 20 年 × 50%)；如果受害人是农村户口，则残疾赔偿金为 86 200 元(8620 元 × 20 年 × 50%)。

受害人为五级伤残(赔偿系数为60%)的,如果受害人是城镇户口,则残疾赔偿金为2 397 366元(19 978元×20年×60%);如果受害人是农村户口,则残疾赔偿金为103 440元(8620元×20年×60%)。

受害人为四级伤残(赔偿系数70%)的,如果受害人是城镇户口,则残疾赔偿金为279 692元(19 978元×20年×70%);如果受害人是农村户口,则残疾赔偿金为120 680元(8620元×20年×70%)。

受害人为三级伤残(赔偿系数80%)的,如果受害人是城镇户口,则残疾赔偿金为319 648元(19 978元×20年×80%);如果受害人是农村户口,则残疾赔偿金为137 920元(8620元×20年×80%)。

受害人为二级伤残(赔偿系数90%)的,如果受害人是城镇户口,则残疾赔偿金为359 604元(19 978元×20年×90%);如果受害人是农村户口,则残疾赔偿金为155 160元(8620元×20年×90%)。

受害人为一级伤残(赔偿系数100%)的,如果受害人是城镇户口,则残疾赔偿金为399 560元(19 978元×20年×100%);如果受害人是农村户口,则残疾赔偿金为172 400元(8620元×20年×100%)。

【律师提示】伤残鉴定共分为十级,最轻的为十级伤残,最重的为一级伤残。伤残鉴定赔偿年限为20年,如果受害人年龄在60周岁以上的,每超过一岁,则减去一年;受害人年满75周岁的,则赔偿年限为5年。

6. 损害赔偿项目的确定

根据《最高人民法院关于审理人身损害赔偿案件适用法律若干问题的解释》(2003年12月4日最高人民法院审判委员会第1299次会议通过)的规定,因生命、健康、身体遭受侵害,赔偿权利人起诉请求赔偿义务人赔偿财产损失和精神损害的,人民法院应予受理。

受害人因道路交通事故致残支出的各项合理费用(包括但不限于医疗费、误工费、护理费、交通费、住宿费、住院伙食补助费、必要的营养费,残疾赔偿金、残疾辅助器具费、被扶养人生活费,以及因康复护理、继续治疗实际发生的必要的康复费、护理费、后续治疗费和精神损害抚慰金),赔偿义务人应当予以赔偿。

(1)医疗费根据医疗机构出具的医药费、住院费等收款凭证,结合病历和诊断证明等相关证据确定。按照医院对当事人的交通事故创伤治疗所必需的费用计算,凭据支付。

医疗费包括挂号费、检查费、化验费、手术费、诊治费、住院费、药费等医疗人身伤害的费用。赔偿义务人对治疗的必要性和合理性有异议的,应当承担相应的举证责任。

当事人选择的医院应当是依法成立的、具有相应治疗能力的医院、卫生院、急救站等医疗机构。当事人应当根据受损害的状况和治疗需要就近选择治疗医院。

医疗费的赔偿数额,按照一审法庭辩论终结前实际发生的数额确定。器官功能恢复训练所必要的康复费、适当的整容费以及其他后续治疗费,赔偿权利人可以待实际发生后另行起诉。但根据医疗证明或者鉴定结论确定必然发生的费用,可以与已经发生的医疗费一并予以赔偿。

【律师提示】受害人在实际治疗过程中,会产生各种名目的医疗费用,受害人必须妥善保管各种费用清单,以免在调解或诉讼中举证不全,损害自己的合法权利。受害人在治疗过程中，未经医院同意，不得擅自转院或私自购药，以免产生不必要的麻烦和损失；如需转院治疗，必须持有医院的转院证明书。受害人因道路交通事故容貌毁损需要做整容手术的，可以在诉讼时以医疗费的名义提起。很多受害人和代理人往往忽略了这一点，认为整容费属于后续治疗费或残疾赔偿金，致使受害人支出的合理的整容费得不到法院的支持和肯定。

(2) 误工费根据受害人的误工时间和收入状况确定。

误工时间根据受害人接受治疗的医疗机构出具的证明确定。受害人因伤致残持续误工的，误工时间可以计算至定残日前一天。

受害人有固定收入的，误工费按照实际减少的收入计算。受害人无固定收入的，按照其最近三年的平均收入计算；受害人不能举证证明其最近三年平均收入状况的，可以参照受诉法院所在地相同或者相近行业上一年度职工的平均工资计算。

【律师提示】如果受害人已经定残疾，其误工费可以主张到定残之日前，而不是 3 个月或 100 天。但是，受害人或代理人要出具医院的病假条，如果受害人有固定工作，需由所在单位出具受害人的月收入和因道路交通事故持续误工而实际扣发工资的证明(收入证明和误工证明)。如果受害人的实际月收入超过 1600 元，受害人应到当地税务机关办理完税凭证；如果受害人的实际月收入低于 1600 元，则不用办理完税凭证。如果受害人没有固定工作，如个体户、自由职业者等，应提供个体工商户营业执照、税务登记证和相关的收入证明，否则很难获得法院的认可。工资是指用人单位依据国家有关规定或劳动合同的约定，以货币形式直接支付给本单位劳动者的劳动报酬。受害人的误工费包括但不限于工资、"三补"(如饭补、车补和话补)、奖金和津贴。根据劳动部《关于贯彻执行<中华人民共和国劳动法>若干问题的意见》，工资一般包括计时工资、计件工资、奖金、津贴和补贴、延长工作时间的工资报酬以及特殊情况下支付的工资六种形式。

(3) 护理费根据护理人员的收入状况和护理人数、护理期限确定。

护理人员有收入的，参照误工费的规定计算；护理人员没有收入或者雇佣护工的，参照当地护工从事同等级别护理的劳务报酬标准计算。护理人员原则上为一人，但医疗机构或者鉴定机构有明确意见的，可以参照确定护理人员人数。

护理期限应计算至受害人恢复生活自理能力时止。受害人因残疾不能恢复生活自理能力的，可以根据其年龄、健康状况等因素确定合理的护理期限，但最长不超过二十年。

受害人定残后的护理，应当根据其护理依赖程度并结合配制残疾辅助器具的情况确定护理级别。

【律师提示】受害人住院期间支出的护理费容易主张，但是出院以后可否主张护理费？这就要具体问题具体分析。受害人出院后，如果医院在出院诊断或出院记录上有明确的医嘱，如需要专人护理 X 个月或需要护理 X 个月，受害人可以据此主张出院后的护理费；否则，受害人主张出院后的护理费则缺乏事实依据。个别受害人出院后，生活仍不能自理的，可以做护理依赖程度鉴定，根据鉴定结论中需要护理的时间，主张出院后的护理费。

值得注意的是，生活不能自理包括不能进食、翻身、大小便、穿衣、洗漱和自我移动。

(4) 交通费根据受害人及其必要的陪护人员因就医或者转院治疗实际发生的费用计算。交通费应当以正式票据为凭；有关凭据应当与就医地点、时间、人数、次数相符合。

【律师提示】交通费包括但不限于机票、火车票、地铁票、出租车发票和公交车充值卡发票等。

(5) 住宿费是指交通事故伤残者到外地就医、配置残具及参加事故处理人员等所需的住宿费。住宿费标准按照事故发生地国家机关一般工作人员的出差住宿标准计算，凭据支付。

① 伤者到外地就医就诊等待检查结果需等待床位的，伤者及陪护人员的住宿费应予赔偿。

② 伤者需要转院治疗的，往返途中伤者及陪护人员的住宿费应予赔偿。

③ 伤者及参加事故处理人员的住宿费应予赔偿。参加事故处理人员一般不超过三人。

【律师提示】住宿费按照事故发生地国家机关一般工作人员的出差住宿标准计算，不同地方有不同的补助标准，均凭据支付。

(6) 住院伙食补助费可以参照当地国家机关一般工作人员的出差伙食补助标准予以确定。

受害人确有必要到外地治疗因客观原因不能住院的，受害人本人及其陪护人员实际发生的住宿费和伙食费，其合理部分应予赔偿。

【律师提示】北京地区国家机关一般工作人员的出差伙食补助标准30元/天。

(7) 营养费根据受害人伤残情况参照医疗机构的意见确定。

【律师提示】营养费法院一般不予支持，特殊群体的受害人如老幼病残孕，可以适当主张营养费。如果没有营养费发票，北京地区一般是20元/天。如果不属于老幼病残孕群体的，受害人主张营养费，需有医院出具的需要补充或加强营养的医嘱，否则法院不予支持。

(8) 残疾赔偿金根据受害人丧失劳动能力程度或者伤残等级，按照受诉法院所在地上一年度城镇居民人均可支配收入或者农村居民人均纯收入标准，自定残之日起按二十年计算。但六十周岁以上的，年龄每增加一岁减少一年；七十五周岁以上的，按五年计算。

受害人因伤致残但实际收入没有减少，或者伤残等级较轻但造成职业妨害严重影响其劳动就业的，可以对残疾赔偿金作相应调整。

【律师提示】残疾赔偿金原则上是20年，如果受害人年龄在六十周岁以上的，年龄每增加一岁减少一年；七十五周岁以上的，按五年计算。

伤残赔偿金是道路交通事故损害赔偿中的重要项目之一，因而备受受害人和代理人的重视。但是《最高人民法院关于审理人身损害赔偿案件适用法律若干问题的解释》(2003年12月4日最高人民法院审判委员会第1299次会议通过)"人为的"将残疾赔偿金分为城镇户口和农村户口，致使同一国家的公民因"户籍"不同，导致残疾赔偿金和死亡赔偿金有着天壤之别。按一级伤残、赔偿20年计算，北京地区城镇居民和农村居民的伤残赔偿金有227 160元的差距，深圳市的残疾赔偿金和死亡赔偿金的差距更大。

(9) 残疾辅助器具费按照普通适用器具的合理费用标准计算。伤情有特殊需要的，可以参照辅助器具配制机构的意见确定相应的合理费用标准。

辅助器具的更换周期和赔偿期限参照配制机构的意见确定。

【律师提示】受害人应当选择普通的残疾辅助器具如：轮椅、拐杖、假眼、假牙、假肢和助听器等，以使用国产的、中档价位的残疾辅助器具为宜。

受害人如需整容，应到权威的有整容资质的医院做整容手术，受害人可以把整容费作为医疗费进行主张。

(10) 被扶养人生活费根据扶养人丧失劳动能力程度，按照受诉法院所在地上一年度城镇居民人均消费性支出和农村居民人均年生活消费支出标准计算。被扶养人为未成年人的，计算至十八周岁；被扶养人无劳动能力又无其他生活来源的，计算二十年。但六十周岁以上的，年龄每增加一岁减少一年；七十五周岁以上的，按五年计算。

被扶养人是指受害人依法应当承担扶养义务的未成年人或者丧失劳动能力又无其他生活来源的成年近亲属。被扶养人还有其他扶养人的，赔偿义务人只赔偿受害人依法应当负担的部分。被扶养人有数人的，年赔偿总额累计不超过上一年度城镇居民人均消费性支出额或者农村居民人均年生活消费支出额。

【律师提示】被抚养人一般是指抚养人的父母和未成年子女。承担被抚养人父母的生活费的前提是被抚养人年满 60 周岁，没有经济来源、丧失劳动能力。如果被抚养人父母虽然年龄不超过 60 周岁，但是属于残疾人或精神病患者，肇事人照样要承担 20 年的被抚养人生活费。被抚养人为未成年子女的，肇事人应当承担到被抚养人年满 18 周岁为止。

(11) 受害人因康复护理、继续治疗实际发生的必要的康复费、护理费、后续治疗费。

【律师提示】受害人虽然已经出院，但是仍需康复、护理、继续治疗的，赔偿义务人仍应承担受害人必要的、合理的康复费、护理费、后续治疗费。如受害人因道路交通事故引发的后遗症、并发症，受害人及其家属知道或者应当知道之日起一年内，向肇事人另行起诉。

(12) 伤残鉴定费是司法鉴定机构接受委托，根据受害人的伤残程度和活动受限状况进行综合评定后，出具鉴定结论后收取的鉴定费用，一般包括会诊费和鉴定费。目前，北京地区伤残鉴定费一般是 1000 元。

【律师提示】虽然《最高人民法院关于确定民事侵权精神损害赔偿责任若干问题的解释》中没有明确规定鉴定费，但是在审判实践中，伤残鉴定费最终由败诉方承担。

(13) 精神损害抚慰金根据《最高人民法院关于确定民事侵权精神损害赔偿责任若干问题的解释》(已于 2001 年 2 月 26 日由最高人民法院审判委员会第 1161 次会议通过，自 2001 年 3 月 10 日起施行)的规定主张。

道路交通事故受害人主张精神损害抚慰金，应当根据以下因素确定：
① 侵权人的过错程度，法律另有规定的除外。
② 侵害的手段、场合、行为方式等具体情节。
③ 侵权行为所造成的后果。
④ 侵权人的获利情况。
⑤ 侵权人承担责任的经济能力。
⑥ 受诉法院所在地平均生活水平。

【律师提示】精神损害抚慰金是一个抽象的法律术语，实际操作的难度很大，不同地区、不同人群、不同职业、不同原因引起的道路交通事故精神损害抚慰金会有所区别。

(14) 其他财产损失，包括但不限于衣物损失、维修费用、车辆停运损失和车辆贬值损失等。

【律师提示】作为代理人，应当充分注意受害人的其他财产损失，并搜集相关证据，必要时做车辆贬值鉴定。代理人应细心，尽可能地为受害人主张权利和利益；代理人也应胆大，不应拘于教条和法官的短见，为受害人主张权利和利益。合情、合理、合法的主张，既不是"狮子大张口"漫天要价，也不能掉以轻心，遗漏必要的、合理的赔偿项目。

二、交通事故赔偿标准各项计算公式

1. 医疗费赔偿金额的计算公式及相关法律法规

1) 医疗费的概念

医疗费，是指道路交通事故发生后，由于造成一定的人身伤害，为恢复健康而需要就医诊治，医院对当事人的交通事故创伤治疗所必需的费用。医疗费主要包括挂号费、检查费、化验费、手术费、治疗费、住院费和药费等。医疗费可以为住院医疗费，也可以为门诊医疗费，但支出的目的在于治疗交通事故中的受伤人员、伤残人员以及抢救伤重死亡人员。医疗费的发生是道路交通事故的显而易见的后果，体现了对受害人身体权和健康权等基本人身权利的尊重和保障，自然应当予以赔偿。

2) 医疗费赔偿金额的计算公式

《最高人民法院关于审理人身损害赔偿案件适用法律若干问题的解释》第十九条规定，"医疗费根据医疗机构出具的医药费、住院费等收款凭证，结合病历和诊断证明等相关证据确定。赔偿义务人对治疗的必要性和合理性有异议的，应当承担相应的举证责任。""医疗费的赔偿数额，按照一审法庭辩论终结前实际发生的数额确定。器官功能恢复训练所必要的康复费、适当的整容费以及其他后续治疗费，赔偿权利人可以待实际发生后另行起诉。但根据医疗证明或者鉴定结论确定必然发生的费用，可以与已经发生的医疗费一并予以赔偿。"根据上述规定，医疗费的计算主要是以"必须"为其标准。所谓必须，解释上应当以合理支付为必要。受害人在什么情况下花费的医疗费构成合理，为事实问题，应当根据具体情况加以确定。例如，交通事故受害人擅自住院、转院、自购药品、超过医疗通知的出院日期而拒不出院、擅自在指定医院以外多处就医、治疗非交通事故损伤或疾病所花费的医疗费用，不在交通事故损害赔偿的医疗费范畴内。医疗费支出的凭据，应为县级以上直属医院的医疗收费单据，在没有这样医院的地区，如需紧急抢救交通事故受害人或者治疗轻微创伤，也可以是其他医疗单位的医疗收费单据。交通事故结案后，如果受害人的身体尚待康复而需要进行继续治疗的，致害人还应当根据确需治疗的实际情况赔偿必需的费用，其程度的确定主要由医院的医生来证明，应由相关医生出具相关证明。根据医院诊疗的一般情况，医疗费主要由诊疗费、医药费、住院费等几项费用构成。

医疗费赔偿金额的计算公式为：

$$医疗费赔偿金额 = 诊疗费 + 医药费 + 住院费 + 其他费用$$

【例 3-4】王某为某运输公司司机，该运输公司接到某建筑公司一项运输任务，加班加点向某施工工地运送石料沙灰等建筑材料。某天早上有大雾，道路能见度很低，只能在很短的距离内才可以看到对面汽车打过来的大灯光。王某为了及早完成任务，又见道路上的车辆行人不是很多，就没有按照要求减速行驶，而是按晴朗天气的正常车速行进。当汽车行至某村与该道路交叉口处时，村民马某驾驶一辆农用三轮车缓慢驶出，由于王某车速太快，当他发现前方有来车时，距离已太近来不及刹车，而马某也被突然而至的大卡车吓懵，王某的大卡车将马某的农用三轮车撞翻到路边的水沟内，马某被倒扣在车下受伤。后经有关部门的勘查和裁决，王某对该起交通事故负全部责任，马某被救出后送往医院，共花去诊疗费 500 元、药费 1000 元、住院费 300 元。马某有权利就该项医疗费向王某提出赔偿，赔偿金额的计算公式为：

$$医疗费赔偿金额 = 500 元 + 1000 元 + 300 元 = 1800 元$$

需要注意的是，交通事故受害人的医疗费，责任人可以在结案前以及结案时预先支付受害人，也可以在受害人确需治疗时支付受害人。交通事故的责任人拒绝预付受害人的医疗费的，受害人或其代理人可以依据《民事诉讼法》第 97 条的规定，申请人民法院先予执行，强制致害人预付医疗费。

2. 误工费赔偿金额的计算公式及相关法律法规

1) 误工费的概念

误工费，是指道路交通事故发生后，遭受人身损害的受害人需要接受诊治以恢复健康，以及当事人的相关亲属需要参与交通事故的处理，无法正常参加工作或者从事日常的经营活动，因此而造成经济收入的减少，由负有责任的一方按照一定的标准对该项减少的收入给予的赔偿。误工费的发生与交通事故之间存在直接的因果关系，是事故责任人的责任之一，自然应当予以赔偿。

2) 误工费赔偿金额的计算公式

《最高人民法院关于审理人身损害赔偿案件适用法律若干问题的解释》第二十条规定，"误工费根据受害人的误工时间和收入状况确定"。"误工时间根据受害人接受治疗的医疗机构出具的证明确定。受害人因伤致残持续误工的，误工时间可以计算至定残日前一天"。"受害人有固定收入的，误工费按照实际减少的收入计算。受害人无固定收入的，按照其最近三年的平均收入计算；受害人不能举证证明其最近三年平均收入状况的，可以参照受诉法院所在地相同或者相近行业上一年度职工的平均工资计算"。根据这一规定，误工费赔偿金额的计算公式可以表述为：

$$误工费赔偿金额 = 误工收入(天/月/年) + 误工时间$$

其中，关于"误工收入"的确定，因受害人工作情况的不同又分成两种情况：一种是在有固定收入的情况下，如何确定因误工而减少的收入；另一种是在无固定收入的情况下，如何确定收入以及因误工而减少的收入。关于"误工时间"的确定，以受害人接受治疗的医疗机构出具的证明为依据；受害人因伤致残持续误工的，误工时间可以计算至定残日前一天。

(1) 受害人有固定收入的。

受害人有固定收入的，误工费赔偿金额的计算按照实际减少的收入计算，计算公式为

误工费赔偿金额 = 实际减少的收入

　　　　　　　　 = 受害人正常情况下的劳动(工作)收入－事故受伤后劳动(工作)收入

上述计算公式也可以用相关符号进行表述，如：

$$P = A - B$$

其中，P = 误工费赔偿金额；

　　　 A = 受害人正常情况下的劳动(工作)收入；

　　B = 事故受伤后劳动(工作)收入。

　　在此公式中，只有在 B<A 的情况下，误工费的赔偿才能成立；如果 B≥A，则不存在误工费的赔偿问题。这是因为，误工费的赔偿，只有在存在因误工而减少收入的情况下才能成立，如果不存在收入减少的情况，也就不存在误工费的赔偿问题。

　　【例 3-5】李某为广东省广州市某水产公司的业务员，负责送货工作。有一天早上，他驾车去给一家宾馆送货，在路上不幸与一辆逆向行驶的大货车相撞，李某受重伤。后经有关部门调查，大货车司机为疲劳驾驶，对这起事故负全部责任。李某住院治疗 1 个月，又应医院要求在家静养 1 个月。李某平时每月的收入是 3500 元，在这 2 个月的时间内，李某单位因其歇病假，每月只发基本生活费 1000 元。据此，李某可以要求的误工费赔偿金额为(3500−1000)×2 个月 = 5000 元

　　在这一案例中，如果李某的单位因为李某没有来上班而连基本生活费都不发，则李某可以要求的误工费赔偿金额为：3500×2 个月 = 7000 元

　　(2) 受害人无固定收入的。

　　受害人无固定收入的，误工费赔偿金额的计算与受害人有固定收入的相比，在总的计算公式上是一样的，即：

　　误工费赔偿金额 = 实际减少的收入 = 受害人正常情况下的劳动(工作)收入−事故受伤后劳动(工作)收入

　　其中，"受害人正常情况下的劳动(工作)收入"的确定是计算受害人无固定收入的误工费赔偿金额的关键。"受害人正常情况下的劳动(工作)收入"的计算公式，按年计算，可以表述为：

　　受害人正常情况下的劳动(工作)收入(年) = 最近三年的平均年收入

　　如果按月计算受害人正常情况下的劳动(工作)收入，其计算公式可以表述为：受害人正常情况下的劳动(工作)收入(年) = 最近三年的平均年收入/12

　　【例 3-6】王某是北京市市民，2010 年研究生毕业后，先后去了几个单位上班，但感到自己所学专业不适应这些单位的工作要求，都没有干多长时间，后来就在家待着，没有再找工作，靠写文章、帮助朋友做事取得一些收入，但收入不固定，好的时候 1 个月能有 6000 多元收入，不好的时候甚至 2~3 个月都没有 1 分钱的收入。从 2011 年 6 月起到 2014 年 5 月止，王某通过写稿、帮助朋友办事，所得稿酬、报酬等总计为 9.36 万元。2014 年 6 月初，王某骑自行车去商场买东西，在回来的途中被一辆违章行驶的出租车撞伤，造成小腿骨折，住院治疗 1 个半月，回家后又应医生要求在床上静卧休养 1 个半月。这样，王某因事故造成 3 个月的时间没法工作。在计算王某 3 个月的误工费赔偿金额时，需要按照如下步骤进行：

　　第一步，计算王某最近 3 年的年平均收入，计算方法如下：

　　王某最近 3 年的年平均收入 = 9.36 万元/3 年 = 3.12 万元

　　第二步，计算王某最近 3 年的月平均收入，计算方法如下：

　　王某最近 3 年的月平均收入 = 9.36 万元/3 年/12 个月 = 2600 元

　　第三步，计算王某 3 个月的误工费赔偿金额，计算方法如下：

　　王某 3 个月的误工费赔偿金额 = 2600 元×3 个月 = 7800 元

　　上述情况属于受害人虽然没有固定收入，但能够证明其最近三年的收入。如果受害人

不能举证证明其最近三年的平均收入状况，可以参照受诉法院所在地相同或者相近行业上一年度职工的平均工资计算，其计算公式为：受害人正常情况下的劳动(工作)收入(年) = 受诉法院所在地相同或者相近行业上一年度职工的平均工资

【例 3-7】钟某是我国中部某省某市一位个体户，靠修自行车为生，每年的收入有多少，他自己也不太清楚。2013 年 8 月，钟某在去县城的途中被一辆违章行驶的货车撞伤，在医院治疗了 45 天。这样，钟某因事故造成 45 天的时间没法修自行车。在计算钟某 45 天的误工费赔偿金额时，因钟某自己也说不清到底有多少收入，所以可以参照受诉法院所在地修自行车行业上一年度职工的平均工资进行计算。假如该地修自行车行业上一年度职工的平均工资为 7560 元，则钟某 45 天误工费赔偿金额的计算步骤为：

第一步，计算钟某的月收入

钟某的月收入 = 7560 元/12 个月 = 630 元

第二步，计算钟某 45 天的收入

钟某 45 天的收入 = 630 元(月) × 1.5 个月 = 945 元

因此，钟某可以要求的 45 天误工费赔偿金额为 945 元。

3. 住院伙食补助费赔偿金额的计算公式及相关法律法规

1) 住院伙食补助费的概念

住院伙食补助费，是指道路交通事故发生后，受害人在医院接受诊疗期间，需要进行伙食消费，而由相关责任人依据一定的标准对该项费用进行的赔偿。住院伙食补助费的发生与道路交通事故存在直接的因果关系，是事故责任的内容之一，应当予以赔偿。

2) 住院伙食补助费赔偿金额的计算公式

《最高人民法院关于审理人身损害赔偿案件适用法律若干问题的解释》第二十三条规定，"住院伙食补助费可以参照当地国家机关一般工作人员的出差伙食补助标准予以确定。""受害人确有必要到外地治疗，因客观原因不能住院的，受害人本人及其陪护人员实际发生的住宿费和伙食费，其合理部分应予赔偿"。根据上述规定，住院伙食补助费的计算主要以交通事故发生地国家机关工作人员的出差伙食补助为标准。所谓交通事故发生地，是指交通事故发生所在的省、自治区、直辖市。住院伙食费的赔偿，以住院期间的伙食补助为限，交通事故受害人只要有必要住院治疗或者住院抢救，不论住院时间多长，赔偿义务人均应当向其支付住院伙食补助费。

住院伙食补助费的计算公式为：

住院伙食补助费赔偿金额 = 国家机关一般工作人员出差伙食补助标准(元/天) × 住院天数

【例 3-8】徐某为某纺纱厂工会主席，某日早上打出租车前往市政府参加一个会议。途中，出租车司机为了赶时间而加速行驶，在一个十字路口被迎面驶来的公共汽车撞翻。徐某受重伤，住院治疗 20 天。徐某所在地区为我国东部某发达省份，当地国家机关工作人员的出差伙食补助标准为 20 元/天。这样，徐某可获得住院伙食补助费为 20 元/天 × 20 天 = 400 元。

从最高人民法院的司法解释中还可以得知，受害人的陪护人员的伙食费也应当予以赔

偿。受害人在住院期间的必要护理人员，虽然可以取得护理费，但是护理费是比照误工费支付的，不属于伙食补助的项目。受害人在住院期间一般生活都不能完全自理，对其进行护理的亲属，在感情上备感痛苦，在生活上也多有不便，应当予以必要的经济补偿。因此，受害人由近亲属护理的，除按照规定可取得护理费外，还可以考虑向其支付一定的伙食补助费。

4. 护理费赔偿金额的计算公式及相关法律法规

1) 护理费的概念

护理费，是指道路交通事故发生后，受害人住院期间，由于身体健康等原因行动能力和自理能力都有一定程度的降低，需要家人或者其他亲属的陪同和护理，并由相关事故责任人根据一定的标准予以赔偿的费用。护理费的发生是受害人恢复健康所必需的，与交通事故的因果关系也是直接的，应当予以赔偿。

2) 护理费赔偿金额的计算公式

《最高人民法院关于审理人身损害赔偿案件适用法律若干问题的解释》第二十一条规定，"护理费根据护理人员的收入状况和护理人数、护理期限确定"。"护理人员有收入的，参照误工费的规定计算；护理人员没有收入或者雇佣护工的，参照当地护工从事同等级别护理的劳务报酬标准计算。护理人员原则上为一人，但医疗机构或者鉴定机构有明确意见的，可以参照确定护理人员人数"。"护理期限应计算至受害人恢复生活自理能力时止。受害人因残疾不能恢复生活自理能力的，可以根据其年龄、健康状况等因素确定合理的护理期限，但最长不超过二十年"。"受害人定残后的护理，应当根据其护理依赖程度并结合配制残疾辅助器具的情况确定护理级别"。根据上述规定，护理费的计算应视护理人员有无收入而分别适用不同的计算标准。

(1) 护理人员有收入的，按照误工费的规定计算。误工费的计算标准已在本书有关误工费赔偿金额计算公式部分进行了详尽的阐述，在此不再赘言。

(2) 护理人员无收入的或者雇佣护工的，按照交通事故发生地护工从事同等级别护理的劳务报酬标准计算。此处所谓"无收入"，是指本人生活来源主要或者全部依靠他人供给，或者偶然有少量收入但不足以维持本人正常生活，主要指城镇待业人员和乡村未参加劳动的人员，包括在校的大中专学生、各类中小学校在校学生、其他未参加工作的 16 岁以下的少年，以及乡村已达劳动年龄但丧失劳动能力的人等。护理费的计算公式为：

护理费赔偿金额 = 交通事故发生地护工同等级别护理劳务报酬标准 × 护理天数

【例 3-9】吴某为一个体工商户，常年从事服装生意。在一次批发服装的途中，吴某驾驶的汽车不幸遭遇一司机酒后驾驶的大卡车，吴某躲避不及，前挡风玻璃被大卡车撞碎，吴某头部受重伤。在医院治疗期间，吴某由其妹妹照料。吴某的妹妹不久前辍学在家，无工作无收入。吴某所在的地区为我国北部某城市，当地护工的同级别护理报酬标准为 8 元/天，吴某的妹妹对其进行照料共 40 天。这样，吴某可获得护理费赔偿金额 = 8 元/天 × 40天 = 320 元。

5. 残疾赔偿金的计算公式及相关法律法规

1) 残疾者生活补助费的概念

残疾者生活补助费，是指受害人因道路交通事故致残，不仅影响了其以后的生活能力，而且影响了其获取经济收入的能力，为了维持生活，需要对其进行生活补助，由相关责任人按照一定的标准对这项生活补助费用进行的赔偿。残疾者生活补助费是维持受害人生活的保障，是道路交通事故的重大后果，是事故责任人的责任内容之一，应当予以赔偿。

2) 残疾赔偿金的计算公式

《最高人民法院关于审理人身损害赔偿案件适用法律若干问题的解释》第二十五条第一款规定，"残疾赔偿金根据受害人丧失劳动能力程度或者伤残等级，按照受诉法院所在地上一年度城镇居民人均可支配收入或者农村居民人均纯收入标准，自定残之日起按二十年计算。但六十周岁以上的，年龄每增加一岁减少一年；七十五周岁以上的，按五年计算"。根据上述规定，要计算残疾赔偿金需要确定赔偿等级和赔偿年限。解释中没有明确表明如何根据伤残等级来区分赔偿水平，但不同伤残等级的赔偿水平应该是不同的。其中居民人均收入按照城镇居民和农村居民而有所不同，但都要按照政府统计部门公布的各省、自治区、直辖市以及经济特区和计划单列市上一年度相关统计数据确定。

残疾赔偿金的计算公式为：

残疾赔偿金 = 受诉法院所在地上一年度居民人均收入 × 伤残系数 × 赔偿年限

注： 伤残系数是指受害人丧失劳动能力的程度或者是伤残的等级。

【**例 3-10**】钱某为某保险公司职员，某日驾驶摩托车前往某地处理保险理赔事宜，行至某地段时，前方有两辆运送灰土的卡车会车，两辆车车速较快，卡车司机未在会车时刹车，也未尽早发现在路的一侧骑摩托车行驶的钱某，会车过后卡车司机发现钱某，紧急刹车，但为时已晚，沉重的卡车凭借惯性向前冲去，钱某躲避不及，被撞飞至路边的水沟中。经及时抢救，钱某脱离生命危险，但头部和腿部严重受伤，经有关部门认定，钱某被评定为二级伤残。事故发生时钱某 35 岁，其所在的地区为我国北部某省会城市，按照当地政府统计部门公布的上一年度相关数据表明，当地上一年度人均收入为 10000 元，钱某可获得的残疾者生活补助费为 10000 元 × 20 年 × 二级伤残系数 = 200000 元 × 二级伤残系数(二级伤残系数一般为 90%，即评定为伤残一级，按全额赔偿；二至十级的，则以 10% 的比例依次递减作为赔偿系数，交通事故处理可予参照)。

6. 残疾辅助器具费赔偿金额的计算公式及相关法律法规

1) 残疾用具费的概念

残疾用具费，是指受害人因道路交通事故致残的，其组织、肌体的某项功能全部或者部分丧失而需要赔偿具有补偿功能的器具而支出一定的费用，由事故责任者按照一定的标准对该项费用进行的赔偿。例如，交通事故造成受害人下肢或者上肢残废的，有必要配置假肢，由此支出的费用，属于残疾用具费。残疾用具对某些程度的残疾来说是必须的，是受害人日常生活的需要，是交通事故的后果之一，应当予以赔偿。

2) 残疾辅助器具费赔偿金额的计算公式

《最高人民法院关于审理人身损害赔偿案件适用法律若干问题的解释》第二十六条规定，"残疾辅助器具费按照普通适用器具的合理费用标准计算。伤情有特殊需要的，可以参照辅助器具配制机构的意见确定相应的合理费用标准。""辅助器具的更换周期和赔偿期限参照配制机构的意见确定。"根据上述规定，残疾用具费的计算，以补偿受害人残疾功能的必要用具所需费用为限，不能要求残疾用具费的支出足以达到残疾用具可以恢复身体残疾前的功能。普通适用器具属于统一品种的、被广泛或被普遍使用的残疾用具，在实物上一般以国产的用具为优先考虑对象；因交通事故而下肢残疾者，需要配置代步工具的，也只能以人力代步工具为限度配置，机动代步工具不在此限。

残疾用具费的计算公式为

$$残疾用具费 = 普通适用器具的合理费用$$

【例 3-11】孙某为某出租汽车公司司机，某日当孙某驾驶空车在高速路上行驶时，在一逆行出口处，前方的汽车突然刹车掉头，导致孙某措手不及，发生追尾。这时孙某车后的公交汽车也刹车不及，由于惯性和汽车动力都很大，将孙某的汽车撞出，孙某被撞出前挡风玻璃，摔倒路面上，后经医院抢救，孙某保住了生命，但右腿截肢造成残疾。医院为孙某配置了普通型轮椅，花费 3200 元，这样，孙某就可向事故责任人要求 3200 元的残疾用具费赔偿金。在这种情况下，如果孙某配置的轮椅为高级型，就不能按照轮椅的实际价格来要求赔偿，而只能按照普通适用型的价格要求赔偿。

当然，在决定残疾用具补偿费时，还必须考虑受害人的年龄、残疾程度、职业以及所处的地理环境，灵活掌握残疾用具的配置状况。另外，计算残疾用具费时，还要把残疾用具的使用年限、维修或者更新等事项考虑在内，以便把更新或者维修残疾用具的费用一并计算在内。

7. 死亡赔偿金的计算公式及相关法律法规

1) 死亡赔偿金(补助费)的概念

死亡赔偿金，也称死亡补偿费，是指受害人因道路交通事故死亡的，由相关责任人按照一定的标准给予死者家属的一定数量的赔偿。受害人的死亡给其家庭以及其亲人带来物质上和精神上的巨大损失，是对他人利益的一种严重侵害，是道路交通事故的严重后果，应当给予赔偿。死亡补偿费不是对死者本身失去生命的赔偿，生命无价，也无法予以赔偿。立法上设立死亡补偿费的目的在于安定死者家属的生活，抚慰死者家属所遭受的精神创伤，弥补死者家属所受到的相应的财产损失。

2) 死亡赔偿金的计算公式

《最高人民法院关于审理人身损害赔偿案件适用法律若干问题的解释》第二十九条规定，"死亡赔偿金按照受诉法院所在地上一年度城镇居民人均可支配收入或者农村居民人均纯收入标准，按二十年计算。但六十周岁以上的，年龄每增加一岁减少一年；七十五周岁以上的，按五年计算。"根据上述规定，死亡赔偿金的计算根据受害人年龄的不同而赔偿年限有异，但都是以受诉法院所在地上一年度城镇居民人均可支配收入或者农村居民人均纯收入为标准进行计算的。受诉法院所在地与事故责任人所在地一般是同一的，而城镇居民人均可支配收入和农村居民人均纯收入按照当地政府统计部门公布的上一年度相关统计数据确定。下面以不满六十周岁的受害人为例对死亡赔偿金的计算进行说明。

死亡赔偿金的计算公式为：

$$死亡赔偿金 = 事故责任人所在地上一年度人均收入 \times 20 年$$

【例3-12】周某为某市职工，34岁，某日，周某开摩托车带妻子和孩子回娘家，行至某地段时，遇到一辆拉条木的拖拉机缓慢驶来，由于拖拉机所拉的条木数量太多，装的也不牢靠，恰好在周某经过时散落下来。有一根条木插入周某摩托车的前轮车辐中，摩托车由于车速较快而迅速变线，直接撞到拖拉机尾部，周某头部受损，当场死亡。周某所在的地区为我国东部沿海某发达地级市，周某为城镇居民，按照当地政府统计部门公布的上一年度相关统计数据，当地的居民人均可支配收入为12 000元/年，这样，周某家人可获得死亡补偿费12 000元×20年＝240 000元。

对于六十周岁以上的受害人，要求死亡补偿费时，其乘数较十年要短，但不会短于五年，具体为，六十周岁以上不满七十五周岁的，年龄每小一岁减少一年，七十五周岁以上的，按五年计算。

8. 被扶养人生活费赔偿金额的计算公式及相关法律法规

1) 被扶养人生活费的概念

被抚养人生活费，是指受害人因道路交通事故死亡或者伤残而丧失劳动能力的情况下，由其扶养的、无其他生活来源的人因为生活来源的丧失而遭受不利益，其扶养费给付请求权难以实现，直接影响其现实生活，由事故相关责任人按照一定的标准给予这些人的一定数额的赔偿。被扶养人扶养利益的减损是道路交通事故致人死亡或者致人伤残而丧失劳动能力的直接后果，应当受到赔偿。

2) 被扶养人生活费赔偿金额的计算公式

《最高人民法院关于审理人身损害赔偿案件适用法律若干问题的解释》第二十八条规定："被扶养人生活费根据扶养人丧失劳动能力程度，按照受诉法院所在地上一年度城镇居民人均消费性支出和农村居民人均年生活消费支出标准计算。被扶养人为未成年人的，计算至十八周岁；被扶养人无劳动能力又无其他生活来源的，计算二十年。但六十周岁以上的，年龄每增加一岁减少一年；七十五周岁以上的，按五年计算。被扶养人是指受害人依法应当承担扶养义务的未成年人或者丧失劳动能力又无其他生活来源的成年近亲属。被扶养人还有其他扶养人的，赔偿义务人只赔偿受害人依法应当负担的部分。被扶养人有数人的，年赔偿总额累计不超过上一年度城镇居民人均消费性支出额或者农村居民人均年生活消费支出额"。根据上述规定，在确定被扶养人生活费时，应当首先确定哪些人属于被扶养的人，然后主要依据年龄分别计算。确定被扶养人时，以"实际扶养"为判断标准，实际扶养属于事实上的扶养而非法律上的扶养，不论交通事故的受害人同其扶养的人之间有无法律上的扶养关系，只要他们之间形成事实上的扶养关系，被扶养的人就能够请求交通事故责任人支付必要的生活费用。被抚养人没有其他生活来源，是指被抚养人的生活来源主要依靠交通事故的受害人，在交通事故的受害人死亡或致残而不能再提供生活来源时，被抚养人难以通过其他途径取得生活来源。

至于交通事故责任人负担被扶养人生活费的年限，依被扶养人的年龄和有无劳动能力而有所不同。公民年满十八周岁，取得基本劳动能力，可以通过自己的劳动获得生活来源；而公民在十八周岁以下的，不具有完全的行为能力，不能参加劳动以取得生活保障，所以，一般的原则是事故责任人负担其至十八周岁的扶养费。除此之外，被抚养人无论是否已年满十八周岁，如果因生理或精神缺陷使其不能参加劳动以获取生活来源，那么责任人应负担其二十年的扶养费，但对于年满六十周岁以上的，年龄每增加一岁被扶养的年限减少一年，但对于年满七十五周岁以上的被抚养人，则一律负担五年的扶养费。

被扶养人生活费赔偿金额的计算公式为：

$$被扶养人生活费赔偿金额 = 事故责任人所在地人均年消费性支出 \times 扶养年限$$

【例 3-13】 赵某为某建筑公司运输队司机，27 岁，未婚。赵某从小父母双亡，与其兄相依为命，其兄结婚后几年因意外死亡，嫂子离家出走下落不明，留下一个 12 岁的侄子无依无靠，与赵某生活在一起，形成了收养关系。赵某在一次运输途中，因有人破坏道路，造成卡车变向翻下大桥，卡车在水中倒扣，赵某因驾驶室内进水窒息而死。后经有关部门调查，找出了对该起事故负责的责任人。按照规定，赵某的侄子可获得扶养费，其距离 18 周岁还有 6 年时间，因此其扶养年限为 6 年。赵某所在的地区为我国南部某低收入城市，赵某的侄子为城镇居民，按照事故责任人所在地政府统计部门公布的数据表明，当地的上一年度城镇居民消费性支出为 1200 元/年，这样，赵某的侄子可获得的被扶养人生活赔偿额为 1200 元 × 6 年 = 7200 元。

9. 交通费赔偿金额的计算公式及相关法律法规

1) 交通费的概念

交通费，是指道路交通事故发生后，受害人以及参加处理交通事故的当事人亲属因需到医院诊治、住院治疗以及处理交通事故相关事宜而发生乘车乘船等交通费用，由相关事故责任人按照一定的标准对该项费用进行的赔偿。在交通事故的后果中，交通费的发生是不可避免的，应当受到赔偿。

2) 交通费赔偿金额的计算公式

《最高人民法院关于审理人身损害赔偿案件适用法律若干问题的解释》第二十二条规定，"交通费根据受害人及其必要的陪护人员因就医或者转院治疗实际发生的费用计算。交通费应当以正式票据为凭；有关凭据应当与就医地点、时间、人数、次数相符合"。根据上述规定，交通费赔偿额的计算以"实际发生"为标准。所谓"实际发生"的费用，属于事实判断问题，如果交通费用的支出属于实际与受害人本人的就医、配置残疾用具等必要活动，以及与其亲属处理交通事故相联系，并且费用支出的标准没有超过交通事故发生地国家机关工作人员出差一般交通费标准，则认为属于实际发生且必需的交通费用。实际发生且必需的交通费用，由于必须和实际情况相结合，所以在确定时可以灵活一些。例如，受害人伤病较重或有残疾行动不便的，可以乘坐出租车、飞机，由此支付的交通费用应当列入责任人应负担的交通费范围。另外，交通费的支出，涉及责任人的经济负担，费用的支出应当必要，这也要求费用的支出必须合理，有必要限制护送受害人就医、看护住院的受害人、办理死者丧葬事宜、参加交通事故处理等必要事项的受害人的亲属的人数，以适当控制车、船票费的支出额。所以，由交通事故责任人负担交通费的受害人的亲属宜以三人为限。

交通费赔偿金额的计算公式为：

$$交通费赔偿金额 = 实际发生的费用$$

【例 3-14】徐某为某村村民，某日徐某驾驶农用车到集市上卖猪，在接近道路的一个岔路口时，徐某发现远处一辆卡车驶来，徐某减速慢行，并打出转向灯示意，但卡车没有减速，也没有打出转向灯，徐某认为该车不会转弯。在徐某马上就到路口时，该卡车仍未减速并且突然转向，徐某措手不及，农用车与卡车撞在一起，徐某被弹出车外，摔在马路上，当场昏迷。后在徐某在被救治的过程中，医院发现本院的医疗水平达不到治疗徐某的要求，决定让徐某转往省会治疗。由于徐某仍处于昏迷状态，且为了安全需要不适于颠簸和移动，最后徐某在家人的护送下乘飞机前往省会，后由其母亲在医院进行陪护，母亲的往返都是通过火车。由于徐某家距离省会较远，坐火车是必须的。至徐某康复时止，共花去交通费 1500 元，都是实际发生的费用。这样，徐某就可以向事故责任人要求交通费赔偿额 1500 元。

10. 住宿费赔偿金额的计算公式及相关法律法规

1) 住宿费的概念

住宿费，是指道路交通事故发生后，受害人以及参加处理交通事故的当事人亲属在去往医院进行诊疗、转院，以及处理交通事故相关事宜的过程中所发生的住宿费用，由相关事故责任人按照一定的标准对该项费用进行一定程度的赔偿。与交通费一样，住宿费的发生也是交通事故非常可能带来的后果，应当给予赔偿。

2) 住宿费赔偿金额的计算公式

《最高人民法院关于审理人身损害赔偿案件适用法律若干问题的解释》第二十三条规定，"受害人确有必要到外地治疗，因客观原因不能住院的，受害人本人及其陪护人员实际发生的住宿费和伙食费，其合理部分应予赔偿"。该解释并未对住宿费的计算给出明确规定，参照其他相关法律，住宿费一般按国家机关一般工作人员出差住宿标准进行计算，并且事故责任人应当负担的住宿费以受害人及其亲属实际支出的合理住宿费用为限。在实践中，受害人或其亲属因住宿而支出的费用，如果与受害人本人赴外地就医、配置残疾用具等必要活动，以及与其亲属赴外地处理交通事故等活动相关联，并且费用的支出的标准没有超过交通事故发生地国家机关一般工作人员的出差住宿标准，则应当属于合理支出的住宿费用。国家机关一般工作人员的出差住宿标准，为处级以下工作人员的出差住宿标准。

住宿费赔偿金额的计算公式为：

$$住宿费赔偿金额 = 国家机关一般工作人员出差住宿标准 \times 住宿时间$$

【例 3-15】秦某为一家制药厂职工，某天，秦某开车运送一些药物到某家药店，行至十字路口红绿灯处时，秦某见绿灯已亮就发动机车前进，此时突然有一辆卡车闯红灯从侧面开过来，与秦某的车撞在一起，秦某在事故中受重伤。经医院诊断，要求秦某住院治疗，并由其家人进行陪护。秦某办完住院手续之前暂时在旅馆住宿 2 天，其父亲为处理事故相关事宜及对秦某进行陪护在旅馆共住宿 6 天。秦某所在的地区当地国家机关一般工作人员出差住宿标准为 60 元每天，这样，秦某及其父亲可获得住宿费赔偿额为 60 元×8 天＝480 元。

需要注意的是，住宿费不包括受害人住院支出的床位费，此项费用已被医疗费所涵盖，也不包括受害人或其亲属宿于亲友家的费用。住宿费的计算还有必要限制护送受害人就医、看护住院的受害人、办理死者丧葬事宜、参加交通事故处理等必要事项的受害人的亲属的人数，以适当限制住宿费开支。因此，由交通事故责任人负担住宿费的受害人的亲属以三人为限。住宿费还应当凭据支付，住宿费必为实际支出的费用，受害人或其亲属已经支出住宿费的，应当取得住宿费支出的凭据，否则难以说明已经实际支出住宿费。

11. 直接财产损失赔偿费的计算公式及相关法律法规

1) 直接财产损失赔偿费的概念

直接财产损失赔偿费，是指因交通事故损坏的车辆、物品、设施等，应当修复而不能修复的，以及牲畜因伤失去使用价值或者死亡的，由相关事故责任人对上述直接财产损失折价进行赔偿。直接财产损失是受害人因交通事故受到人身侵害的同时受到的财产侵害，是一种典型的侵权行为，在不能恢复原状的情形下，应该对该损失予以赔偿。

2) 直接财产损失赔偿费的计算公式

《民法通则》第一百零六条规定，"公民、法人由于过错侵害国家的、集体的财产，侵害他人财产、人身的，应当承担民事责任"。根据上述规定，交通事故的受害人，除因遭受人身伤害可获得必要的赔偿外，还可因其直接财产损失而要求赔偿。根据《民法通则》第一百一十七条的规定：损害国家的、集体的财产或者他人财产的，应当恢复原状或者折价赔偿。可见，财产受到损害，恢复原状为第一位的救济，恢复原状不能的，可以采用赔偿损失作为第二位的救济。同样，交通事故造成他人财产直接损失的，首要的救济应当是恢复原状，唯有恢复原状不能时，采用折价赔偿的方式予以补救。这里的折价赔偿应当以受损坏的财产的实际价值为限。

直接财产损失赔偿费的计算公式为：

$$直接财产损失赔偿费 = 受损坏的财产的直接损失$$

【例 3-16】王某为某村菜农，在一天去集市买菜的途中，他驾驶的农用三轮车与一辆中巴车发生碰撞，王某的三轮车被撞翻，菜全部被撞烂，已无出售的可能。经交管部门调查裁定，中巴车对交通事故负有全部责任。经相关技术部门鉴定，王某的三轮车恢复至正常行驶的修理费为 1000 元，其菜的估价为 300 元。这样，王某在这场交通事故中的直接财产损失实际上为 1300 元，王某可就该项直接财产的损失向事故责任人要求赔偿。

12. 车辆停运损失赔偿费的计算公式及相关法律法规

1) 车辆停运损失赔偿费的概念

车辆停运损失费，是指在道路交通事故中发生车辆的损害，如果受害人是以被损车辆用于货物运输或者旅客运输经营活动，则在被损车辆修复期间，受害人因无法进行正常的货物运输或者旅客运输经营而造成经济收入的减少，或日停运损失，由相关事故责任人对该损失进行的赔偿。

2) 车辆停运损失赔偿费的计算公式

《最高人民法院关于道路交通事故中的财产损失是否包括被损车辆停运损失问题的批复》规定：在交通事故损害赔偿案件中，如果受害人以被损车辆正用于货物运输或者旅客运输经营活动，要求赔偿被损车辆修复期间的停运损失的，交通事故责任者应当予以赔偿。根据上述规定，交通事故受害人所遭受的间接损失，即车辆停运损失，也有权利要求事故责任人予以赔偿。根据直接财产损失赔偿的规定，这一赔偿也应当以车辆停运期间实际发生的损失为限。车辆停运损失赔偿费计算方法与直接财产损失的计算方法相同。

【例 3-17】周某是一辆面的车主，平时以面的拉乘客为业，收入比较稳定，平均每天收入 200 元。某日，周某的面的被一辆从后面跟来的刹车失灵的卡车撞到，由于惯性较大，周某的车又撞到水泥柱上，一个轮胎被撞爆，发动机也有一定程度的损坏。周某的面的修好共用了 3 天，这三天周某无法继续运送客人，损失 600 元。这样，周某可就该项停运损失费用要求事故责任人予以赔偿。

13. 丧葬费赔偿金额的计算公式及相关法律

1) 丧葬费的概念

丧葬费，是指道路交通事故致人死亡的，受害人家属为处理死者的丧葬等后事而需支付一定的费用，相关责任人按照一定的标准对该项费用进行的赔偿。丧葬费的发生是道路交通事故致人死亡的直接后果，应当给予赔偿。

2) 丧葬费赔偿金额的计算公式

《最高人民法院关于审理人身损害赔偿案件适用法律若干问题的解释》第二十七条规定，"丧葬费按照受诉法院所在地上一年度职工月平均工资标准，以六个月总额计算"。根据上述规定，丧葬费的计算以受诉法院所在地上一年度职工月平均工资为标准。受诉法院所在地一般为被告所在地，在无须经过诉讼程序时，即视为事故责任人所在地。

丧葬费赔偿金的计算公式为：

丧葬费赔偿金额＝事故责任人所在地上一年度职工月平均工资×6 个月

【例 3-18】杨某为某县发电厂职工，其老家在距离县城 50 公里的乡下，杨某利用周末时间回家探亲。他乘坐的小公共汽车在开出县城后，不顾车上乘客的反对，超载沿路行人。汽车由于过度负重，在一转弯处翻落桥下，杨某当场死亡。后杨某的父母按照当地丧葬的一般规模和标准为杨某办了丧事，当地为较为偏远的贫困地区，人们的经济收入水平很低，根据事故责任人所在地政府统计部门公布的上一年度相关统计数据表明，其职工月平均工资为 500 元/月，这样，杨某父母可获得丧葬费赔偿额为 500 元×6 个月＝3000 元。

在确定丧葬费的标准时，要讲求实际和客观，不能讲排场，更不能搞封建迷信而影响社会风气，不合理的一切开支不能列入丧葬费予以赔偿。

任 务 实 施

根据汽车保险理赔流程要求分组编写剧本，并拍摄制作视频。

学习情境 4　汽车消费贷款保证保险

【学习目标】

通过本学习情境的学习与任务实施，要达到以下目标：

学生能够进一步了解汽车保险消费贷款的概念及有关规定，了解汽车消费贷款保证保险的有关条款及业务流程。

【情境描述】

有一位客户因购买汽车需贷款，销售人员要向客户解释说明各种汽车消费贷款保证保险和机动车辆分期付款售车信用保险的保险条款，帮助客户了解汽车消费贷款保证保险实务流程。

【导入案例：消费贷款的起源】

消费贷款产生的根源在于，二战以后，一是西方国家的生产力得到了极度迅速的发展，导致了产品供求之间的矛盾相对突出，二是各银行的资金相对充足而扩展到了消费领域，从而有了汽车消费贷款。随着我国经济的飞速发展、人民生活水平和质量的不断提高，汽车也迅速进入百姓家庭，但对一个普通家庭来说，一次性拿出一二十万来买车，确实不太容易。因此，利用消费贷款购车，对于那些想买车但又难以一次性付清全部车款的人来说，无疑是早圆汽车梦的最好方法，汽车消费贷款也就在中国发展起来。

1998 年，中国人民银行开始对汽车信贷业务进行试点，贷款银行以商业银行为主。同年，中国保监会批准各家财产保险公司试办机动车辆分期付款售车信用保险，汽车信贷保证保险开始起步。自 2000 年起，随着国内金融机构汽车消费贷款业务蓬勃发展，财产保险公司的汽车消费贷款保证保险业务也快速发展，汽车消费贷款保证保险年保险费收入以近 200%的速度增加。然而，随着业务迅猛发展，2001 年以后，汽车消费贷款保证保险业务经营的风险日渐显现，骗保、恶意拖欠、挪用资金等诸多市场因素引发的贷款拖欠问题日益严重，加之多家保险公司对该险种经营不善，致使汽车消费贷款保证保险面临很高的经营风险。据中国保监会调查，到 2004 年，部分地区汽车消费贷款保证保险业务的赔付率已高达 100% 以上，个别保险公司赔付率更是高达 400%，汽车消费贷款保证保险业务的经营风险陡增。2004 年 1 月 15 日，保监会发出《关于规范汽车消费贷款保证保险业务有关问题的通知》，规范汽车消费贷款保证保险的经营管理。根据通知要求，旧条款于 2004 年 3 月底废止，各保险公司必须严格依据保险法律、法规，充分考虑汽车消费贷款保证保险业务的高风险特征，制定新的条款。汽车消费贷款保证保险随即升级到第二代、第三代，但是保险公司针对此险种的态度已发生明显转变，非常低调，不愿公开宣传汽车消费贷款保证保险业务。从 2003 年开始，陆续有保险公司开始停办汽车消费贷款保证保险业务，2008 年 2 月 21 日，中国人民财产保险股份有限公司出台了自用汽车消费贷款保证保险条款。对于汽车消费贷款保证保险在法律性质上究竟是保险还是保证，在理论界争议颇大。我国新修订的《保险法》虽然明确规定财产保险业务包括保证保险，但并没有对保证保险进行定义。

🎓 【理论知识】

一、汽车消费贷款基本介绍

汽车消费贷款是银行对在其特约经销商处购买汽车的购车者发放的人民币担保贷款的一种新的贷款方式。

二、汽车消费贷款申请

1. 汽车消费贷款申请条件

申请汽车消费贷款除了必须在银行所认可的特约经销商处购买限定范围内的汽车外，购车者还须具备以下条件：

(1) 购车者必须年满 18 周岁，并且是具有完全民事行为能力的中国公民。

(2) 购车者必须有一份较稳定的工作和比较稳定的经济收入或拥有易于变现的资产，这样才能按期偿还贷款本息。这里的易于变现的资产一般指有价证券和金银制品等。

(3) 在申请贷款期间，购车者在经办银行储蓄专柜的账户内存入不低于银行规定的购车首期款。

(4) 向银行提供银行认可的担保。如果购车者的个人户口不在本地，还应提供连带责任保证，银行不接受购车者以贷款所购车辆设定的抵押。

(5) 购车者愿意接受银行提出的认为必要的其他条件。

如果申请人是具有法人资格的企、事业单位，则应具备以下条件：

(1) 具有偿还银行贷款的能力。

(2) 在申请贷款期间有不低于银行规定的购车首期款存入银行的会计部门。

(3) 向银行提供被认可的担保。

(4) 愿意接受银行提出的其他必要条件。

贷款中所指的特约经销商是指在汽车生产厂家推荐的基础上，由银行各级分行根据经销商的资金实力、市场占有率和信誉度进行初选，然后报到总行，经总行确认后，与各分行签订《汽车消费贷款合作协议书》的汽车经销商。

2. 汽车消费贷款申请流程

(1) 客户申请。客户向银行提出申请，书面填写申请表，同时提交相关资料。

(2) 签订合同。银行对借款人提交的申请资料审核通过后，双方签订借款合同、担保合同，视情况办理相关公证、抵押登记手续等。

(3) 发放贷款。经银行审批同意发放的贷款，办妥所有手续后，银行按合同约定以转账方式直接划入汽车经销商的账户。

(4) 按期还款。借款人按借款合同约定的还款计划、还款方式偿还贷款本息。

(5) 贷款结清。贷款结清包括正常结清和提前结清两种。

① 正常结清：在贷款到期日(一次性还本付息类)或贷款最后一期(分期偿还类)结清贷款。

② 提前结清：在贷款到期日前，借款人如提前部分或全部结清贷款，须按借款合同约定，提前向银行提出申请，由银行审批后到指定会计柜台进行还款。

贷款结清后，借款人应持本人有效身份证件和银行出具的贷款结清凭证领回由银行收押的法律凭证和有关证明文件，并持贷款结清凭证到原抵押登记部门办理抵押登记注销手续。

三、申请汽车消费贷款注意事项

1. 免息车贷不免手续费

现在不少汽车金融公司都推出了免息车贷，然而在手续费方面却是有着不同的规定，有的需要收取手续费，有的不收取手续费。如果你要购买的车型是免息同时又免手续费，那么算是比较实惠的，若是需要收取手续费，则必须认真计算衡量。车贷的手续费一般是车款总额的 4%～7%，并且是在交第一次月供的同时一次性交清手续费，如果手续费过高，那么不妨考虑别的车贷类型。

2. 申请车贷前仔细阅读相关保险条款

贷款购车就意味着你在没有付清银行贷款前，车子是你抵押给银行的，是属于银行的。银行为了降低风险，一般都会在车贷合同上要求你必须购买一些车险作为贷款的条件。这些保险的保费并不一定完全符合你的要求，甚至可能过高，所以在申请车贷时必须认真阅读相关保险条款，不能忽略这笔开支。

3. 零利率贷款购车限制多

不少厂家联合汽车贷款机构推出了零利率贷款购车活动，尤其是某些高档车。但是一般零利率贷款购车有两个限制：一是零利率购车不能享受相关活动的现金优惠，而有时这些现金优惠的额度是较大的；二是零利率贷款购车容易受时间和地域还有经销商的限制，并不是每次都是统一搞活动。如果想要零利率贷款购车，上述两个方面必须综合考虑。

4. 认真考虑上浮车款和贷款利率

一般来说，如果是免息贷款的话，那么总车款会有一定比例的上浮，现款购车和贷款购车的价格不可能是一样的。在这种情况下，就要计算上浮的金额有多大，是不是超过了商业贷款购车的利息总额，如果超过了，不妨申请商业车贷，如果没有超过，则可申请免息贷款。

四、汽车分期付款信用保险

汽车信用保险是指汽车权利人向保险人投保债务人的信用风险的一种保险，是一项汽车企业用于风险管理的保险产品。汽车信用保险的主要功能是保障汽车企业应收账款的安全，其原理是把债务人的保证责任转移给保险人，当债务人不能履行义务时，由保险人承担赔偿责任。

1. 被保险人义务

被保险人应履行以下义务：

(1) 要求购车人提供具有担保资格的担保人，并以所购汽车作为抵押。

(2) 严格遵守购销合同、抵押合同、质押合同等有关必备合同的规定。

(3) 严格审查购车人和担保人的资信情况，在确认其资信良好的情况下，方可按分期付款方式销售车辆。

(4) 资信审查时向购车人和担保人收取相关证明文件，并予以登记。

(5) 按时向保险人交纳保险费。

(6) 严格遵守国家法律、法规及分期付款购买汽车合同中的责任和义务，经常检查分期付款合同的执行情况，做好欠款的催收工作和催收记录，对保险人提出的防损建议，应认真考虑并付诸实施。

(7) 被保险人的分期付款购买汽车合同如有变动，须事先征得保险人的书面同意。被保险人改变经营方式如对购车人分期付款产生较大影响，应及时书面通知保险人。

(8) 被保险人对于本保险单所载的汽车不得擅自转让、出租、改装或非法使用，并应尽保养和维护义务，如有损坏应负责修复。

2. 保险责任

在下列情况下，投保人应履行一次性清偿责任：

(1) 投保人连续三个月未依约履行到期债务。

(2) 投保人(自然人)死亡，且无人代为履行到期债务。

(3) 投保人(法人)依法宣告破产。

3. 保险费率

汽车分期付款信用保险的费率如表 4-1 所示。

表 4-1 汽车分期付款售车信用保险费率表

分期付款时间	保险费率/%	分期付款时间	保险费率/%
6 个月	0.6	2 年	2
(7～12)个月(含 1 年)	1	2 年 3 个月	2.25
1 年 3 个月	1.25	2 年 6 个月	2.5
1 年 6 个月	1.5	2 年 9 个月	2.75
1 年 9 个月	1.75	3 年	3

4. 赔偿、追偿及处置抵押物

当发生保险责任范围内事故时，被保险人应立即书面通知保险人，如属刑事案件，应同时向公安机关报案。

被保险人提出的赔偿保险金的申请和所有证明，经审核确属保险责任的，在实现抵押权转移后十日内，保险人对被保险人一次性全部清偿保险金，保险责任即行终止。

五、汽车消费贷款保证保险业务程序

1. 汽车消费贷款保证保险的承保实务

1) 展业

(1) 展业准备。

① 学习掌握汽车消费贷款保证保险的基本知识。

② 进行市场调查并选择合适的保险对象。调查与分析本区域内银行、汽车生产商、销售商和社会大众对消费信贷的态度，合理预测市场发展前景。调查分析与预测个人和法人对汽车消费贷款的实际购买力、参与程度以及当地的汽车年销售量等情况。了解银行、销售商、购车人对保险的态度、需求及希望与保险公司合作的方式。调查分析实施消费贷款售车的车型、销售价格及变化趋势。

③ 同选定的银行、销售商、公证机关、公安交通管理部门等签订合作协议，明确合作方式、各方的职责、权利及义务。

④ 展业材料准备与培训。根据合作协议，向有关合作方及时提供汽车消费贷款保证保险的条款、费率规章、投保单及其他有关资料。对银行与销售商的相关业务人员进行培训，使他们掌握保证保险的有关规定，能够指导投保人正确填写投保单。

(2) 展业宣传。

备齐保险条款与相关资料以后，向银行、汽车生产商、销售商和贷款购车人做好宣传。重点宣传保证保险的特点、优势及本公司的网络优势、技术优势、实力水平、信用优势和服务优势。

2) 受理投保

(1) 指导投保人填写投保单。

① 业务人员应依法履行告知义务，按照法律所要求的内容对条款及其含义进行告知，特别对条款中的责任免除事项、被保险人的义务，以及其他容易引起争议的部分，应予以解释和说明。

② 业务人员应提示投保人履行如实告知义务，特别是对可能涉及保险人是否同意承保或承保时需要特别约定的情况，应详细询问。

③ 业务人员在投保人提出投保申请时，应要求其按照保证保险条款的规定提供必需的证明材料。

(2) 收取投保单及相关资信证明并初步审核。

业务人员应对填写完整的投保单和所附的资信证明材料进行初步审查，必要时要调查核实；对于审核无误的投保单，由业务负责人签署"拟同意承保"意见后交投保人。如果合作协议有明确规定的，可直接交给银行或销售商。业务人员对投保单初步审核的内容包括：

① 审核证明文件或材料是否齐全，是否符合银行指定的汽车消费贷款管理办法。

② 在审核时，对于存在疑点或证明材料有涂改、伪造痕迹的，应通过派出所、居委会或开户银行予以核实。必要时可以通过消费贷款保证保险问询表予以落实，并在消费贷款购车人确认后附贴在投保单上。

3) 核保

核保的内容包括:

(1) 对受理投保单时初步审查的有关内容进行复核。

(2) 审核投保单的保险金额是否符合条款规定,以及投保人购车的首付款是否符合规定。

(3) 审核贷款合同和购车合同是否合法且真实有效,以及银行与销售商在办理消费贷款和购车手续时是否按照规定严格把关。

(4) 审核投保人是否按照条款的规定为消费贷款所购的车辆办理了规定的保险。

(5) 审核贷款协议是否明确按月、按季分期偿还贷款,不得接受 1 年 1 次的还款方式。

(6) 审核投保人是否按照与银行签订的抵押、质押或保证意向书,办理了有关抵押、质押或保证手续。

(7) 审核投保人所购车辆的用途与还款来源。

对上述核保内容审核以后,应签署核保意见,明确是否同意承保,或是否需要补充材料以及是否需要特别约定等。

如果核保后同意承保,应将贷款合同、购车合同和相关证明材料复印一套留存。

4) 缮制保险单证

业务人员根据核保意见缮制保险单证。

(1) 缮制汽车消费贷款保证保险保单,保险期限应长于贷款期限,保险金额不得低于贷款金额。

(2) 根据贷款金额、贷款期限等,正确选择费率并计算保险费。

(3) 汽车消费贷款保证保险不单独出具保险证,但为明示需要,应在车辆基本险与附加险的保险证上标注"保证保险"字样。

(4) 复核人员按照规定程序和内容,对保险单证进行复核并签章。

5) 收取保险费

财务人员按照保单核收保险费并出具保险费收据。投保人应一次性交清保证保险的保险费。

6) 签发保险单证

保险费收取后,业务人员在保险单证上加盖公章,将保险单正本交被保险人。

7) 归档管理

保险单副本一联交投保人,一联交财务,剩下一联连同保费收据业务联、复印的贷款合同、购车合同及有关证明材料等资料整理归档。

2. 保险合同的变更、终止、解除

1) 合同变更

(1) 变更事项:包括变更保险期限,变更购车人住址和电话或购车单位联系地址、银行账户及联系电话,变更其他不影响车辆还款和抵押物登记的事项。

(2) 变更申请:购车人在保险期限内发生变更事项,应及时提出申请。

(3) 办理批改:在办理批改时,应注意审核批改事项是否会产生意外风险,从而决定是否接受批改申请。

2) 合同终止

遇有下列情况之一，则汽车消费贷款保证保险的合同终止：

(1) 贷款购车人提前偿还所欠贷款。

(2) 贷款所购车辆因发生车辆损失险、盗抢险或自燃损失险等车辆保险责任范围内的全损事故获得保险赔偿，并且赔款足以偿还贷款。

(3) 履行保证保险赔偿责任。

(4) 保证保险期满。

3) 合同解除

下列情形之一发生时，保险合同将被解除：

(1) 投保人违反保险法或担保法等法律法规，保险人可以发出书面通知解除合同。

(2) 被保险人违反国家相关法律法规和消费贷款规定的，保险人有权解除合同。

(3) 投保人根据国家相关的法律法规，提出解除合同。

(4) 投保人未按期足额缴纳汽车保险保费，且被保险人未履行代缴义务的，保险人有权解除合同。

(5) 法律法规规定的其他解除合同的事由。

4) 办理收退费

(1) 经保险人同意延长保险期限的，根据延长后的实际期限选定费率，并补收保险费。

(2) 投保人提前清偿贷款，按照实际还贷时间按月计算保险费，多收部分退还投保人。

(3) 贷款所购车辆因发生车辆损失险、盗抢险或自燃损失险责任范围内的全损事故获得保险赔偿，并且已优先清偿贷款的，保证保险合同终止，并退还从清偿贷款之日至保证保险合同期满的全部保险费。

3. 保证保险的理赔

1) 接受报案

(1) 接受报案人员在接到报案时，应按照相关要求，对报案人进行询问，并填写《报案记录》，通知业务人员。

(2) 业务人员根据报案记录，尽快查阅承保记录，将符合理赔的案件登入《保证保险报案登记簿》。

(3) 业务人员在接受报案的同时，需向被保险人提供《索赔申请书》和《索赔须知》，并指导其详细填写《索赔申请书》。同时，业务人员还需向被保险人收取下述原始单证：

① 汽车消费信贷保证保险保单和汽车保险单正本。

② 《汽车消费贷款合同》(副本)。

③ 《抵押合同》或《质押合同》或《保证合同》。

④ 被保险人签发的《逾期款项催收通知书》。

⑤ 未按期付款损失清单。

2) 查抄底单

业务人员应根据出险通知，尽快查抄出汽车消费贷款保证保险保单与批单、汽车保险的保险单与批单，并在所抄单证上注明抄单时间和出险内容。

3) 立案

(1) 业务人员应根据被保险人提供的有关资料进行初步分析，提出是否立案的意见与理由，报业务负责人。

(2) 业务负责人接到报告后，应及时提出处理意见。

(3) 业务人员根据负责人的意见办理立案或不立案的手续。予以立案的，应在汽车保险单上做出标记；不予立案的，应以书面形式通知被保险人。

4) 调查

(1) 调查要求。调查工作必须双人进行，应着重第一手材料的调查，并且所有调查结果应做出书面记录。

(2) 调查方式与重点内容。

① 对已经掌握的书面材料进行分析，确认被保险人提供的书面材料是否全面真实。

② 向被保险人取证，了解投保人逾期未还款的具体原因以及被保险人催收还款的工作情况。

③ 向个人投保人的工作单位或所在居委会(村委会)调查，了解投保人收入变动情况；向法人投保人的上级单位或行政主管部门了解其经营情况。

④ 向有关单位和个人调查抵押物的当前状况。

⑤ 通过其他途径调查，并结合以上调查结果，明确是否存在条款所载明的责任免除事项，投保人、被保险人是否有违反条款规定义务的行为。

5) 制作调查报告

调查人员在调查结束后应写出调查报告，全面详细地记录调查结果并作出分析。

6) 确定保险责任

业务人员应根据调查报告和收集的有关材料，依照条款和有关规定，全面分析，确定是否属于保险责任，形成处理意见后报地市级分公司车险部门审定，拒赔案件应逐级上报省级公司审定。

7) 抵押物处理

(1) 保险事故发生后，保险人应及时通知被保险人做好抵押物处理的准备工作。

(2) 保险人应与被保险人、投保人(抵押人)共同对抵押物进行估价，或共同委托第三人进行估价。所估价值由各方同意后，签订《估价协议书》。协议书所确定的金额为处理抵押物的最低金额。

(3) 被保险人按照《估价协议书》规定处理抵押物，所得价款优先用于偿还欠款。

(4) 被保险人不能处理抵押物的，应对投保人提起诉讼，抵押物的抵押权转归保险人，保险人应会同被保险人办理抵押权转移的各项手续。

8) 赔款理算

理赔人员根据前述条款的规定，依据调查报告、索赔通知书和估价协议等有关材料进行赔款理算。具体计算如下：

(1) 抵押物已由被保险人处理的：

$$赔款 = (保险金额 - 已偿贷款 - 抵押物的处分金额) \times 80\%$$

(2) 抵押物抵押权转归保险人的：

$$赔款' = (保险金额 - 已偿贷款) \times 80\%$$

(3) 抵押物灭失且不属于汽车保险赔款责任，且投保人未提供新的抵押物的，保险费也按照上式计算。

上述公式中的"已偿贷款"不包括投保人已经偿还的贷款利息；"抵押物的处分金额"是指抵押物处分后，被保险人实际得到的金额，即扣除处分抵押物所需的费用及其他相关费用后的余额。

投保人以其所购车辆作为贷款抵押物，因逾期未还款车辆依抵押合同被处分后，投保人为其投保的汽车保险的保险责任即行终止，被保险人应按照保险合同的规定，为投保人办理汽车未了责任期保险费的退费手续。

贷款所购车辆发生车辆损失险、盗抢险，以及自燃损失险保险责任范围内的全损事故后，汽车保险的被保险人应得到的赔款，应优先用于偿还汽车消费贷款。此时，汽车保险的理赔人员，应书面通知贷款银行向保险公司提出"优先偿还贷款申请"，并书面通知汽车保险的被保险人，要按照合同的规定将赔款优先用于偿还贷款。优先偿还的范围仅限于所欠的贷款本金。优先偿还贷款后的赔款余额应交汽车保险的被保险人。赔款优先清偿贷款后，保证保险合同即行终止。保险人应按照相关实务规程中关于收退费的规定，为投保人办理保证保险未了责任期保险费的退费手续。

9) 缮制赔款计算书

计算完赔款以后，要缮制赔款计算书。赔款计算书应该分险别、项目计算，并列明计算公式。赔款计算应尽量用计算机出单，应做到项目齐全、计算准确。手工缮制的，应确保字迹工整、清晰，不得涂改。

业务负责人审核无误后，在赔款计算书上签署意见和日期，然后送交核赔人员。

10) 核赔

核定赔款的主要内容包括：

(1) 审核单证。

① 审核被保险人提供的单证、证明及相关材料是否齐全、有效，有无涂改、伪造等。

② 审核经办人员是否规范填写有关单证，必备的单证是否齐全等。

③ 审核相关签章是否齐全。

(2) 核定保险责任。主要审核是否属于保险责任。

(3) 审核赔付计算。审核赔付计算是否准确。属于本公司核赔权限的，审核完成后，核赔人员签字并报领导审批。属于上级公司核赔的，核赔人员提出核赔意见，经领导签字后报上级公司核赔。在完成各种核赔和审批手续后，转入赔付结案程序。

11) 结案登记与清分

(1) 业务人员根据核赔的审批金额填发《赔款通知书》及赔款收据；被保险人在收到《赔款通知书》后，在赔款收据上签章；财会部门即可支付赔款。在被保险人领取赔款时，业务人员应在保险单正、副本上加盖"××××年××月××日出险，赔款已付"字样的印章。

(2) 赔付结案时，应进行理赔单据的清分。一联赔款收据交被保险人；一联赔款收据连同一联赔款计算书送会计部门作付款凭证；一联赔款收据和一联赔款计算书或赔案审批表，连同全案的其他材料作为赔案案卷。

(3) 被保险人领取赔款后，业务人员按照赔案编号，输录《汽车消费信贷保证保险赔案结案登记》。

12) 理赔案卷管理

理赔案卷要按照一案一卷整理、装订、登记、保管。赔款案卷应单证齐全，编排有序，目录清楚，装订整齐。一般的保证保险的理赔案卷单证包括赔款计算书、赔案审批表、出险通知书、索赔申请书、汽车消费贷款保证保险的保险单及批单的抄件、抵押合同、调查报告、估价协议书、权益转让书，以及其他有关的证明与材料等。

4. 客户回访服务与统计分析

1) 客户回访

(1) 消费贷款保证保险业务要指定专人负责，对客户应每半年回访一次，做好跟踪服务，及时掌握购车人(投保人)、被保险人的需求与动态。

(2) 要建立客户回访、登记制度，实行一车一户管理制，及时记录还款情况。

(3) 建立与银行保持定期联络的制度；协助银行做好消费贷款还款跟踪服务。

(4) 建立消费贷款购车人与所购车辆档案，内容包括购车人的基本资信情况、车辆使用情况、安全驾驶记录、保险赔款记录、还款记录等。

2) 统计分析

(1) 按期做好不同车型、不同车辆价格范围、不同职业与地域的购车人、不同销售商、银行等方面的专项量化分析，并报上级公司。

(2) 各省级分公司对专项统计的业务报表和消费贷款保证保险的经营情况分析，应按照季度上报总公司，由总公司上报中国保监会。

任 务 实 施

查找资料完成我国目前汽车消费贷款保证保险现状调研报告。

参 考 文 献

[1]　胡文娟，龚文资. 汽车保险与理赔. 2 版. 北京：国防工业出版社，2014.

[2]　王灵犀，王伟. 机动车辆保险与理赔实务. 北京：人民交通出版社，2004.

[3]　徐文虎，陈冬梅. 保险学[M]. 上海：上海人民出版社，2004.

[4]　祁翠琴. 汽车保险与理赔[M]. 北京：机械工业出版社，2004.

[5]　梁军. 汽车保险与理赔[M]. 北京：人民交通出版社，2005.

[6]　张勇，李红松，屈翔，等. 汽车保险与理赔[M]. 重庆：重庆大学出版社，2006.

[7]　张晓明，欧阳鲁生. 机动车辆保险定损员培训教程[M]. 北京：首都经济贸易大学出版社，2007.

[8]　李景芝，赵长利. 汽车保险与理赔[M]. 北京：国防工业出版社，2007.

[9]　杨学坤，付铁军，常兴华，等. 中国汽车人才培养工程职业培训系列教材. 汽车保险与理赔. 北京：北京理工大学出版社，2007.

[10]　张铠锋. 汽车保险与理赔. 北京：科学出版社，2007.

[11]　董恩国，陈立辉. 汽车保险与理赔. 北京：北京理工大学出版社，2008.

[12]　张晓华. 汽车信贷与保险. 北京：机械工业出版社，2008.

[13]　朱刚，王海林. 汽车服务企业管理. 北京：北京理工大学出版社，2008.

[14]　石社轩. 汽车保险与理赔. 武汉：武汉理工大学出版社，2008.

[15]　李景芝，赵长利. 汽车保险理赔. 北京：机械工业出版社，2009.

[16]　李景芝，赵长利. 汽车碰撞事故查勘与定损实务. 北京：人民交通出版社，2009.

[17]　强添纲，孙凤英. 汽车金融. 北京：人民交通出版社，2009.

[18]　梁军，焦新龙. 汽车保险与理赔. 北京：人民交通出版社，2009.

[19]　骆孟波. 汽车保险与理赔. 上海：同济大学出版社，2009.

[20]　伍静. 汽车保险与理赔. 北京：化学工业出版社，2009.

[21]　王俊喜，马骊歌. 汽车保险与理赔. 北京：北京理工大学出版社，2010.

[22]　杜弘. 汽车保险与理赔. 青岛：中国海洋大学出版社，2010.